应用文写作

主　编　张　勤　曹丽萍
副主编　张　燕　张　平　毛成蕊
　　　　李先秀　滕　静

ZHEJIANG UNIVERSITY PRESS
浙江大学出版社

图书在版编目(CIP)数据

应用文写作 / 张勤,曹丽萍主编. —杭州:浙江
大学出版社,2015.8(2016.1 重印)
ISBN 978-7-308-15036-1

I. ①应… II. ①张… ②曹… III. ①汉语—应用文
—写作—教材 IV. ①H152.3

中国版本图书馆 CIP 数据核字(2015)第 192415 号

应用文写作

张　勤　曹丽萍　主编

责任编辑	张颖琪
封面设计	项梦怡
出版发行	浙江大学出版社
	(杭州天目山路 148 号　邮政编码 310007)
	(网址:http://www.zjupress.com)
排　版	杭州中大图文设计有限公司
印　刷	浙江省良渚印刷厂
开　本	710mm×1000mm　1/16
印　张	18
字　数	373 千
版 印 次	2015 年 8 月第 1 版　2016 年 1 月第 2 次印刷
书　号	ISBN 978-7-308-15036-1
定　价	33.80 元

浙江大学出版社发行部联系方式:(0571)88925591;http://zjdxcbs.tmall.com

前　言

　　应用文是高职院校的一门公共基础课，也是现代社会人们在工作、学习、生活中经常用到的信息交流工具。我国著名教育家叶圣陶先生说："大学毕业生不一定会写小说诗歌，但是一定要会写工作和生活中实用的文章，而且非写得既通顺又扎实不可。"这里的"实用的文章"就是指应用文。因此，对于即将步入社会的高职学生来说，更应该注重写作能力的培养和训练。

　　本书从现实需要出发，理论知识介绍以应用为宗旨，以必需、够用为度，将重点放在写作格式、写作内容的训练上，精选了大量与学生校园学习和生活以及将来工作密切相关的优秀例文，以增强针对性、参考性和借鉴性；多角度、全方位地进行实质意义上的写作能力训练。旨在提高学生的写作能力、写作水平和人文素养。

　　本书以清晰的条理、生动的案例、精练的语言介绍了日常事务文书、礼仪文书、电子文书、经济文书、司法文书等的写作知识和实例，注意体现新颖性、典型性、简短性、人文性、知识性、趣味性的特点，内容上做到与高职学生更贴近。每个学习任务都以理论精要与实用案例相结合，以期待更好地让学生掌握各种文书的写作。本书还突破了《应用文写作》教材传统的编写模式，采用"呈现任务"、"实例欣赏"、"知识链接"、"实践训练——完成任务"、"病文评析训练"、"情景拟写训练"这种板块式的、以任务驱动为模式的新颖的编写体例，融知识性、趣味性和可操作性于一体，为学生参与教学、师生的对话互动创造了良好的空间和条件，具有时代感和较高的写作引导作用。

　　带给你的收获有多少，关键取决于你的态度。具备文书写作是一种能力，不能仅仅停留在看，而要边看边对照练习边感悟。耐心地学完这本书，你会发现它带给你的不仅仅是全方位的写作技巧，还有轻松的心情和会心的微笑。

本书项目一至项目三由曹丽萍老师编写，项目四由张勤老师编写，项目五由李先秀老师编写，项目六由张燕老师编写，项目七由毛成蕊老师编写，项目八由张平老师编写，项目九由滕静老师编写，全书由张勤、曹丽萍老师负责统稿与最后审定。在编写过程中，我们得到了学院领导的大力支持，以及同仁们的热情帮助，也参阅了一些专家和学者的文章和著作。本书所引的很多案例因无法一一注明出处，在此谨向这些案例的原创者表示衷心的感谢！

本书的出版，离不开各位领导的卓越指导，离不开朋友们的真诚帮助，在此我们一并深深感谢。

由于编者学识水平有限，书中疏忽和纰漏在所难免，恳请读者批评指正，我们定在今后的教学实践中不断改进和完善。

编　者
2015 年 4 月

目　录

项目一 绪 论

应用文是指人们在日常工作和生活中为办理公务、个人事务或沟通关系等以实用为目的所写的文书。相对于其他文体而言，应用文具有实用价值和规范体式等特点。

应用文的使用范围十分广泛。依法治国，要有各种法规文件；机关、单位开展工作，要有报告、请示、通知、通报等多种公文；日常工作正常运转，要有计划、总结等事务文书；做经济工作要有市场调查报告、市场预测报告、合同、招标书、投标书；各行各业都有各自不同的业务文书，就是在日常生活中也常常会用到感谢信、求职信、祝贺词、请柬、条据，甚至起诉状、上诉状等。这诸多的文体都属于应用文的范畴。

可见，大到整个国家，小到某个单位，甚至个人，要进行正常的活动，都离不开应用文，当然也就离不开应用文写作。写好应用文不管是对个人还是对单位及社团塑造新形象，处理好各种关系，都起着重要作用。作为一个有教养的现代公民，具备应用文写作的能力是立身行事的基本要求。对于当代大学生而言，应用文写作能力是必备的技能和素质之一。

美国未来学家阿尔文·托夫勒指出，信息时代家庭工作的任务是编制电脑程序、写作、远距离监测生产过程。信息时代社会家庭化，作为三项家庭工作之一的写作，自然不是文学创作而是文章写作，特别是应用文写作。因为与社会发展关系密切、直接的，是文章而不是文学。社会愈是进步，应用文在社会发展中的地位愈加重要。

我国著名教育家叶圣陶先生说："大学毕业生不一定会写小说诗歌，但是一定要会写工作和生活中实用的文章，而且非写得既通顺又扎实不可。"这里工作和生活中实用的文章，就是应用文书。

一、应用文书概念

应用文书，又称文书，是党政机关、社会团体、企事业单位和个人，在日常生产、工作、学习和生活中，为办理公私事务而形成并使用的、具有实用价值和一定惯用文章体式的文字信息载体。

二、应用文书的产生

文章的产生源于实用的需要。人类的群体活动需要交流、组织、协调、指挥，应用文就应运而生了。

殷墟甲骨刻辞，即 3500 年前殷商时期的甲骨文，是迄今为止人们所知道的我国最早的文章，也是最早的应用文。甲骨文也叫契文、龟甲文字、殷墟文字。"甲"是龟甲，"骨"是牛骨或鹿骨，在甲骨上刻的字被称为甲骨刻辞。

三、应用文的特点

应用文与记叙文、说明文、议论文相比较，具有四个方面的特点。

1. 应用性

应用性也称实用性，这是应用文区别于其他文体的最本质的特点。

应用文是具有直接应用价值的文书，无论哪种类型的应用文都是针对现实中需要解决的实际问题而制作和使用的。例如，为了协调人们的行动，就要制定相应的法规；为了请上级对某个问题作出指示，要写请示；为了改善企业的经营状况，使企业适应市场需要，对市场进行研究，要写市场调查报告、市场预测报告；为了推广科研成果，介绍方法，提高产品效益，要写科技报告、科技产品说明书；日常生活中为了互通信息，促进协作，要写各种书信。这诸多的活动，都通过应用文来进行，并产生实际的效应。这就是说，应用文有直接的应用价值。文艺性的文体则不同，它的作用在于潜移默化，在于给人以审美愉悦之感，它可以用来陶冶情操，但一般不能直接用于实际。读了与工作或生活有关的应用文，就能知道需要干什么和怎么干，有的还必须照着做；看过一部电影，很受感动，对思想感情产生影响，但不一定要具体直接地照着去做什么。

2. 规范性

规范性是应用文形成过程和形式上的特点，具体表现为应用文具有惯用的处理程序和特定的写作格式。应用文的规范性，是人们在长期的处理具体事务、解决实际问题的过程中形成的，是由它的应用性所决定的。这是与其他文体尤其是文学作品相比的一个重要区别。

应用文的形成都有一定的程序，特别是公文，对于处理程序的要求更为严格。公文形成时必须经过交拟、起草、审核、签发、用印等程序，否则不能据以生效；对收到的公文的处理同样要经过一系列的处理程序，没有这些程序，公文也发挥不了应有的效用。其他方面的应用文，虽然在形成时不一定有那么严格的程序，但在形成之后，总要通过一定的途径、手续，送达行文对象的手中，否则不能达到应用的目的。

应用文特别是公文，在应用的过程中为了提高效率，逐渐形成了相对固定的文体格式，并不断完善和改进。这些格式体现了应用文的不同功能，反映着不同的人际关系，一旦形成，就具有行文的规范性。这种规范性为应用文的普遍通行奠定了基础。

3. 简约性

这是应用文在语言文字运用上的特点。应用文的语言是严格合乎语法规律的书面语言，要求条理清晰晓畅，使人容易明白、便于执行；要求直截了当，不能让人揣测或摸不着头绪。这样才能易于理解，有利应用。

简约性还表现在应用文往往有一套相对稳定的习惯用语。如公文就有以下习惯用语：

开端用语：鉴于、为、为了、由于、遵照、按照、根据、随着、兹有、奉、查、近来，等等。

承启用语："为此，根据……，特作如下……"、"为此，特提出……"、"为了……现将……"、通知如下、特作如下说明、综上所述、总之、拟作如下安排，等等。

引叙用语：前接、顷奉、欣闻、惊悉、收悉、兹就，等等。

结束用语：为要、为荷、为感、为盼、特此通知、此致、此复、此据、此告、此令，等等。

称谓用语：本（厂）、我（局）、你（部）、贵（校）、该（单位），等等。

经办用语：经、业经、现将、责成、试行、办理、酌办、查照，等等。

祈请用语：请、希、望、盼、拟请、恳请、切请、报请、希望，等等。

批转用语：经研究、批示、审批、阅批、批转、转发、颁发，等等。

表态用语：应、应该、应以、应予、同意、不同意、批准、遵照执行、拟同意、原则上同意（批准），等等。

征询用语：当否、妥否、可否、是否妥当、是否同意、如无不同意见、如无不妥，等等。

祈复用语：请批示、请批复、请指示、请复、即请函复，等等。

应用文的简约性还表现在为了用尽可能少的语言文字来传递尽可能多的信息，常使用一些简略手法，如缩略语、文言词语、成语、熟语等表达意思。使用这些词语，可以使文章表述简练、严谨并富有节奏感，从而赋予文章庄重、严肃的色彩。

4. 时效性

应用文的时效性也是其应用性所要求的。

应用文是为解决现实存在的问题而写，这就有了一个成文时间的要求。问题紧迫，成文时间就得快。公文中的急件、特急件尤其如此。有的事务虽然对解决时间的要求不那么迫切，但也不会没有时限，所以还得在要求解决的时限前完成。成文的时间和文章能否发挥作用或发挥作用的大小有密切的关系。应用文的时效性还表现在对其运转时间的要求上，其处理，尤其是公文处理，不允许慢条斯理、拖拖拉拉，否则时过境迁，问题变化了，过了时的应用文就变得毫无用途，甚至没有阅读的必要。应用文一定要适应环境和时间的要求。

四、应用文的功用

在长期的发展过程中，应用文为推动社会的进步起到了不可替代的作用。随着现代社会的发展，人们的社会交际活动越来越频繁，应用文越来越受到人们的重视，其作用也越来越大。应用文的作用，主要表现在以下四个方面：

1. 规范作用

应用文的"应用"性质，规定了它必须以告诉人们在社会生活中应该做什么和不应该做什么、应该这么做和不应该那样做为主要内容。这里的"应该"和"不应该"，就是应用文规范作用的具体表现。人们的社会行为多种多样，规范人们社会行为的应用文也多种多样。公文和其他的行政管理应用文规范人们的行政管理行为，经济应用文规范人们的经济行为，司法文书规范人们的法律行为，科技文书规范人们科技方面的行为，礼仪文书规范人际间的礼仪行为。不同种类的应用文对人们的社会行为的规范和约束作用是不同的，有的有强制性，有的没有强制性；有的侧重于行政方面，有的侧重于法律方面，有的侧重于道德方面。这些不同，说明应用文是从不同的范围、不同的角度、不同的层次，对人们的社会行为发挥着规范作用。这种作用是保障人类社会生活的有序进行所必不可少的。

2. 指导作用

大部分应用文"应用"性质的表现还在于，要从思想认识上和办事的方式方法上给办事者以实在而明确的指导。如为了更好地开展工作，各级党政领导机关常常通过通知、批复、通报、意见等形式，对下级提出要求、部署任务，或尽可能及时准确地把有关情况传达下去，使人们在工作中责任明确，有章可循。又如"计划"这种事务文书，产生于某种行动之前，如果这种行动属于工作方面的，那么有关工作人员就要按照它的指导内容从事工作；如果这种行动属于学习方面的，那么有关人员就要按照它的指导内容进行学习。再如"说明书"这种科技文书，如果它说明的是某种设备，那么使用者就得在它的说明指导下安装和使用设备；如果说明的是某种药品，那么使用者就得在它的说明指导下给药或服食。应用文的这种指导作用，减少了人们在工作、生产、学习、生活中的许多盲目性，能够增加科学性和自觉性。

3. 沟通作用

现代社会人们的分工越来越细，交际越来越频繁、复杂。不管是整个社会还是一个单位，为了有效地开展活动，都需要沟通信息、协调关系，一方面要互相知道对方在干什么及有关情况，另一方面要知道自己在整体中的位置和应该怎样做。应用文作为一种为社会普遍使用的交际工具，在人们的社会生活中起到传递信息、相互联系和沟通的作用。公文是党政机关、各种团体、单位在管理国家、治理社会的过程中，用来沟通协调上下左右各种信息和关系的工具；经济文书、科技文书是各单位各部门之间、人与人之间用来沟通协调经济、科研、生产中信息和关系的工具等。应用文像纽带一样，将人们彼此联系在一起，为加强人际往来、提高工作效率、促进经济发展起到积极的作用。

4. 凭据作用

"口说无凭，有字为证"，应用文作为一种以记录事实为主的书面语体，在记载事物发展状况和反映客观现实的同时，又对已有事实的存在和肯定的事情起到一定的证实作用，为日后查考提供了依据。比如各种法规性文件、公文都在各项事务的处理过程中具有引证和参考的价值。上级的文件是下属各部门的行动准则；下级机关的文书可以为上级制定政策、作出决定提供重要的参考；平行机关在商洽工作、协作共事时，也可以将对方的文件作为凭证。再如会议记录就是了解会议进行情况的依据；合同、协议书是确定、变更或终止签约各方相互间权利义务的一种凭证；介绍信、聘书、护照、公证书是证明使用人身份、经历的一种凭证。应用文的这种凭据作用，既使人们办事时有所遵循，也使人们对办事情况进行检查和评估时有所依据，出了问题也容易分清责任。这就可以增强人们办事的责任感，同时也为以后人们对有关历史问题的处理留下珍贵的资料。

五、应用文书的分类

(1)从来源上分：对外文书(发文)、收来文书(收文)、内部文书。

(2)从作用上分：指挥性文书、规范性文书、报请性文书、知照性文书、记录性文书。

(3)从行文关系上分：上行文、平行文、下行文、泛行文。

(4)从内容处理要求分：需办件、参阅件。

(5)从时间处理要求分：特急件、急件、平件。

(6)从保密处理要求分：绝密、机密、秘密。

(7)按内容、性质，可划分为：

1)公文文体：命令、决定、通知、通报、会议纪要、报告、请示等；

2)事务文体：计划、总结、简报、规章制度等，包括个人事务类，如日记、读书笔记、信函等；

3)信息文体：消息、通讯、电子文稿、说明书等；

4)财经文体：合同、标书、调查报告、审计报告等；

5)诉讼文体：起诉状、上诉状、申诉状、答辩状等；

6)公关礼仪文体：求职信、慰问信、感谢信、欢迎辞、欢送辞、请柬等；

7)学业文体：实验报告、学术论文、毕业论文、毕业设计等。

六、应用文写作的基本要求

应用文写作相比其他文体写作而言，有一个最大的特点，那就是它常常是"受命而作"，即写作的目标、要求事先已经确定，写作者必须在领悟这些目标和要求的基础上，采用恰当的形式予以表现出来，不能"随意发挥"。应用文是人们据以办事的工具，写作者必须投入较强的责任感和极大的热情去认真写作，真正发挥应用文的作用。总的说来，应用文写作的基本要求是：

1. 观点正确、鲜明

观点是文章的灵魂，决定着文章的质量。观点正确，即要符合上情，符合党和国家的方针政策、国家的法律法规、上级领导机关所颁发文件的精神、领导的意图等；要符合下情，准确地反映本地、本单位的客观实际。确保言之有理、立论有据、上下一致、辩驳不倒。

应用文的观点还必须鲜明，即基本思想、基本态度明确，要反映什么情况、解决什么问题，或者处理问题的意见、决策和结论等必须做到开卷见旨、一目了然，不能含蓄委婉、模棱两可。

2. 材料真实、得当

材料是应用文的具体内容，也就是作者为了表明观点，从客观现实中搜集、提取并写入文章的一系列事实或论据，如具体的事例、数据、引语等。材料与观点的关系十分密切。观点要借助材料来体现，材料必须依据观点来组织，做到观点和材料的统一。

材料必须真实。应用文的应用性决定了其写作必须实事求是、文实相符，就是说，所使用的材料，包括数字、事例、引语都必须真实可靠、准确无误，完全符合实际。因此要求在使用材料时，要认真查证、核实并严格选择，不唯上，不唯书，只唯实。

选用材料，还要注意得当，可以从下面三个方面去衡量：一是材料是否具有典型性；二是材料是否具有与观点和文种的统一性；三是材料是否具有新颖性。

典型材料就是具有代表性的、能反映事物的共性与特性、能够揭示事物的本质和规律的材料。观点一经形成，就要根据观点的需要来决定材料的取舍，能说明观点的材料就取，否则即舍；材料的取舍和文种的关系很大，如报告、请示、调查报告等选用的材料就要详尽些，通知、通告选用的材料就应简略些。新颖性的材料就是那些反映新事物、新情况和新思想，更符合时代特点的材料。经过鉴别可用的材料，还要认真裁剪、精心安排，做到详略得当、主次分明，这样才能有效地为表达观点服务。

3. 结构完整，格式规范

应用文的结构是应用文内部的组织形式。如果把观点称作应用文的灵魂，材料则称作应用文的血肉，那么结构就是应用文的骨架。应用文的结构要求完整，即要根据应用文观点表达的需要，将材料有步骤、有主次地组织起来，使全文形成一个完整、严密的有机整体，为传达发文者意图服务。

应用文结构的形式多种多样，一般来说，总体结构大致由三部分组成，即行文依据或目的、具体事情或事理、对事情事理的态度或要求。在具体安排时，还要根据不同的文体特点安排不同的结构形态。例如，工作报告、会议纪要等陈述性文体，大多根据管理活动、管理对象的发展变化及特征来组织文章结构，要求有头有尾，连贯完整；规章制度、合同、协议书等文体，侧重说明根据、规则及措施，常使用条款式和表格式组织结构；调查报告、学术论文等说理性的文体则要运用论据对论点进行论证，其结构一般按提出问题、分析与论证问题、解决问题的次序组织。

应用文的格式是应用文的外部特征。由于种类繁多，故其具体格式各有不同要求。

有的是在长期的使用中形成了约定俗成的惯用格式，有的是国家用法规规定的格式。撰写应用文必须依照规定的格式，符合规范要求，以提高办事的准确性和办事的效率。

4. 语言准确、平实、简明、得体

应用文的语言运用要求，总的来说，要求叙事求实、周全，说理平实、严谨，说明质朴、明快，风格庄重、朴实自然。它以记述为特征，以实用为目的，不刻意追求语言的艺术性，也不以语言的生动为主要标准，而是把语言的准确、平实、简洁、得体作为最基本的要求。

准确，就是符合客观实际，符合逻辑，表达明白清楚，能够使人们看了就懂，并可以付诸实践。做到语言准确，就要运用正确的表达方式，多用叙述和说明，少用议论；注意句式严密，使用陈述句、祈使句而不用倒装句、感叹句和省略句；不滥用简称、省略语；正确运用各种数量的概念。

平实，就是语言实在，强调直接叙述。有什么说什么，不用或少用形容词之类的附加成分，不用或少用比喻、借代、比拟、夸张之类的修辞手法，而是实实在在地叙述事实、铺陈景物、解剖事理。

简明，就是力求言辞精练，用尽可能少的文字，浓缩大量的信息，做到不蔓不枝、干净利索地表达。为适应言简意赅的要求，应用文往往使用一些文言词语和特定用语，这些语言能为应用文增添凝重的色彩，同时也能为应用文做到用语简明创造条件。

得体，就是应用文的语言必须适应不同文种的需要，合乎行文关系，合乎阅读对象的实际，表达适度、有分寸。例如，对上级行文，要体现出下级机关对上级机关负责的精神，用语宜尊重、简要；平行机关之间行文，要体现出诚恳配合、友好协作的态度，用语宜谦和、礼貌；对下级行文，要体现出领导机关的权威与政策水平，用语宜明确、具体，分寸得当；公布性文稿的用语宜通俗、明白，尽量避免生僻难懂的词语、典故及专业术语；用于社会公共服务的文书，更要注意用语平和而有礼貌，表现出热诚服务的愿望。

七、应用写作的能力要求

(1)获取材料的能力(动手调查能力)。

(2)组织材料的能力(逻辑思维、构思能力)。

(3)修改文章的能力(语言文字表达能力)。

八、提高应用写作水平的途径

(1)以理论为指导(认识特点，掌握结构)。

(2)以例文为借鉴(广泛而大量的阅读与借鉴)。

(3)以训练为中心(坚持多写多练，在实践中提高)。

【学生实训】

1. 认真阅读古代应用文名篇，并从中得到借鉴。

贾谊《陈政事疏》、《论积贮疏》、《吊屈原赋》

司马相如《上书谏猎》　　　　司马迁《报任少卿书》

诸葛亮《出师表》　　　　　　李密《陈情表》

曹操《求贤令》　　　　　　　曹丕《与吴质书》

曹植《与杨德祖书》　　　　　刘禹锡《陋室铭》

欧阳修《谢致仕表》　　　　　王安石《上仁宗皇帝言事书》

范仲淹《答手诏条陈十事》　　苏轼《答谢民师书》

龚自珍《与吴虹生书》　　　　林觉民《与妻书》

2. 比较应用写作与文学写作的区别。

3. 结合自己的学习和工作实际，谈谈应用文写作的重要性。

4. 在学生公寓门口，贴着一张"寻物启事"：

找运动衫

我不小心，丢了一件大号运动衫。谁拣到了，赶快交来，切切。

××班一失者

这则启事的格式对不对？内容全不全？还有没有其他什么问题？请修改。

项目二　日常事务文书

第一节　计　划

【任务呈现】 假如你是新一届院学生会干部，你对自己的未来充满着美好的憧憬，同时也肩负着历史的使命。你将传承上届院学生会的优良传统，并在此基础上进行突破和创新，这对你不仅是一种压力，更是一种动力。总结过去、展望未来，这届学生会将以"团结、求实、进取、创新"为宗旨，以"打造有战斗力、有凝聚力的集体"为目标。请你围绕"一切为了学生，为了学生的一切，为了一切的学生"为主的要求，拟写一份××××年学生会工作计划。

【案例赏析】

案例 1　　　　　　　　　　××镇政府 2010 年工作计划

2010 年，我们镇将在市政府、党委正确领导下，以党中央的十七大精神为指针，坚持以科学发展观指导工作和建设，紧紧围绕为全镇地方经济大发展创造良好安全环境的总目标，以保障和改善民生为着力点，以推进信息化建设为载体，以加强执法规范化建设为重点，以构建和谐的警民关系为支撑，求真务实，改革创新，真抓实干，为服务经济社会发展、维护社会和谐稳定做出新贡献。特制定以下镇政府 2010 年工作计划。

一、加快城镇化建设步伐，努力改善硬件环境。一是按照全镇整体规划设计进一步充实小城镇化内涵，建立以驻地为中心，以两大工业集中区和优质蔬菜生产基地为辐射点的金三角，形成初具规模的小城镇框架；二是要加大投入力度，通过各种途径尽力争取建设项目和资金，节支开源，千方百计增加财政收入，充分调动社会资金，加快建设；三是重点抓好基础设施建设，对驻地主干道两侧进行进一步的综合治理，搞好驻地绿地、亮化建设；四是投资 25 万元人民币，完成对文化中心的扩建工程，投资 40 万元人民币对庄户剧团进行升级，着力提升全镇文化品位，为群众提供丰富多彩的精神食粮。

二、积极营造稳定和谐的社会环境。一是要进一步抓好"镇委书记"大接访活动，认真落实稳定工作责任制，进一步完善领导包案、接访责任制和群防群治网络体系，积极主动解决好群众反映的问题和困难，把各种矛盾化解在萌芽状态；二是要加强社会治安综合治理，完善预警和快速反应机制，严厉打击各种违法犯罪活动，确保社会大局稳定；三是要高度重视安全工作计划，始终把人民群众的生命财产安全放在第一位，狠抓各项安全责任制的落实，加大对各种安全隐患的排查力度，坚决杜绝重大安全事故的发生；四是抓好计划生育基层基础工作，大张旗鼓地开展计划生育集中行动，重点是做好长效避孕措施的落实。

三、继续大力加强农业和农业基础设施建设工作，增加农民收入。一是加大农业基础设施投入，粮食区重点做好总投资875.13万元的国家大型商品粮基地和优质粮食主产区的水、路、林工作，蔬菜区主要是扩大电力覆盖面和解决冬季大棚用水的问题；二是继续扩大蔬菜种植和设施面积；三是抓好农业标准化生产，搞好与××农业大学的合作，建立实践基地，教育引导农民采用新技术、新品种，培育并发挥好农业合作社的引领作用，增加土地产出效益；四是做好农产品的宣传和推介工作。

四、加强招商引资工作。一是保障投资1.8亿元的××水泥和4000万元的××新能源项目顺利建设，确保2010年底投产；二是改善软硬环境，提高服务水平，为现有企业服好务，促进××珠宝二期投资和草编、花生加工两个农产品加工企业扩大规模。

五、下大力气改善农村生产生活条件和保障民生。一是投资360万元，在埠东、程戈庄等10个村庄开展"五化"建设；二是投资774.4万元建设孙袁路、程方路等通村路7条共14.08公里，完成"村村通"收尾工作；三是投资420万元，对东尖、西尖等11个村庄进行自来水改造，使全镇村庄自来水改造率达到100%；四是投资293.2万元，在全镇范围内进行沼气新能源推广工作，改善生活环境，发展循环经济；五是投资470万元，美化驻地水上公园环境，投资120万元，完善驻地消防配套设施，为居民营造平安和谐的生活环境；六是投资960万元扩建镇中心中学，新建教学楼、学生公寓、餐厅等设施，扩大建筑面积12600平方米，使我镇教育条件得到进一步提高。

2010年我们镇将全面贯彻党的十七大和十七届三中全会精神，以邓小平理论和"三个代表"重要思想为指导，深入贯彻落实科学发展观，按照"高举旗帜、围绕大局、服务人民、改革创新"的总要求，解放思想、实事求是、与时俱进，贴近实际、贴近生活、贴近群众，以深入学习贯彻科学发展观为主线，以社会主义核心价值体系建设为根本，以创建文明行业为目标，以提高职工思想道德素质为目的，以弘扬"乐于奉献，艰苦奋斗，严谨务实，不断进取"精神为重点，以群众性精神文明创建活动和学习宣传先进典型为载体，以优异的成绩迎接中华人民共和国成立61周年。

【评析】这份计划由三部分组成：开头、主体、结尾。其主体是重点，共提出五大项工作任务。在写法上是按"任务＋措施"这种格式来写的，即先提出任务，似论文的小标题，紧接着阐述执行的措施。这种写法，能让有关实施者很清楚地知道，本年度工作应该做什么和怎么去做。还有一点值得注意的是，在此计划中作者将各项任务和投资数额，写得明确具体，这更便于实施和落实。

案例 2　　　　　　　　　　　××县文化局 2014 年工作计划

2013 年，县文化局在县委、县政府的领导下，以邓小平理论和"三个代表"重要思想、党的十八大精神为指导，深入学习贯彻落实科学发展观，紧紧围绕构建和谐社会，坚持"二为"方向、"双百"方针和"三贴近"原则。按照县委、县人民政府的工作安排部署，县文化局充分发挥部门职能作用，全力组织开展好文化活动丰富人民群众文化生活，不断为全县经济社会发展提供文化服务，促进全县精神文明建设，圆满完成了县委、县政府安排的各项工作任务。为进一步做好下一年工作，按照县委、县政府的通知要求，结合文化局工作实际，特制定县文化局 2014 年工作计划如下：

一、指导思想

以邓小平理论、"三个代表"重要思想、党的十八大精神为指导，深入贯彻落实科学发展观，坚持"二为"方向和"双百"方针，坚持社会主义先进文化前进方向，紧紧围绕县委、县人民政府中心工作，以不断提升省级"历史文化名城"内涵、打造"特色文化产业县"和"文化旅游经济兴县"为目标，充分发挥文化局职能作用，以文化创新为动力，大力推进文化建设，兴起文化建设新高潮，推动文化大发展大繁荣，不断满足人民群众日益增长的精神文化生活需求，促进全县文化事业繁荣发展，为全县经济建设和社会发展提供良好的文化服务，为经济社会建设又好又快发展提供强大精神动力和营造良好文化氛围。

二、工作目标

围绕一条主线，即围绕学习宣传贯彻落实党的十八大精神和建设县"省级历史文化名城"、"特色文化产业县"和"文化旅游经济兴县"这条主线；实现两个转化，即深入挖掘县民族、民间文化资源潜力，把潜在的民族、民间文化优势转化为现实竞争力，把文化潜在的生产力转化为现实生产力；突出四个重点，即公共文化服务体系、特色文化产业、文化遗产保护、文化市场健康繁荣。围绕总的目标，推进各项工作，做到重点工作求突破，整体工作上水平，实现文化事业的大发展、大繁荣。

三、工作重点及措施

(一)努力争取国家扩大内需建设资金，加强文化基础设施建设。

一是积极抓好"两馆一站"建设，做好 14 个乡(镇)综合文化站的建设规划，积极向上级争取资金；二是做好县民族文化中心的项目规划，对古句町文化大观园项目进行招商引资，争取项目的尽快实施；三是向县委、县人民政府及有关部门请示、汇报，争取增加图书馆、文化馆、博物馆、乡(镇)文化站人员编制，充实专业技术人才，理顺乡(镇)文化站管理机制，更好地开展文化活动服务社会。

(二)扎实开展好文化活动，丰富群众文化生活，服务社会。

一是全力组织开展社区文化活动、广场文化活动、农村业余文化活动和"文化三下乡"活动，送书、送戏、送电影到农村，丰富广大人民群众精神文化生活。二是以各种节日为契机，组织开展群众喜闻乐见的文化活动。三是为社区、企业、乡村、学校文化活动提供业务辅导，不断扩大辅导面，开办书画、歌舞、乐器等有偿服务的专业培训，满足社会多层次的文化需求。四是县电影事业管理中心努力实施农村电影放映"2131"工程，积极争取社会各界及企业的赞助，减支增效，坚持开展文化广场电影放映，不断扩大农村电影覆盖面，解决农民群众看电影难的问题，2010年计划深入全县14个乡(镇)、7个社区、167个村委会，放映1000场次以上公益电影，丰富人民群众的文化生活。

(三)按照"保护为主，抢救第一，合理利用，加强管理"的文物工作方针，扎实工作。(略)

(四)延伸图书馆服务领域，实施好文化信息资源共享工程，服务于"三农"。(略)

(五)强化文化市场监管力度，促进文化市场健康繁荣发展。(略)

(六)打造民族文化精品，积极推动文化与旅游相互促进、发展。(略)

(七)认真抓好安全生产工作计划，确保文化市场零事故。(略)

(八)充分利用部门资源，全力做好扶贫工作(略)

(九)结合部门实际，落实艾滋病防治工作。(略)

(十)加强党建工作，强化文化队伍建设。(略)

加强文化局党总支部的组织建设，全面推进群团组织工作，建立健全工会、共青团等岗位责任制，大力推进精神文明建设，认真执行党的路线、方针政策，落实科学发展观，推进落实党风廉政建设，努力建设一支思想坚定、作风过硬、敢于创新的文艺骨干队伍。继续健全现有的工作、学习等制度，拓宽学习知识的领域，不断提高干部职工的整体素质，增强工作的能力和水平，更好地为社会服务。逐步推进探索文化部门工作机制，落实好干部职工的工作职责和服务方式，深化图书馆、博物馆、文化馆等部门公共服务职能，使文化队伍真正成为知识面宽、业务精通、能胜任本职工作的坚强队伍，为实现全县经济社会又快又好发展做出新的更大的贡献。

【评析】这份计划在内容安排和写法上与上份有所不同。这份计划的主体内容是分成三个部分来写的：第一部分写工作指导思想，第二部分写工作主要目标(任务)，第三部分写具体工作任务及措施，把工作思路作了系统的阐述，让人们从宏观到微观对新一年的工作任务清楚明了。这种写法显得更全面。特别是用条项列出，条理清楚，表达具体明确，易于实施，是一份订得具体可行的综合计划。

案例3   **2013—2014学年第二学期个人学习计划**

常言道："凡事预则立，不预则废。"新的学期，为了使自己全面发展，获得更大的进步，特根据自身的学习习惯和特点，制定如下新学期计划。

一、主要目标

在本学期，我除了认真学习好各门专业课程外，还要通过计算机二级考试、英语四级考试和普通话水平测试。

二、具体措施

(一)通过计算机二级

1. 认真观看教学视频，记下重点。

2. 每天保证1—2小时的动手操作训练。

3. 做10—20套历年的真题及模拟题。

4. 研究错题，分析错因，弄懂弄透。

(二)通过英语四级

1. 每天记5—10个单词。

2. 认真观看教学视频，记下重点。

3. 每周做一套历年英语四级真题，并把它弄懂。

4. 每天坚持听读一篇英语文章。

(三)通过普通话水平测试，力争二级甲等

1. 每晚睡前10分钟，读1—2篇文章。

2. 早上起床读1—2篇文章。

3. 平时说话注意纠正读音。

4. 多开口，多练习。

三、要求

1. 每天坚持按照计划实行。

2. 每周一小结，每月一大结。找出实行中的不足和困难，正确面对。

3. 坚持每天锻炼身体，去图书馆学习。

新的学期，我会用坚强的意志一步一步实现自己的目标，无论遇到什么样的困难与挫折，我都会义无反顾地勇往直前。我相信自己一定会在新的学期取得更加出色的成绩。

计划人：×××

二〇一四年二月十五日

【评析】这是一份个人学习计划。目标明确，措施具体，语言简洁明了。在写法上是按"目标＋措施"这种格式来写的，即先提出目标，紧接着阐述每一项目标执行的措施。这种写法，能让实施者清楚地知道自己本学期应该做什么和怎么去做，便于实施和落实。

【知识链接】

一、计划的概念、特点和作用

(一)什么是计划

计划是部门、单位或个人根据党和国家的方针、政策以及上级的指示，结合本部门、本单位或个人的具体情况，对将要进行的某一阶段工作或具体任务拟定的关于目标、要求、措施等内容的文书。

(二)计划的特点

(1)明确的目的性;

(2)科学的预见性;

(3)措施的可行性;

(4)执行的约束力。

(三)计划的作用

(1)计划是完成任务或达到指标的基础;

(2)计划是决策部门实行科学管理的重要依据与手段;

(3)计划是建立正常工作秩序,提高工作效率的重要前提。

二、计划的种类

工作计划是一个统称,主要包括规划与纲要、方案、意见、设想与打算、安排、计划、要点等。严格说来,这些文种间存在一些差异,写法也不尽相同。

名称	时间	内容
安排	短期	事情较具体简单,措施具体
打算	近期	对事情考虑还未周全
规划	长期	面广规模大,只有大轮廓
设想	长远工作	非正式,粗线条
意见(要点)	一个阶段(上级对下级)	交代政策,提出具体要求
方案	近期、短期	对事项做了全面具体的计划

(1)规划、纲要。两者属全局性、长期性计划。它们是各级领导机关根据战略方针,为实现总体目标,对某个地区某项事业做出长远部署的一种计划文书。它重在定方向,定规模,展示远景,有一定的指导性和鼓动性。这类计划时间跨度长,范围广,内容概括,文字简略。

(2)方案。是对将要进行的某项重要工作,从目的、要求、方式、方法到具体进度的实施计划,经上级批准后即可执行。

(3)意见。多是上级机关向下级机关布置一定时期或一项重要任务时采用的文体。它需要交代政策,提出具体要求,提醒注意事项,偏重于政策性、原则性的指导。

(4)设想、打算。是工作计划中非正式的、初步的粗线条计划,其内容是不太成熟的想法。时间长的称"设想";近期要进行、范围不大的称"打算"。

(5)安排。是工作计划中最具体的一种。预计在短期内要做的某项工作,不作具体布置就达不到目的,可用"安排",其内容要明确具体,预想要周到细致。

(6)计划。是日常工作、学习中使用最广泛的计划类文书。时间一般在一年之内,内容多针对本单位的工作或某项具体任务,制定具体的目标、任务、步骤、措施。计划带有强烈的指令性,各种指标非完成不可,而且逐项落实到各单位,还须定时总结检查。

(7)要点。即工作计划的摘要，是一种提纲挈领的计划。一般是将计划的主要内容摘录编排，使之重点突出。很多以文件形式下发的计划，都采用"要点"式。它便于抓主要矛盾，抓大事。

不管计划如何分类，写工作计划通常都要注意四大要素：(1)工作内容(做什么：WHAT)；(2)工作方法(怎么做：HOW)；(3)工作分工(谁来做：WHO)；(4)工作进度(什么时间做完：WHEN)。

三、计划的写法

计划一般包括标题、正文和落款三部分。

(一)标题

计划标题一般由四个部分组成：制订单位名称、适用时间、内容性质及计划名称。视计划文本的成熟程度，有可能出现第五个部分，即在标题尾部加括号注明：草案、初稿、征求意见稿、送审稿等，如"××市20××年再就业工程实施方案(讨论稿)"。

(二)正文

一般由开头、主体两部分组成。

(1)开头。说明制订计划的依据和指导思想，回答"为什么要做"的问题。文字力求简明，以讲清制订本计划的必要性、执行计划的可行性，应力戒套话、空话。

(2)主体。说明计划的基本内容，包括目标、措施、要求"三要素"，回答"做什么(目标)、怎么做(措施)、如何做完(要求)"的问题。

1)目标与任务。首先要明确指出总目标和基本任务，随后应根据实际内容进一步详细、具体地写出任务的数量、质量指标。必要时再将各项指标定质、定量分解，以求让总目标、总任务具体化、明确化。

2)办法与措施。以什么方法，用什么措施确保完成任务，这是有关计划可操作性的关键一环。所谓有办法、有措施就是对完成计划须动员哪些力量、创造哪些条件、排除哪些困难、采取哪些手段、通过哪些途径等心中有数。这既需要熟悉实际工作，又需要有预见性，而关键在于有实事求是的精神。

3)时限与步骤。工作有先后、主次、缓急之分，进程又有一定的阶段性，为此，在计划中针对具体情况应事先规划好操作的步骤、各项工作的完成时限及责任人。这样才能职责明确，操作有序，执行无误。

(三)落款

计划的署名和日期。如标题中已写明单位的则不用署名。日期指制订计划的年、月、日，可写在标题下，也可写在正文的右下方。工作计划修订后，还应该有领导审核与签字，并负责跟踪执行和检查。

四、计划写作技巧

(1)熟悉情况，吃透两头。一头是吃透上头的精神，一头是吃透下头的情况。

（2）要有预见性和灵活性。

（3）语言要准确，文字要简练。工作计划的指导性很强，语言运用要讲分寸，使用"基本上"、"普遍"、"所有"、"持续"、"继续"、"比较"、"改进"等词语，要准确反映客观实际，忌讳使用夸张性语言。

五、计划写作的注意事项

不论哪种计划，写作中都必须注意掌握以下五条原则：

第一，对上负责的原则。要坚决贯彻执行党和国家的有关方针、政策和上级的指示精神，反对本位主义。

第二，切实可行的原则。要从实际情况出发定目标、定任务、定标准，既不要因循守旧，也不要盲目冒进。即使是做规划和设想，也应当保证可行，能基本做到，其目标要明确，其措施要可行，其要求也是可以达到的。

第三，集思广益的原则。要深入调查研究，广泛听取群众意见、博采众长，反对主观主义。

第四，突出重点的原则。要分清轻重缓急，突出重点，以点带面，不能眉毛胡子一把抓。

第五，防患未然的原则。要预先想到实行中可能发生的偏差、可能出现的故障，有必要的防范措施或补充办法。

【**实践训练——完成任务**】分小组完成任务

【**病文评析训练**】下文是一份计划，文中有多处毛病，请找出来。

××大学信息工程学院 2013 年学生会工作计划

本学期是信息工程学院新学生会工作的第二个学期，我们肯定成绩，总结经验，吸取教训，力争在本学期的工作中有丰厚的收获，取得更有意义的成绩。我们本着积极向上的原则制订了以下的工作计划：

本学期的工作主要分为三个部分：网站建设、文体活动和学习方面。

一、网站工作是本学期的工作重点，主要任务是：

1. 进一步完善网站各项的建设，充实内容；

2. 组建网站上传，维护更新体系；

3. 以网站为阵地开展活动，以网络为媒体进行活动宣传。

二、文体活动

1. 三月初，进行信息工程学院"信工杯"篮球联赛；

2. 三月中旬，校"化新杯"足球赛；

3. 三月末，信息工程学院卡拉 OK 大赛；

4. 四月，信息工程学院足球联赛；

5. 五月初，策划并参加武汉市高校信息工程学院篮球联赛。

三、考研、择业

我们准备为考研、出国、就业的同学举办一系列的讲座。要求太奇、导航、领航等考研辅导学院讲师来我校为考研同学作讲座，邀请新东方、瑞通等培训机构讲师来我校为出国、就业的同学做讲座。

【情景拟写训练】请为自己制订一份新学期学习计划。要求有明确的目标和具体的措施。

第二节 总 结

【任务呈现】时间转瞬即逝，眨眼间你到大学已整整一年了。回望过去的一年，你的大学生活取得了方方面面的成绩，各方面的能力也得到了一定程度的提高。为了在今后的大学生活中更好地发展自己，请你对过去一年的大学生活作一次总结。

【案例赏析】

案例1　　　　　　　2014年财务管理部工作总结

2014年，在全体员工的共同努力下，我部完成了2013年全面预算及今后五年资金预算的编制，完成了公司制定的融资定额和降低融资成本的目标任务等工作，主要如下：

一、紧跟企业管理发展趋势，努力实现管理职能的转变

致力于从财务资料的搜集者和提供者转变为对财务信息能量的释放者和推动者的角色转换，从提供多项任务和交易信息为主，转向为业务部门提供更多决策支持的信息分析；参与战略决策，做好全面预算管理工作，完成有关预算的编制，提供今后几年的财务报表测算情况及企业资本的流向、流程、流速、流量等财务信息，为公司领导进行决策提供了依据。

二、做好会计基础核算工作，为公司发展提供基础信息服务

完成年度会计决算工作，核对理顺往来账务关系；对长期投资区分股权和债权进行核算，规范核算手续；配合税务稽查，积极敦促退回预缴企业所得税；努力推进了公司财务信息管理系统建设。

三、强化资金管理，优化资本结构

加强资金的计划管理和综合调度，做好公司各月资金计划、资金计划执行情况分析和检查工作，对资金使用效益、资金风险作事前的衡量，及时跟踪资金运行情况，进行资金控制，使集团能够对资金"掌握有度"；加强筹资管理，积极拓展融资渠道，调整公司负债结构，优化资本结构；争取到各银行给予贷款优惠，使新增贷款的利率

下浮 10%，降低筹资成本，为公司节约了财务费用。

四、规范管理公司委托贷款和担保业务

从严控制委托贷款和担保业务的开展，强调按规定程序办理，完善有关手续；参与起草鹿化脱困方案，协助化解公司的财务风险。

五、完善财务管理，加强投资项目控制

致力于为业务部门提供决策支持的信息分析，为公司决策提供信息支持；完成可行性项目的财务分析及财务评价工作；实施事前控制，对公司拟投资项目进行资料的收集、整理、分析，并提出了财务方面的评价和建议，为领导决策提供了参考意见；加强了投资项目的财务管理和财务监督；配合业务部门做好了退出项目的前期方案制定。

【评析】这是一个财务管理部门的工作总结，在写法上采用归纳法，即把一年来完成的工作，高度概括为五个方面，拟出小标题，并在小标题之后对具体做法进行阐述，简洁明了，短小精悍。

案例 2　　　××食品药品监管局 2014 年年终总结及 2015 年工作计划

今年以来，在市委、市政府和省局的领导下，我局围绕保障全市人民饮食用药安全这个中心，坚持以科学发展观统领食品药品监管各项工作，更新思想观念、改进工作作风、创新监管方法、提升依法行政能力，各项工作积极开展、有序推进、成效明显。

一、2014 年工作回顾

(一)整合资源，找准定位，食品安全各项工作有序进行

一是继续履行食品安全综合监管职能。在食品安全综合监管职能调整之前，继续发挥市政府食品安全牵头作用。对三县六区及 14 个成员单位开展了 2014 年度食品安全目标考核并表彰先进单位。出台全市食品安全整顿工作实施方案，部署今年食品安全工作任务。牵头开展为期四个月的打击违法添加非食用物质和滥用食品添加剂专项整治工作，我市专项整治工作得到了省专项整治领导小组联合督查组的充分肯定。在节日期间及季节交替等食品安全事故高发时段联合相关部门组织监督检查。受理食品投诉举报 15 起，均及时处理或转交有关部门核查。组织开展《食品安全法》宣传工作，顺利完成"天辰杯"食品药品安全知识竞赛活动。

二是开展餐饮服务环节食品安全工作。6 月 1 日以后，餐饮环节食品安全监管职能划转到我局，我们积极履行新职能，开局良好。组织开展夏季餐饮环节食品、保健食品安全专项整顿和学校食堂食品安全专项监督检查。联合市教育局，自 8 月下旬至 10 月中旬对全市大中专院校、职业技术学校、中小学和幼儿园的食堂及校内其他餐饮单位，集中开展学校食堂食品安全专项监督检查。积极做好餐饮服务许可与监管工作，发放《餐饮服务许可证》147 个，处理餐饮服务环节投诉举报 13 起，参与疑似食物中毒事件现场调查 6 起，组织好 5 次重大接待活动食品安全保障工作。制定《2014 年国庆、中

秋期间餐饮服务环节食品安全事故应急处置预案》，参与节前食品安全联合检查。与市卫生局、卫生监督局联合向全市餐饮服务企业发出《告全市餐饮服务企业的一封信》。开通餐饮环节食品药品安全工作短信平台，发布食品药品安全短信 2300 余条。

(二)落实责任，突出重点，药械安全全程监管扎实推进

突出源头治理。对环球药业、涂山药厂等药品生产企业进行 GMP 跟踪检查，加强对城市药业等重点高风险企业的监管，及时处理企业在生产和质量管理中存在的问题。组织麻醉药品和精神药品经营企业资质重新审核认定，开展含麻黄碱复方制剂专项检查。加强流通整治。开展药械许可证换证专项检查，共检查需要换证药械企业 41 家；对 6 家药品批发企业重新实施 GSP 认证，对 66 家零售药店实施 GSP 认证。加强违法广告监测，1—9 月份共监测虚假违法药品广告 19 个品种 10102 次，全部移交工商部门处理。培训从业人员 7 期 458 人，组织从业人员体检 1052 人。上报药品不良反应病例报告 3820 份。推动"两网"升级，今年又新增 34 家医疗机构"规范药房"。强化医疗器械监管。开展高风险医疗器械经营企业专项检查，共检查高风险医疗器械经营企业 54 家；检查定制式义齿生产企业 2 家，注销 5 家企业的医疗器械经营许可证，取缔 1 家无证隐形眼镜经营户。建立医疗器械不良事件监测网络 62 家，共上报医疗器械不良事件 657 份。重拳打假治劣。截至目前，共查处药械案件 82 件，其中药品案件 81 件，器械案件 1 件，取缔无证经营户 2 户；销毁假劣药品和医疗器械 74 个品种规格，货值 5.7 万余元；受理投诉举报 11 起，均及时核查并向投诉举报人反馈，对其中 1 起予以立案查处。全市抽样 597 批，现已完成检验 539 批。强化应急处置。出台应对甲型 H1N1 流感应急预案，对防控甲型 H1N1 流感工作作出全面部署。组织药械企业落实应急药械的生产、采购、存储任务，开展对应急药械生产、经营、使用单位的专项监督检查，严格值班和领导带班制度等工作措施，为我市应对甲型 H1N1 流感疫情提供了防控药械的质量安全和储备保障。

(三)转变观念，做好服务，促进医药经济平稳发展(略)

二、**2015 年工作思路和安排**

2015 年，我局将以科学发展观和党的十八大精神为指导，不断提升食品药品监管能力，全面保障我市人民饮食用药安全。

(一)积极履行监管新职责

结合我市餐饮消费的特点，制定餐饮单位整治的短期和中长期的目标。严格许可条件，细化审查标准，进一步规范许可受理、审核、审批和发证行为与文书。着力开展有固定经营场所无证无照经营户专项整治活动，以创建小餐饮示范点为手段，发挥示范点的引领作用。加大餐饮具清洗消毒监管，加大食品抽验力度，推行快速检验方法，扩大抽验覆盖面。与相关部门配合，开展各类食堂的专项检查。做好各类重大活动餐饮安全保障工作；加强法律法规培训，规范执法行为，规范餐饮服务业经营行为；积极配合有关部门做好食物中毒的调查工作；依法做好对餐饮服务企业违法行为查处

工作。组织开展保健品、化妆品安全监管，加强对保健品、化妆品生产、经营企业的日常监督指导，做好辖区化妆品、保健食品生产企业信用评级。开展保健食品、化妆品安全评价和不良反应监测工作。

（二）保持药械监管高压不松懈（略）

（三）促进食品医药产业健康发展（略）

【评析】这是一个局单位的工作总结和计划，采用了回顾和展望两部分结合写的方法，先对 2014 年的工作成绩进行了具体总结，一共归纳为三个方面，并在每一方面的下面用具体的工作思路、事例和数据来说明问题，给人以很强的真实感；接着又针对过去一年所存在的不足进行了计划安排。工作思路清晰，有的放矢，切合实际。

【知识链接】

一、总结的概念

总结，也叫总结报告，它是一个组织或个人在工作、学习、生活告一段落后，所进行的回顾、检查、分析和评价，从中找出成功的经验、失败的教训，悟出个中的道理，得出规律性的认识，并用以指导今后的工作而形成的书面材料。日常使用的小结、体会等，也属于总结。

如果说计划主要是提出"要做什么"和"如何去做"的问题，那么总结则应该说明"做了什么"和"做得怎么样"的问题。总结有利于理性地认识事物；客观评价工作中的功过得失；总结经验，找出教训，交流信息，认识规律；避免今后工作中的盲目性，提高工作效率。

总结与计划的关系：（1）相互制约，相互依赖；（2）相互促进，不断提高。总结与计划在内容与写作上有一定的联系。总结是计划执行的结果，做总结既要以计划为依据，又要对计划完成情况作出判断；计划的制订也要以上一阶段的总结为依据，其目标、任务、措施都应参照上一阶段总结的情况提出来。

从总结的角度看，总结是计划执行的结果。总结是以计划为依据，检查计划执行的情况，检验计划准确的程度。从计划的角度看，计划又是上阶段总结的发展。没有全面、系统、深刻的总结，不可能制订出符合实际的、切实可行的计划。

计划—实践—总结—再计划—再实践—再总结……周而复始，不断提高。

二、总结的种类

总结可按时间、内容、范围、性质等分为不同的类别。

按时间分：有年度总结、季度总结、月份总结、阶段总结等。

按内容分：有工作总结、生活总结、学习总结、思想总结等。

按范围分：有单位总结、部门总结、个人总结等。

按性质分：有专题总结和综合总结。

从不同的角度分类后，总结的名称多种多样，但从写作目的、内容和要求来看，总结不外乎两大类：综合总结、专题总结。

综合总结也叫全面总结，一般单位或部门的年终总结常用这一类总结。综合总结是对各项工作的全面回顾，包括工作情况概括、成绩和经验、缺点与教训等。所要指出的是，综合总结并不等于面面俱到，包罗万象，而是要根据主题的需要做到重点突出，详略得当。

专题总结又称单项总结，是选取工作中的某个方面、某些成绩、某种经验、某种问题进行深入的阐述。往往偏重于总结工作中的某些突出成绩或典型经验，以点带面，加以推广。它比综合总结使用更广，针对性更强，要求集中一点，突出特色。

总结的种类很多，但不管哪类总结，都是对已经做过的工作进行理性的思考。它要回顾的是过去做了些什么、如何做的、做得怎么样。

三、总结的特点

(1) 以回顾实际情况为内容(客观性——不允许虚构和编造)；

(2) 以找出规律为目的(理论性)；

(3) 以第一人称简述的方式表达。

四、总结的作用

(1) 找出经验和教训，指导推动工作；

(2) 给领导提供情况，作为改进工作、推广经验、制定政策的依据；

(3) 不断提高人们的思想和业务水平；

(4) 可以互通情况，交流经验，取长补短。

五、总结的格式与内容要素

(一)标题

总结的标题有三种写法：

第一种标题由单位名称、时间期限和文种构成，这种标题通常用于工作总结，如"长江集团 2014 年工作总结"；也可以在标题中加上具体内容和范围，如"江城电信局 2014 年减员增效工作总结"。如果总结发放范围明确，可以在标题中省略单位名称，只写时间期限、内容范围、总结种类。

第二种标题的写法似一般文章。这类标题多用于经验总结，如"加强管理监督，防范金融风险"，这样的标题虽未写明"总结"字样，但其本身就体现了总结的性质。

第三种是采用正副标题的写法，即用正标题概括总结的内容，用副标题标明单位名称、时间期限、总结种类等。这类标题多用于专题性总结，如"严肃党纪国法，推进反腐倡廉——市委机关党委 2014 年专项整风总结"。副标题前一般加破折号"——"，并应另起一行以稍小字体书写。

(二)正文

总结因内容各异，要求不同，正文的写作也有所不同。一般由前言、主体、结尾三部分组成。

1. 前言

前言为基本情况概述，或概述工作的背景、全貌；或说明工作的指导思想和成果；或将主要成绩、经验、问题找出来，先给读者一个总体认识。在内容上可抓住这样几个要素：一是时间。要交代所总结的事情或工作的起讫时间。二是事件。说明所总结的是哪一方面的事情，如工作、学习等，一般与时间连起来说。三是背景。交代所做的工作是在什么样的基础、条件下进行的。介绍背景是为了说明工作进行的难易程度。背景介绍一定要与总结的内容密切相关，没有直接影响的事不要写。四是效果。这是对前段工作的一个总体评估，要言简意赅，让人能看出效果是好还是不好就行，一般列出几项重要的指标、数据予以辅助说明，以增强可信度。

前言部分是全篇总结的概貌式提示，语言要精练，篇幅要短小，一般以一二百字为宜。

2. 主体

主体是总结的中心部分，也是最重要的部分。要具体、细致、生动地介绍成绩和经验。通过分析，把零星的、肤浅的、感性的认识上升为系统的、深刻的、理性的认识，从而肯定成绩和经验，找出问题与教训，从中概括出规律性的东西。

可以从以下几个方面来写：

(1) 前段时期主要"做了什么"、"做得怎样"。"做了什么"一般应当依据前期的工作计划来写，当然，虽有计划但并没实施的工作在此不用写。在实际工作中，还有可能所做的事是前期计划中所没有的，只要是重要工作，或者说有说服力的工作，都应当加以总结。"做得怎样"也就是说取得了哪些成绩或效果，是对前段时期所做工作的正面评价。"做了什么"、"做得怎样"一般应放在一起写，这样可以使读者对你所做的事情、所取得的成绩一目了然。

(2) 前段时期所做工作取得成功的原因，也就是"怎么做的"。主要写工作成效和带有规律性的、指导意义的体会，写实现目标、完成任务过程中，采取了哪些有效的方法和得力的措施，主观上做了哪些努力，客观上有什么有利条件。这方面的内容可专门作为一个层次来写。目的就是总结有益的经验，得出规律性的认识，使其真正具有指导今后工作的意义。在叫法上不一定叫"成功的原因"，可以叫"体会"或"认识"。如"一年来我们取得成绩的几点体会"、"对一年工作的认识"。

(3) 前段时期所做工作还存在哪些问题。我们做任何事情都没有绝对的正确，失误和不足总是在所难免的。所以我们除了总结取得的成就、经验之外，对于工作中曾出现的失误也应实事求是地说明，做到既不一味铺陈优点，也不有意回避缺点。只写成绩不写问题是不全面的，回避矛盾、掩盖错误、有意护短，不是辩证唯物主义。当然，写问题也应只写主要的、影响大局的，那些鸡毛蒜皮的小事不必拿来凑数，而且一定要实事求是，切不可夸大也不能缩小问题。

(4) 发生问题的原因是什么。找出发生问题的原因，就是总结教训。我们不仅要知道有错误，而且要知道究竟错在哪里，怎么错的，只有这样，才能避免在今后的工作中重蹈覆辙，也只有这样才能不断提高自我、完善自我。

总结的常见结构形式有四种：

一为条目式，就是把材料概括为要点，按一定的次序分为一、二、三等条目，一项项地写下去。这样写容易条理清楚。

二为三段式，即从认识事物的习惯来安排顺序，先对总结的内容作概括性交代，表明基本观点；接着叙述事情经过，同时配合议论，进行初步分析；最后总结出几点体会、经验和存在问题。

三为分项式，即不按事件的发展顺序，而是把做的事情分几个项目，也就是几类，一类一类地写下去，每类问题又按先介绍基本情况，再叙述事情经过，再归纳出经验、问题的顺序写下来。

四为漫谈式，如向别人介绍自己的学习经验，就可用漫谈式，把自己的实践、认识、体会慢慢叙述出来。这种方式多用于对自己亲身经历的事物的总结。

总结的主体部分的结构形式还可采用："情况—经验—问题—建议"的顺序，分成四大部分进行总结(写总结的传统方法)。

还可用并列式：以具体的工作项目为顺序，把要总结的内容按性质逐条排列，夹叙夹议(多用于专题性总结)。

以上内容，不一定面面俱到，可以有所侧重，或者着重写经验体会，或者着重写缺点教训。

3. 结尾

这部分主要是对下一步工作的设想，提出新的目标。行文应简洁有力，具有鼓动性和号召力。

(三)落款

落款即署名和成文日期。如果单位或个人的署名已经署于标题下，此处可省略。如果是用于报送上级的总结，在单位名称处应加盖公章。

六、总结的写作要求与技巧

有人说，写总结不是什么难事，无非就是一二三四肯定自己的成绩，五六七八说说是与大家的努力分不开的，再加上一个"但是"和"两个"不足，凑足十条就可以交账了事了，群众喜欢，领导满意。我们认为写一些"今日写罢，明日忘记"的总结，当然算不上难事。但是，要写出全面系统，见解深刻，能概括出一定的经验与规律，有益于今后工作的总结，实属不易。因为写作总结，也有它一定的要求与技巧，一般可从以下几个方面着手。

(一)注意积累，占有材料

占有充足的材料是写好总结的前提，否则总结很难做到准确、全面、客观、公正。总结是较长时间内工作的回顾，在整个工作过程中，应时时处处当有心人，为写总结积累材料。某个典型，某些细节，有关的时间、地点、人物、事件、原因、结果等，无不在搜集之列。当然，也不排除写作时采用开座谈会、个别调查等方法搜集材料。没有丰富的实际材料作为判断的基础和论证的实例，就难以把总结的内容准确而全面地表达出来。尤其是掌握原始材料，是写作总结的基础，是得出结论、寻找规律的依据。总结不是理论探讨，写作时要少说空话、套话。用事实和数据说明问题，是写总结的基本要求。

(二) 探索规律，提炼观点

总结工作的经验教训，找出规律性的东西，这是工作总结的重点。如果总结只是事实的回顾，不探索规律、提炼观点，"总"而不"结"，那是在写回忆录，是没有实际意义的。只有抓住关键问题，用有典型意义的材料提炼和论证具有指导意义的观点，总结出新鲜经验，这样，写出的总结才有全局性的普遍价值，才能反映本单位工作的特点，对今后的工作或对其他单位的工作才有一定的指导和借鉴作用。能否认识和反映带有规律性的经验，是衡量一篇总结质量高低的重要标志。

(三) 突出特点，抓好重点

写总结必须抓住特点。"年年岁岁花相似，岁岁年年人不同"，写总结就要写出这些"不同"之处，否则，今年的总结与去年的总结雷同，写总结就变成了例行公事。这就要求撰写人要不断学习新精神，研究新情况，寻找新经验，抓住特点和重点，写出特色，写深写透。这样写出的总结，才有高度、有新意、有时代感。

(四) 实事求是，一分为二

写总结必须从客观实际出发，实事求是地反映本单位的情况，恰如其分地评价工作。对成绩要充分肯定，对问题要客观分析，不浮夸，不虚构，不隐瞒，不缩小。这样才能发扬成绩，纠正错误，更好地改进工作。任何弄虚作假和主观臆断，都会影响总结的严肃性。

七、总结注意"五忌五体现"

总结过程中能量化的要量化，把定性分析和定量分析结合起来考察，从客观事实出发，防止感情用事，以免总结流于形式。写总结注意"五忌五体现"：

一忌事无巨细，体现突出重点的原则。

二忌成绩注水，体现实事求是的原则。

三忌简单罗列，体现依事说理的原则。

四忌回避问题，体现一分为二的原则。

五忌单一行为，体现全员参与的原则。

八、"工作总结"与"述职报告"的异同

(一) 相同之处

(1) 都是对以往工作的回顾、反思和自我评估；

(2) 都是用第一人称；

（3）都要求观点与材料紧密结合，言之有物，客观全面。

（二）区别

（1）回答的问题不同。总结是对一项工作或一段时间里的工作予以归结，它要回答的是做了哪些成绩、存在哪些不足、取得哪些经验、吸取哪些教训等；述职报告要回答的是有何职责、履行职责如何、称职与否等。

（2）侧重点不同。总结一般以归纳工作事实为主，以汇报工作成果为主，重点在于体现个人的工作实绩；述职报告则必须以报告履行职责情况为主，以报告德、勤、能、绩为主，重点在于展示履行职责的过程和能力。

（3）表达成果的范围不同。总结不受职责范围的限制，凡是自己做过的事，取得的成绩都可以归纳于工作总结之中，干的事越多，取得成绩越大，说明工作成绩越显著；述职报告则局限于职责范围之内，干部离开职责干的活越多，成果也很大，但并不能说明其履行职责越好，反而证明不务正业。

【实践训练——完成任务】分小组完成任务

【病文评析训练】下文是一份总结，文中有多处毛病，请找出来。

×××室 2013 年工作总结

2013 年，我室在委局领导的重视和关心以及兄弟科室的大力支持下，以与时俱进的精神，积极主动、踏实勤奋地在案件查处、指导培训基层、调查研究、清理积案以及档案工作、支部建设等方面卓有成效地开展工作，圆满完成了组织和上级领导交给的各项任务。

一、基本情况

1. 案件、线索的查处方面

2013 年 1 至 12 月，我室共收到委局领导批转的信访件共 60 件，初查后移交下级纪委立案的 10 件，直接立案查处的 9 件，移送检察机关进一步立案侦查的 16 件，为国家挽回经济损失 1025 万元。与此同时，理结上年遗留案件 5 件。具体情况是：

直接立案查处 9 件 9 人。（1）××局副总工程师×××受贿案；（2）××局党委副书记×××受贿案；（3）×××副台长×××贪污案；（4）××市高速公路总公司副总经理×××受贿案；（5）××市爱卫办主任×××贪污受贿案；（6）××市爱卫办副主任×××贪污受贿案；（7）××市爱卫办副主任××贪污受贿案；（8）××市个体劳动协会、私营企业协会副会长×××受贿案；（9）×××工商局××分局局长×××受贿案。上述 9 案均由我室立案调查后已移送检察机关立案侦查。

在查结所有案件线索中，移送检察机关立案侦查的 16 人，具体是：××电视台电视剧制作中心副主任×××、市工商局经检分局局长×××、市工商局专业市场管理分局局长×××、市工商局专业市场管理分局副局长×××、市工商局专业市场管理分局经济检查科科长×××、市工商局××分局××工商所所长×××等。

理结上年遗留案件 5 件。(1)××报社系列案,原××报社总编辑×××移送检察机关立案侦查;(2)原××市体委主任×××案;(3)原××市劳动和社会保障局副局长×××案;(4)原××市财政局财政专管员×××案;(5)原××市资源投资有限公司总经理×××案。

本年度,所有自立案件全部调查终结并移送本委审理室审理;所有案件线索全部查结。

2. 清理历年积压件方面

清理了历年积压的信访件共 28 件,其中回复上级领导以及案管、信访部门的 10 件,交下级纪委处理的 10 件。目前,历年积压的信访件已基本全部清理完毕。

清理了 1994 年至 2013 年度历任遗留的案件、线索材料的整理、立卷、装订、归档,共计×××件×××卷。现已基本清理归档完毕。

3. 指导培训基层方面

先后为市工商局、市地税局、市财政局、市航务局、××汽车集团等单位讲办案业务课,听课人数达 300 多人。采取以案代培的方式,先后为市直机关纪工委、市交通纪工委、市文化局、市教育局、××日报社等单位培训办案骨干 6 人。指导和协调市交通纪工委、市政府办公厅纪检组、市科协纪检组、市审计局纪检组、市侨办纪检组、市工商局纪委、市计生局纪委、市体育局纪委、××区纪委等十多个单位的案件检查工作。

4. 调研工作方面

为了加强与分管单位的联系和沟通,促进办案工作的协调发展,我们利用办案间隙,合理安排,抽出人员,有计划、有步骤地进行走访和座谈。同时还利用分管××部的有利条件,举行了各民主党派的座谈会。通过调研,听取了基层单位和社会各界以及各民主党派对我们工作的意见和建议,并及时反馈给委局领导,收到了较好的效果。同时写出了 2 篇调研报告——"关于对联系单位案件检查工作的调研报告"、"关于对各人民团体机关纪检监察工作及各民主党派的调研报告",得到了委局领导的重视和肯定。

5. 协办、协查方面

一是派员参与省纪委"11.25"专案(即××管理局局长×××违纪违法案),并具体由我室承办对×××的党政纪处分事宜。二是派员参与市国投"5.20"专案,目前已加大了调查力度,增派人员协助对市国投副总经理×××等人实行"两规"措施调查。三是组织指导市交通纪工委查处市二汽公司材料仓库科长××案。四是协助市外单位纪检部门来市办案,如先后协助××省纪委、××市纪委、××市纪委、××市纪委、××市纪委、××市纪委、××市纪委等单位办案。

二、主要特点和做法

从我们今年查处的案件情况看,有以下几个特点:

1. 立案数和移送检察机关人数均比去年同期大幅上升。如今年我室立案 9 件,比去年同期立案 2 件增加了 3.5 倍。在 9 件立案案件中，涉及市管干部 5 人、正处级干部 4 人。今年移送检察机关进一步立案侦查的 16 人，比去年同期 9 人上升了 77.8%。

2. 涉及"三机关一部门"的腐败案件依然严峻，而且成系统性。从今年我室查处的市工商系列案、市爱卫办系列案的情况看，反映了行政执法机关和政府机关工作人员的违纪违法问题依然比较严重。如市工商系列案涉案人数多，连环受贿问题比较严重，既有班子成员之间的相互贿送，也有科(所)长与一般工作人员之间的"交易"，而且在一个单位或一个部门中存在着普遍性，直接损害人民群众的切身利益，社会影响大。目前已调查的涉案人员有 14 人，其中涉及市工商局属下的正副分局长 5 人，科(所)长 6 人，7 人已移送检察机关立案侦查。又如市爱卫办系列案，先后被调查的涉案人员有 7 人，已移送检察机关立案侦查的 5 人，其中整个班子 3 名成员均被立案调查。这些案例都是反腐败斗争需要重点抓的"三机关一部门"典型案件，委领导××同志已批示将市爱卫办案作为明年纪律教育的典型案例。

3. 通过调研，广泛听取了基层单位和社会各界以及各民主党派对我市党风廉政建设和反腐败工作的意见和建议，使我们收集了情况，掌握了重点，广开了思路，为明年创新工作思路打下了一定的基础。

根据以上特点，我们在工作中能够主动争取委局领导的重视和支持，××、××、××同志经常关心和询问我们的工作，并给予具体的指示，使我们思路明确，走好了案件的每一步，保证了各项工作的健康有序地进行。与此同时，我们也结合工作实际以及队伍状况，采取了以下一些做法：

1. 调查组长责任制。为了在实践中锻炼干部，我们针对本室年轻干部多、社会阅历较浅的特点，有意识地给他们交任务、压担子，让他们在实践中锻炼成长。如××、×××、×××同志先后担任市高速公路总公司××案、市工商系列案、市爱卫办案的调查组长工作，室领导当配角，关键问题给予指导，重大问题承担责任，使各组长能够顺利完成调查任务。通过让年轻人当调查组长，较好地调动了他们的积极性，让他们通过换位思考，明白自己肩负的责任，进一步增强对工作的责任心。

2. 安全保障责任制。在工作中，我们始终树立"安全第一"的思想，尤其在办案工作中，我们建立了安全保障责任制，明确谁分管安全保障，谁负总责，而且加强了轮岗，根据案件的情况，明确该案的安全保障责任人。如×××同志，负责市工商系列案和市爱卫办案的安全保障工作，工作责任心强，在办案点条件艰苦、人员复杂的情况下，充分发挥自己的主观能动性，后勤保障安排得当，保证了案件调查工作的顺利进行。一年来，由于对安全保障工作高度重视，各案均没有发生安全事故。

3. 集中力量，有重点地查处案件。作为办案室，我们始终把办案工作放在首要位置，坚决完成领导交办的各项调查任务。同时，我们在上半年调研的基础上，掌握了一些案件易发多发的重点单位，纳入了我们开展宣传教育和防范工作的重点。在市委、市政府以及委局领导的重视和支持下，在下半年集中全室力量，同时查处了市工商系统和市爱卫办的腐败案件。这些案件都是直接影响到党和政府的形象，直接关系到人民群众的切身利益，如市爱卫办案就是顶风设立"小钱柜"作案，而且是在市政府领导眼皮底下作案；市工商系列案反映了基层执法人员徇私枉法、以权谋私。根据这些案件涉案人数多、社会关注程度高的情况，我们采取了宽严相济和警示教育的办案策略，先后到市工商系统举办的基层科(所)长培训班上讲课3次，听课人数达150人次。同时，还到发案的经检分局召开了近百人的动员自首大会，该分局先后有4名同志主动投案自首，得到了组织的宽大处理。

4. 充分发挥党支部的保障作用。从一年的工作看，我们之所以能够卓有成效地开展工作，其中一点，就是发挥了思想政治工作的优势，发挥了党支部的战斗堡垒作用，保证了全室同志思想统一，步调一致，团结协作，认真做好各项工作。如我们在纪律教育月活动中，采取了认真组织学习与灵活交流思想的方式，邀请了家属们参与活动，共同受教育，体现组织上的爱护，思想工作的到家，这一做法得到了机关党委的肯定。又如，我们在办案中，发现个别党员同志出现纪律上的不良苗头时，室主任和支部书记能够马上个别谈心，同时，还利用支部的组织生活会，开展批评与自我批评，从而沟通了思想、消除了疑虑、凝聚了正气。今年《机关建设》报先后刊登了我室支部活动的两篇简讯——"联系办案实际，采取灵活形式"、"特别的组织生活"。对此，我们要求同志们要珍惜荣誉，继续保持"两个务必"。此外，支部工作还注意把思想工作与解决实际问题结合起来，把思想工作落到关心同志们的具体生活实际当中，经常询问同志们的生活、工作和学习情况，对家庭确有困难的，能够及时向机关党委反映，给予适当的补助；对生病住院的，能够及时探望和慰问，使全室同志都能够凝聚在一起，一心一意把工作搞好。

三、存在问题

一年来，我们虽然取得了一定的成绩，但也存在一些不足：一是收集和挖掘典型案件不够；二是在文稿和文字材料方面仍时有差错；三是内部管理规范化还不够；四是人员的综合素质和业务技能有待进一步提高。

四、明年工作设想

1. 继续围绕中央纪委和省、市纪委党风廉政建设和反腐败斗争的部署，着力抓好案件查处工作。

2. 要突出办案重点，盯住领导机关、领导干部以及群众反映强烈、直接影响人民群众切身利益的案件。

3. 有计划、有重点，着力为分管单位培训一批业务骨干，使他们能够在一线独立承担办案任务。

4. 努力做好发案单位的回访工作，帮助发案单位做好教育和整改，及时掌握情况，反馈好的经验和做法。同时，配合"大宣教"格局，做好反面典型案例的剖析工作。

5. 继续大兴调查研究之风，深入走群众路线，及时为委局领导反馈基层的声音。

6. 加强制度建设，要从内部管理入手，理顺各项内务管理工作，建立健全各项内部管理制度。如调查组长责任制、安全保障责任制、室内文件管理与传阅、呈文以及材料移交等相关规定等。

7. 在队伍建设方面，总的目标是：努力造就我室每个同志思想稳定，作风过硬，意志坚定，能打硬仗，能自觉积极开展工作，能独立完成室领导以及委局领导交办的各项工作任务。在支部建设方面，总的要为搞好整个室的工作提供政治思想保证。在支部工作的内容和形式上，力争采取"走出去，请进来"的方式，努力开创多种形式的支部活动。同时，牢牢把握思想政治工作这一优势，深入了解每个同志的思想和家庭动态，及时掌握情况，有针对性地开展思想政治工作，营造一个让同志们心情舒畅的工作环境，提升队伍的凝聚力，从政治上、思想上、作风上、工作上、纪律上，努力把我室党支部建设成为让组织和领导放心和信任的、有战斗力的队伍。

×××监察室

2013 年 12 月 19 日

【情景拟写训练】请为自己在班级或学院所承担的工作做一份学期工作总结。

第三节　调查报告

【任务呈现】随着近年各大高校扩招，全国总体就业压力严峻，毕业生就业压力之大前所未有。对每个大学生来说，及早规划自己的职业生涯，对决定自己的职业生涯的主客观因素进行分析、总结和测定，确定奋斗目标，有利于在竞争激烈的就业环境中立于不败之地。在此，请同学们就你校大学生职业生涯设计的情况作一次调查，并写出一篇调查报告。本次调查的目的在于：一是对当代大学生职业生涯规划的发展作一个新的描述；二是通过对影响大学生就业因素的调查，更好地调节用人单位与毕业生之间的供需关系；三是帮助大学生尽快认识自我，也便于学校为学生提供就业引导，使学生能谋取理想职业。

【案例赏析】

案例 1 　　　　　　**关于当代青年消费问题的调查报告**

中国青少年研究中心联合北京、上海、广州、山东、辽宁、黑龙江等 6 个省市青少年研究所和广西壮族自治区团校，最近在全国 9 个省、市、自治区对青年人的消费观念、消费现状与趋势、消费结构进行了大规模调查。

一、青年消费观念变化

如今青年人的消费观念正发生变化，以往视"粗茶淡饭"、"勤俭持家"为美德的观念淡化了。许多青年注重："吃要讲营养，穿要讲式样，玩要讲多样，用要讲高档。"因此，在调查中问及青年对这个"四讲"问题怎样评价？来自青年的反馈是：认为"符合现代生活方式"的占 42.5%，认为"不合中国国情"的占 21.3%，认为"助长好逸恶劳"的占 7.2%，认为"容易引入高消费误区"的占 23.9%，回答"说不清"的占 5.1%。这表明当今相当多青年的消费观念已经发生变化，有 42.5%的人向往"四讲"的生活方式，但对"四讲"的生活方式持怀疑和否定态度的人数也多达 52.4%。

二、消费现状与趋势

（1）饮食日益注重营养。在"你对饮食最注重的是什么？"一问中，青年人回答"讲究营养"的人数占 40.4%，为"方便省事"的占 25.3%，"吃饱就行"的占 23.4%。

（2）穿着注重"方便舒适"和"体现个性"。在青年人回答"你对服饰穿着最注重的是什么？"一问中，"方便舒适"占 46.6%，"体现个性"占 30.5%，"款式新颖"占 16.5%，"讲究名牌时髦"占 6.4%。

（3）住宅舒适被列为改善生活的主要目标。在对"你认为生活改善的主要目标是什么？"一问的回答中，多达 55.9%的青年把"住宅舒适"列为改善生活的主要目标，其次才是"旅游"，占 21.9%，"家用电器齐全"占 16.1%。

在被调查的青年人中，约有 1/3 的人想买房，但当前许多人却买不到房，有的则认为房价过高。

（4）沿海地区青年人买大件消费品趋向高档化。据一些大城市及沿海经济发达地区的调查，青年高档消费的指向产品，依需求人数比例高低排列的顺序是：立体声音响（46.8%）、空调（40.5%）、彩色电视（39.7%）、摩托车（37.6%）、电冰箱（31.5%）。

据调查分析，电脑、住房和小汽车很可能在 20 世纪末、21 世纪初列入新"三大件"。广东、上海、北京青年人的需求品中，彩电已被排在第五或六位，排在第三位的是电脑、小汽车或摩托车，而广西、山东、吉林、黑龙江等地区彩电仍居"三大件"之首。广东、上海、北京青年今天的消费指向将是其他地区青年明天的消费趋向。

三、消费结构失衡

在调查中发现，现在青年人的消费结构有两个失衡之处：一是物质消费增长很快，精神消费则严重滞后；二是在精神消费中重娱乐消遣，轻读书学习。

据对 9 省、市、自治区的调查，青年中"基本不买书报"的人占被调查人数的 12.6%，"偶尔买点"的人数占 26.4%，把"购买书报列为每月固定支出项目"的却只有 9.9%；家中基本没有藏书（存书在 50 册以下）的青年多达 34%，而拥有 100 册以上的人仅占 28%。这种情况令人忧虑。消费结构失衡，不利于青年一代健康成长。因此，结合加强爱国主义教育，鼓励和引导青年多读书、读好书，应当受到社会各界的关注。

【评析】这是一篇消费情况的调查报告。正文的概要部分写调查的发起者、调查地区和调查对象。主体部分采用三个并列横式结构，分别写调查情况或结论。大结论多套小结论，结论多以数字作说明，数字与结论互相联系，观点与材料水乳交融，是本文作者写作的突出思路。本文没有专门的结尾。语言简洁，观点鲜明，有理有据，令人信服。

案例 2　关于上海市实施再就业工程，建立职工再就业服务中心经验调查报告

为切实贯彻《国务院关于在若干城市试行国有企业兼并破产和职工再就业有关问题的补充通知》(国发〔1997〕10 号)和《国务院办公厅转发劳动部关于实施再就业工程报告的通知》(国办发〔1995〕24 号)的精神，1997 年 4 月，国家经贸委、劳动部、财政部、中国人民银行组成联合调查组，由国家经贸委副主任陈清泰带队，赴上海进行了调研。现将《关于上海市实施再就业工程，建立职工再就业服务中心经验调查报告》印发你们，请结合实际学习、推广。

当前，在深化国有企业改革，实行两个根本转变过程中，妥善分流安置下岗职工，切实保障下岗职工的基本生活，已经成为事关改革、发展和稳定大局的一项重要任务。在优化资本结构、建立现代企业制度中，上海市委、市政府领导同志把再就业工程作为一项"民心"工程，亲自调查研究，从实际出发，积极实施再就业工程，既不使下岗职工长期滞留在企业内部，又不简单地将下岗职工推向社会，而是创造性地建立职工再就业服务中心，帮助下岗职工再就业。上海市的经验表明，只要领导重视，积极探索，勇于创新，就能够较好地逐步解决分流安置下岗职工这个改革中的难点问题。

各地学习、推广上海经验主要是学习上海实施再就业工程的指导思想和基本经验，要结合当地实际情况，因地制宜，有所创新。要把破产企业职工和被兼并企业、减员增效企业下岗职工作为实施再就业工程的重点，妥善安置，并切实保障他们的基本生活；要积极开拓新的就业领域，探索新的就业方式，加快劳动力市场建设，完善社会保障体系，逐步建立通过劳动力市场再就业的新机制；要认真做好思想政治工作，帮助下岗职工解除思想顾虑，更新就业观念，树立竞争意识；要加强下岗职工职业培训，提高他们的职业技能，适应市场需要；要动员社会各界、广大人民群众关心下岗职工，支持和参与再就业工程；要正确引导舆论宣传，为实施再就业工程创造良好的社会环境。

上海市自 1994 年开始实施再就业工程。近年来，随着上海市产业结构的调整、国有企业改革的深入、城市建设的发展，部分企业职工下岗待工现象日益突出。上海市委、市政府对此高度重视，提出要把实施再就业工程作为全市改革、发展、稳定中的一件大事来抓。1996 年，在市领导亲自带领下，经过大量深入细致的调查研究，在继续坚持、完善原有再就业政策基础上，上海市推出实施再就业工程的新举措，建立职工再就业服务中心(以下简称中心)，对国有企业下岗职工实行托管。1996 年 7 月，上海市首先在市纺织、仪电两家国有控股公司试点。经过半年多的实践，中心运作顺利，并取得了良好的成效。

一、成立中心、实行托管的基本做法

1. 中心的性质和职能：再就业服务中心是隶属于控股(集团)公司内部的再就业服务中介机构。在目前的城市经济体制改革过程中，既不能让下岗职工长期滞留在企业内部，又暂时不具备将其直接推向社会的条件。因此，建立中心，实行托管，是向市场经济体制过渡时间采取的一种过渡办法。上海市提出，建立中心的核心是"建立一个模式，形成两个机制"，一个模式即控股(集团)公司和困难企业共同负担，政府与社会给予资助，对下岗职工实行托管的"再就业服务中心"模式，在过渡时期，架起一座帮助国有企业下岗职工分流和再就业的桥梁，以促进企业优胜劣汰机制和下岗职工再就业机制这两个机制的形成。中心的职能是接受企业委托，依托行业(国有控股公司)，对企业分离出来的下岗职工进行管理，保障下岗职工的基本生活，帮助下岗职工再就业。

2. 中心的组织形式和托管程序：中心一般设立三层组织机构，国有控股公司设立中心；国有控股公司下属公司设立分中心；生产企业设立工作站。中心管理人员由企业抽调，工资福利由企业承担，中心资金全部用于下岗职工的生活保障和再就业。企业富余人员必须先下岗，后进入中心(破产企业进入破产法定程序后，职工全部进入中心)。下岗职工进入中心时，由企业、职工和中心三方签订委托管理协议，明确各自的责任和权利。原企业只保留与下岗职工名义上的劳动关系，不再负责下岗职工的工资福利和就业安置。下岗职工重新就业或退休时再与原企业解除名义上的劳动关系。

3. 中心的资金来源和资金用途：中心的资金来源由政府、社会、企业三方共同筹集。上海市政府筹资来自市财政安排的帮困资金预算；社会筹资目前来自向使用外地劳动力的单位征收的管理费、向社会募集的资金；企业筹资由分流下岗职工的企业和国有控股公司分担。此外，企业破产后职工安置费也划归中心。中心的资金每年由三方按规定拨付，中心单独立账，统筹使用。中心资金用途主要有四项：一是发放下岗职工的基本生活费；二是保障下岗职工的日常门诊费；三是为下岗职工缴纳社会养老保险费和医疗保险费；四是促进下岗职工再就业的培训及其他有关安置费用。中心通过保障吃饭钱、看病钱、养老钱，妥善解决下岗职工的基本生活保障问题。

4. 形成再就业机制和下岗职工分流渠道：能否顺利分流下岗职工是保证中心正常运转的关键环节。为避免下岗职工长期滞留的现象，中心规定最长滞留时间不能超过两年，而且第二年下岗职工领取月基本生活费相当于第一年月基本生活费的82%，形成促进再就业机制。在市委、市政府的指导下，在全社会的大力支持下，中心通过四个渠道进行分流：一是条块结合，向区县分流。随着市属小企业下放区县和企业资产流动，使市区企业下岗职工向区县经济流动。鼓励发展城市家庭工业和社区服务业，安置下岗职工。二是工商结合，二产向三产转移。为鼓励新建企业和商业、服务业企业招用下岗职工，中心对招用下岗职工的企业根据不同情况给予一定的安置费，同时政府给予一定的税收优惠。三是鼓励下岗职工生产自救，开展劳务输出。中心鼓励下岗职工进入社会承揽劳务，对下岗职工从事劳务输出、收入较低的给予适当弥补，并为其缴纳社会保险费。四是鼓励下岗职工自谋出路。中心对自谋职业的下岗职工，发给一次性经济补偿费。上海市还将发展非正规就业，即把下岗人员组织起来，参与社区的便民、利民服务或从事一些公益性、临时性劳务等，但不要求建立稳定的劳动关系。通过这种比较灵活的就业形式为分流安置下岗职工提供了一条重要途径，并制定了扶持政策。

二、建立中心取得的主要成效

目前，上海市两个中心运行良好，试点工作进展顺利，主要体现在：

——保障基本生活，多渠道分流人员。进入再就业服务中心的人员吃饭、就医、养老等基本生活得到了有效的保障，下岗职工情绪基本稳定。按照市里计划要求，进入中心的下岗职工当年要分流 40%以上，第二年再分流 40%以上，两年共分流 80%以上。1996 年，两个中心在成立不到半年时间里，分流人员已超过 50%。到 1996 年底，进入中心的下岗职工共 11.5 万人，其中有 5.8 万人通过各种渠道得到分流安置，5.3 万人留存中心待安置。按分流渠道分：(1)解除托管协议和劳动关系的 3.2 万人，其中自谋出路 1 万人，提前退休 2.2 万人；(2)解除托管协议保留社会保险关系的 1.4 万人；(3)劳务输出、非正规就业等分流 1.2 万人。中心资金来源稳定，能够按时发放基本生活费和缴纳社会保险费。下岗职工情绪稳定，就业观念逐步转变。

——促进结构调整，加大改革力度。当前，能否妥善分流安置下岗职工已经成为国有企业改革和调整中的难点问题。上海市通过建立中心，探索化解了这个难题，为国有企业实行减员增效、兼并破产创造了条件。1995 年，纺织、仪电两家国有控股公司所属企业由于人员安置难，没有一户破产终结，中心成立不到半年，两家国有控股公司就有 17 户企业破产终结，涉及在职职工近 1 万人，退休人员 1.3 万人。1996 年，纺织控股公司通过兼并、破产和减员增效、转换机制等多项措施，扭转了 1—7 月亏损 3.5 亿元的局面，到年度实现利润 1000 万元。仪电控股公司所属仪表公司由中心帮助分流安置 2800 人，占职工总数的 30%，公司扭转年初的亏损局面，使企业出现转机。

——形成就业新机制，开拓就业新领域。上海市始终把建立市场就业机制作为实施再就业工程的基本思路。全市已成立 400 多家职业介绍机构。劳动部门所属职业介绍所已实现劳动力供求信息计算机联网。1996 年，全市通过劳动力市场帮助下岗职工和社会失业者实现再就业 10 万多人次。中心成立后，主动与职业介绍机构建立联系，组织下岗职工直接进入市场求职，充分运用社会大市场分流下岗职工。劳动部门的职业介绍所为中心下岗职工组织专场招聘，提供 7400 个就业岗位。两个中心还组织 1 万多名下岗职工就近入场参加招聘，有 3000 多人应聘走上新的工作岗位。就业机制的改变促进了下岗职工就业观念的转变。许多下岗职工开始重视提高自己的职业技能，珍惜每一个就业机会。过去一些下岗职工不愿从事的工作，如家电维修、家政服务、清洁护理、非机动车管理等也有人愿意做了。一些下岗职工还加入了非正规就业的行列。

三、基本经验

上海市在组建中心和指导中心开展再就业工作中，认真总结出一些好的做法，形成了一些好的经验，归纳起来主要是：

1. 量出为入，稳进快出。上海市在组建中心时就十分重视把好中心进口和出口两道关，把企业迫切要求分流富余人员与中心、社会的实际承受能力结合起来考虑，认真测算，量出为入，有计划有组织地分期分批组织下岗人员进入中心。市政府一位常务副市长和分管工业的副市长分别负责协调中心的进口和出口工作，使下岗人员有序地进入中心，尽快地流向社会。中心把工作的重点放在分流上，以转变就业观念、加强职业培训、开拓就业领域、制定优惠政策，促进下岗职工稳进快出，尽快再就业。市政府还规定，下岗职工在中心的停留时间如果少于计划时间，不减少拨付给中心的资金，以鼓励中心减少下岗职工的滞留时间，增加分流人数，提高中心的吞吐能力。

2. 无情调整，有情操作。在市场经济条件下，企业兼并破产、减员增效、下岗分流是难以避免的，也是资源合理配置的重要方式。上海市提出，调整结构、资产流动是无情的，但分流下岗职工、保证下岗职工生活必须要有感情。下岗职工过去为上海的经济建设做出了贡献，现在为了上海的进一步发展下岗，本身就是在为全市人民做新贡献。全市人民都要满怀热情地关心和支持他们再就业，把再就业工程真正作为"民心"工程来抓好抓实。中心对所有管理人员也实行了上岗培训，要求他们热情、积极地为下岗职工服务。

3. 区别情况，分类指导。下岗职工情况差异很大，对再就业的要求也不尽一致。针对这些情况，中心根据下岗职工再就业的难易程度和工龄长短，采取不同的分流措施。如对年老体弱、身体有病又接近退休年龄的老职工，安排提前退休或发给基本生活费，短时间过渡后再办理退休手续。对中年职工中再就业困难较大的，采取保留其社会保险关系的办法，组织其开展劳务输出，鼓励有一技之长的自谋职业。对1984年以后招用的合同制职工，主要通过转业培训后进入劳动力市场再就业。他们将这些做法称为"老人老办法、中人中办法、新人新办法"。分类指导既体现了要逐步建立新机制的改革要求，又体现了国家对下岗老职工以往贡献的补偿，同时也大大缓解了中心分流安置工作的难度，得到下岗职工的认同。

4. 做好思想政治工作，创造良好社会环境。上海的同志认为，实施再就业工程是一项社会系统工程，不仅需要企业的努力，更需要全社会的共同关心、理解、支持和参与。因此，必须大力做好宣传工作，使全市人民认识到下岗职工是财富不是包袱，都来支持再就业工程。上海市大力开展宣传工作，各级党组织和工会、共青团、妇联等社会团体积极参与再就业工程，全市形成了一个帮助下岗职工，支持再就业工程的良好社会环境。中心加强了下岗职工的思想政治工作，解除了下岗职工的思想压力，帮助下岗职工转变就业观念，树立再就业信心，保证了分流安置工作的顺利进行。

1997年，上海市准备在进一步扩大试点的同时，还将继续完善政策措施。上海市实施再就业工程，建立职工再就业服务中心的时间虽然不长，但已取得了良好的效果，他们在改革中大胆探索、积极创新的做法，实施再就业工程的指导思想和基本经验是值得各地学习借鉴的。

【评析】这则调查报告属于总结典型经验的调查报告，采取了典型调查的方法，报告的开头，先概括地介绍上海再就业工程的成就经验，给人以概括性的认识。主体部分为纵式结构，先介绍成立中心、施行托管的基本做法，然后谈建立中心取得的成效，最后总结成功的经验。全文重点突出，做法经验介绍详细，便于推广。

案例3　　　　**吉林省吉煤集团通化矿业集团公司八宝煤业公司**
"3·29"特别重大瓦斯爆炸事故调查报告

2013年3月29日21时56分，吉林省吉煤集团通化矿业集团公司八宝煤业公司（以下简称八宝煤矿）发生特别重大瓦斯爆炸事故，造成36人遇难（企业瞒报遇难人数7人，经群众举报后核实）、12人受伤，直接经济损失4708.9万元。

事故发生后，党中央、国务院高度重视，李克强总理、张高丽副总理和杨晶、王勇国务委员作出重要批示，对做好事故抢险救援、调查处理、核查瞒报责任和加强安全生产工作等提出了明确要求。根据中央领导同志的重要批示要求，国家安全监管总局及时派员赶赴事故现场，协助指导地方开展抢险救援、善后处置等工作，并组织开展了事故调查的相关工作。

依据国家有关法律法规，并报经国务院批准，4月7日成立了由国家安全监管总局局长杨栋梁为组长，国家安全监管总局、国家煤矿安监局、监察部、全国总工会、国家能源局、吉林省人民政府有关负责同志等参加的国务院吉林省吉煤集团通化矿业集团公司八宝煤业公司"3·29"特别重大瓦斯爆炸事故调查组（以下简称事故调查组），邀请最高人民检察院派员参加了事故调查工作，并聘请有关专家参与了事故调查。

4月1日，该矿不执行吉林省人民政府禁止人员下井作业的指令，擅自违规安排人员入井施工密闭，10时12分又发生瓦斯爆炸事故，造成17人死亡、8人受伤，直接经济损失1986.5万元。鉴于八宝煤矿"4·1"重大瓦斯爆炸事故发生在同一煤矿，且是处理同一火区过程中发生的事故，为彻底查清事故原因和严肃追究责任，事故调查组对八宝煤矿"4·1"重大瓦斯爆炸事故一并进行了调查处理（在对事故有关责任人员及责任单位的处理建议中一并加以了考虑）。

事故调查组按照"四不放过"和"科学严谨、依法依规、实事求是、注重实效"的原则，经过询问有关当事人、查阅有关资料和监控系统记录，分析事故抢险救援报告、遇难人员尸检报告，查清了事故发生的经过和原因，认定了事故性质和责任，提出了对有关责任人员、责任单位的处理建议和防范措施建议。现将有关情况报告如下：

一、矿井基本情况

（一）矿井概况

八宝煤矿隶属于吉林省煤业集团有限公司（以下简称吉煤集团）通化矿业（集团）有限责任公司（以下简称通化矿业公司）。吉煤集团是吉林省属国有独资企业，法定代表人为董事长袁玉清。

八宝煤矿为原通化矿务局砟子煤矿，2004年更名为松树镇煤矿八宝采区，2007

年进行改扩建时，更名为吉林八宝煤业有限责任公司。该矿工商营业执照、煤炭生产许可证、安全生产许可证、矿长资格证和矿长安全资格证均在有效期内，采矿许可证的企业名称未变更，仍为通化矿务局松树镇煤矿八宝采区。

（二）矿井煤层赋存和开采情况

八宝煤矿有 6 个可采煤层，煤层自燃倾向性等级均为 II 类，属自燃煤层，为高瓦斯矿井，煤尘具有爆炸危险性。

该矿采用立井开拓，共有 5 个井筒，发生事故前有 5 个生产采区（其中 1 个综采区和 4 个水采区）。该矿目前最深开拓标高已达到 -780 米水平，超出采矿许可证许可的 -600 米水平。

事故发生在 -416 采区 -4164 东水采工作面上区段采空区。-416 采区工作面采用自然垮落法管理顶板，埋管抽放采空区瓦斯。

（三）生产能力核定情况

2010 年 12 月，八宝煤矿经改扩建竣工后，生产能力由 120 万吨/年扩至 180 万吨/年。2011 年，吉煤集团申请重新核定包括该矿在内的 7 处煤矿生产能力。同年 10 月，吉林省人民政府召开专题会议，要求省能源局会同相关部门对吉煤集团申请事项进行重新核定。同年 12 月，吉林省能源局违反《关于进一步加强煤矿建设项目安全管理的通知》（发改能源〔2010〕709 号）"改扩建煤矿项目投产后 5 年内不得通过能力核定来提高生产能力"的规定，违规核定批复该矿生产能力由 180 万吨/年提高到 300 万吨/年。在事故发生时，井下有 5 个采区、5 个采煤工作面、24 个掘进工作面。

（四）-416 采区采空区防灭火管理情况

八宝煤矿采用采后封闭注惰气防止煤层自然发火。由于煤层倾角大（55°左右），留设的 6 米宽区段隔离煤柱在工作面回采后垮落，导致上下区段采空区相通，不能起到有效隔离采空区的作用；同时 -250 石门密闭附近巷道压力大，密闭周边存在裂隙，导致向采空区漏风；该区域在封闭采空区后仅注过一次氮气，未根据采空区内氧气含量上升的异常情况及时补充注氮，且没有采取灌浆措施；该矿采区防灭火设计中要求 -416 采区回采前要在 -380 入风石门和 -315 回风石门预先构筑防火门，为采区着火时能够及时阻断风流、封闭火区，以防止灾区范围扩大，但该矿回采前未按规定预先构筑防火门。

（五）瓦斯抽采情况

该矿为高瓦斯矿井，地面建有永久抽采泵站，抽采泵型号为 SKA-720 型，功率 710 千瓦，最大流量 570 立方米/分。在 -416 采区采用回风巷埋管抽放采空区瓦斯。

二、事故发生经过、抢险救援和瞒报死亡人数核查情况

（一）"3·29" 事故发生经过和抢险救援情况

2013 年 3 月 28 日 16 时左右，-416 采区附近采空区发生瓦斯爆炸，该矿采取了在 -416 采区 -380 石门密闭外再加一道密闭和新构筑 -315 石门密闭两项措施。29 日 14 时 55 分，-416 采区附近采空区发生第二次瓦斯爆炸，新构筑密闭被破坏，-416 采区

-250 石门一氧化碳传感器报警，该采区人员撤出。通化矿业公司总工程师宁连江、副总工程师陈维良接到报告后赶赴八宝煤矿，研究决定在-315、-380 石门及东一、东二、东三分层顺槽施工 5 处密闭。16 时 59 分，宁连江、陈维良带领救护队员和工人到-416 采区进行密闭作业。19 时 30 分左右，-416 采区附近采空区发生第三次瓦斯爆炸，作业人员慌乱撤至井底(其中有 6 名密闭工升井，坚决拒绝再冒险作业)。以上 3 次瓦斯爆炸事故均发生在-416 采区-4164 东水采工作面上区段采空区，未造成人员伤亡。该矿不仅没有按规定上报并撤出作业人员，且仍然决定继续在该区域施工密闭。21 时左右，井下现场指挥人员强令施工人员再次返回实施密闭施工作业，21 时 56 分，该采空区发生第四次瓦斯爆炸，该矿才通知井下停产撤人并向政府有关部门报告，此时全矿井下共有 367 人，有 332 人自行升井和经救援升井，截至 30 日 13 时左右井下搜救工作结束，事故共造成 36 人死亡(其中 1 人于 3 月 31 日在医院经抢救无效死亡)。通化矿业公司为逃避国家调查，只上报 28 人遇难，隐瞒 7 名遇难人员不报。

(二)"4·1"事故发生经过和抢险救援情况

"3·29"事故搜救工作结束后，鉴于井下已无人员，且灾情严重，吉林省人民政府和国家安全监管总局工作组要求吉煤集团聘请省内外专家对井下灾区进行认真分析，制定安全可靠的灭火方案，并决定未经省人民政府同意，任何人不得下井作业。4 月 1 日 7 时 50 分，监控人员通过传感器发现八宝煤矿井下-416 采区一氧化碳浓度迅速升高，通化矿业公司常务副总经理王升宇召集副总经理李成敏、王立和八宝煤矿副矿长王清发等人商议后，违抗吉林省人民政府关于严禁一切人员下井作业的指令，擅自决定派人员下井作业。9 时 20 分，通化矿业公司驻矿安监处长王玉波和王清发分别带领救护队员下井，到-400 大巷和-315 石门实施挂风障措施，以阻挡风流，控制火情。10 时 12 分，该区附近采空区发生第五次瓦斯爆炸，此时共有 76 人在井下作业，经抢险救援 59 人生还(其中 8 人受伤)，发现 6 人遇难并将遗体搬运出井，井下尚有 11 人未找到，事故共造成 17 人死亡、8 人受伤。

鉴于该矿井下火区在逐步扩大，有再次发生瓦斯爆炸的危险，经专家组反复论证，吉林省人民政府决定采取先灭火后搜寻的处置方案。4 月 3 日 8 时 10 分左右又发生第六次瓦斯爆炸，由于没有人员再下井，未造成新的伤亡。

(三)瞒报事故死亡人数以及核查情况

3 月 30 日上午，在通化矿业公司董事长兼总经理赵显文、常务副总经理王升宇和八宝煤矿总经理韩成录先后知道"3·29"事故实际井下当时死亡人数达到 35 人的情况下，赵显文决定隐瞒事故真实死亡人数，并于当日下午向新闻媒体宣布"3·29"事故造成 28 人死亡、13 人受伤。瞒报经过及核查情况如下：

1. 瞒报经过。30 日凌晨 3 时左右，通化矿业公司副总经理李成敏依据已搜寻到的 28 具遇难者遗体，向随后赶到井下的吉煤集团董事长袁玉清报告共发现 28 人死亡、13 人获救升井的情况。凌晨 4 时 30 分左右，袁玉清据此向吉林省人民政府领导同志和国家安全监管总局工作组报告有关情况。6 时左右，李成敏在井下经过反复勘察核对，发现前期搜寻到的遇难者遗体中有两具未被统计，确认此时已搜寻到 30 具遇难者遗体，随后向王升宇做了汇报。同时，韩成录等人经核对人数后发现井下应该有 5 人还未找到，向赵显文做了汇报。赵显文随即组织人员再次入井搜寻，至 13 时又找到了 5 具遇难者遗体。

按照赵显文的意见，韩成录等八宝煤矿负责人选择容易做通家属工作的吴非等 7 人作为瞒报对象。30 日 20 时左右，赵显文责成韩成录想办法为瞒报的 7 名遇难人员办理火化手续。韩成录通过中间人张玉莲，委托当地太平间经营者陈毅造假办理了 7 人的死亡证明并火化了尸体。事后，韩成录将有关资料交由该矿财务科与遇难者家属协商私了赔偿等事宜。此外，白山市公安局刑警支队在对遇难者遗体尸检过程中，该局副局长丁倍臣和刑警支队支队长金光军于 4 月 1 日知道了事故真实死亡人数，均未向上级领导和有关部门报告。

2. 核查情况。4 月 5 日晚，吉林省前期事故调查组接到群众举报电话，提供了被瞒报的 5 名死亡人员名单。同时，国家安全监管总局也接到了举报电话，随即要求吉林省人民政府再次全面核查事故伤亡情况。吉林省人民政府立即组织人员对两起事故的死亡和受伤人员分别进行核对。6 日 11 时 50 分，经吉林省人民政府核实，确认企业在"3·29"事故中瞒报死亡人数 7 人，实际死亡人数为 36 人。

3. 其他情况。经进一步调查，八宝煤矿在 2012 年还瞒报了 5 起人员伤亡事故（共死亡 6 人），均通过私下向死者家属赔偿和伪造死亡证明的方式进行火化处理。

（四）善后处理情况。

按照国务院领导同志的要求，吉林省、白山市人民政府以及吉煤集团、通化矿业公司认真开展伤员救治、遇难矿工家属的安抚和赔偿工作。目前，20 名伤员仍在医院接受治疗、伤情稳定，正在恢复之中；遇难矿工善后事宜已处理完毕。

三、事故原因和性质

（一）直接原因

八宝煤矿忽视防灭火管理工作，措施严重不落实，-4164 东水采工作面上区段采空区漏风，煤炭自燃发火，引起采空区瓦斯爆炸，爆炸产生的冲击波和大量有毒有害气体造成人员伤亡。

（二）间接原因

1. 企业安全生产主体责任不落实，严重违章指挥、违规作业。

（1）八宝煤矿对井下采空区的防灭火措施不落实，管理不得力。一是采空区相通。该矿-416 采区急倾斜煤层的区段煤柱预留不合理，开采后即垮落，不能起到有效隔离采空区的作用，导致上下区段采空区相通，向上部的老采空区漏风。二是密闭漏风。由于巷道压力大，造成-250 石门密闭出现裂隙，导致漏风。三是防灭火措施不落实。没有采取灌浆措施，仅在封闭采空区后注过一次氮气，没有根据采空区内气体变化情况再及时补充注氮，导致注氮效果无法满足防火要求。四是未设置防火门。该矿违反《煤矿安全规程》规定，没有在-416采区预先设置防火门。

（2）八宝煤矿及通化矿业公司在连续3次发生瓦斯爆炸的情况下，违规施工密闭。一是违反规程规定进行应急处置。第一次瓦斯爆炸后，该矿在安全隐患未消除的情况下仍冒险组织生产作业；第二次瓦斯爆炸后，该矿才向通化矿业公司报告。二是处置方案错误，违规施工密闭。通化矿业公司未制定科学安全的封闭方案，而是以少影响生产为前提，尽量缩小封闭区域，在危险区域内施工密闭，且在没有充分准备施工材料的情况下，安排大量人员同时施工5处密闭，延长了作业时间，致使人员长时间滞留危险区。三是施工组织混乱。该矿施工组织混乱无序，未向作业人员告知作业场所的危险性。四是强令工人冒险作业。第三次瓦斯爆炸后，部分工人已经逃离危险区，但现场指挥人员不仅没有采取措施撤人，而且强令工人返回危险区域继续作业，并从地面再次调人入井参加作业。

（3）通化矿业公司违抗吉林省人民政府关于严禁一切人员下井作业的指令，擅自决定并组织人员下井冒险作业，再次造成重大人员伤亡事故。

（4）吉煤集团对通化矿业公司的安全管理不力。未认真检查通化矿业公司和八宝煤矿的"一通三防"工作，对该矿未严格执行采空区防灭火技术措施的安全隐患失察，不认真落实防灭火措施，导致了事故的发生；违规申请提高八宝煤矿的生产能力。

2. 地方政府的安全生产监管责任不落实，相关部门未认真履行对八宝煤矿的安全生产监管职责。

（1）白山市安全生产监督管理局落实省属煤矿安全监管工作不得力，对八宝煤矿未严格执行采空区防灭火技术措施等安全隐患失察。

（2）白山市国土资源局组织开展矿产资源开发利用和保护工作不得力，未依法处理八宝煤矿越界开采的违法问题，并违规通过该矿采矿许可证的年检。

（3）白山市人民政府贯彻落实国家有关煤矿安全生产法律法规不到位，未认真督促检查白山市安全生产监督管理局等部门履行省属煤矿安全监管职责的情况。

（4）吉林省安全生产监督管理局组织开展省属煤矿安全监管工作不到位，将省属煤矿下放市（地）一级监管后，未认真指导和监督检查白山市安全生产监督管理局履行监管职责的情况，且对吉煤集团的安全生产工作监督检查不到位。

（5）吉林省能源局违规开展矿井生产能力核定工作，未认真执行关于煤矿建设项目安全管理的规定和煤矿生产能力核定标准，违规同意八宝煤矿生产能力由180万吨/年提高至300万吨/年。

（6）吉林省人民政府对煤矿安全生产工作重视不够，对省政府相关部门履行监督职责督促检查不到位。对吉煤集团盲目扩能的要求未科学论证。

3. 煤矿安全监察机构安全监察工作不到位。

吉林煤矿安全监察局及其白山监察分局组织开展煤矿安全监察工作不到位，对白山市安全生产监督管理局履行省属煤矿安全监管职责的情况监督检查不到位,对吉煤集团及八宝煤矿的安全监察工作不到位。

(三)事故性质

经调查认定,吉林省吉煤集团通化矿业集团公司八宝煤业公司"3·29"特别重大瓦斯爆炸事故和"4·1"重大瓦斯爆炸事故均为责任事故。

四、对事故有关责任人员及责任单位的处理建议

(一)因在事故中死亡、免予追究责任人员(共7人,略)

(二)司法机关已采取措施人员(共16人,略)

以上人员属中共党员或行政监察对象的,待司法机关作出处理后,由当地纪检监察机关或负有管辖权的单位及时给予相应的党纪、政纪处分。

(三)建议给予党纪、政纪处分人员(共50人,略)

建议责成吉林省人民政府向国务院作出深刻检查。

(四)行政处罚建议

1. 八宝煤矿连续发生"3·29"特别重大事故和"4·1"重大事故,依据《〈生产安全事故报告和调查处理条例〉罚款处罚暂行规定》(以下简称《暂行规定》)第十六条和第十七条,对八宝煤矿处以700万元罚款;该矿瞒报事故,依据《暂行规定》第十二条,对八宝煤矿处以200万元罚款;合计罚款900万元。

2. 依据《暂行规定》第十八条,对八宝煤矿总经理韩成录处以上一年年收入80%的罚款;依据《暂行规定》第十三条,对韩成录处以上一年年收入100%的罚款;合计罚款上一年年收入180%。终身不得再担任煤炭行业的矿长(董事长、总经理)职务,由颁发证照的部门吊销其矿长资格证、安全资格证。

3. 依据《暂行规定》第十八条,对通化矿业公司董事长兼总经理赵显文处以上一年年收入60%的罚款;依据《暂行规定》第十三条,对赵显文处以上一年年收入100%的罚款;合计罚款上一年年收入的160%。

五、事故防范措施建议

(一)要牢固树立和落实科学发展观,牢牢坚守安全生产红线。吉林省、白山市人民政府和吉煤集团要认真吸取八宝煤矿血的事故教训,坚决贯彻落实党中央、国务院关于加强安全生产工作的重大决策部署和习近平总书记、李克强总理等中央领导同志的一系列重要指示精神,坚决执行安全生产特别是煤矿安全生产法律法规,牢固树立和落实科学发展观,牢固树以人为本、安全第一、生命至上的安全发展理念,牢固树立正确的政绩观和业绩观,认真实施安全发展战略,摆正生命与生产、生命与矿井、生命与效益、安全与发展的关系,坚持发展以安全为前提和保障,决不能以牺牲人的生命为代价来换取经济和企业的发展。要把安全生产尤其是煤矿安全生产纳入经济社会和企业发展的全局中去谋划、部署、落实,加强领导、落实责任、强化措施、统筹推进,健全体制、完善机制、强化法制、落实政策,突出重点、深化整治、夯实基础、

全面提升，从根本上改善煤矿安全生产条件，提高安全保障能力。同时，要严格认真落实《煤矿矿长保护矿工生命安全七条规定》（国家安全监管总局令第58号），切实做到铁七条、刚执行、全覆盖、真落实、见实效。要针对制约煤矿安全生产的长期性、复杂性和深层次矛盾问题，坚决落实煤矿安全七项攻坚举措，下大决心、攻坚克难、真关实治、解决问题，不断提高煤矿安全生产水平，确保安全生产。

（二）要切实落实煤矿企业安全生产主体责任，严格禁止违章指挥、违章作业行为。吉煤集团及所有煤矿企业要在全面落实企业安全生产法定代表人负责制的基础上，建立健全安全管理机构，完善并严格执行以安全生产责任制为重点的各项规章制度，切实加强全员、全方位、全过程的精细化管理，把安全生产责任层层落实到区队、班组和每个生产环节、每个工作岗位。要加强对员工的安全教育与培训，增强职工维权意识，向作业人员如实告知作业场所和工作岗位存在的危险因素、防范措施以及事故应急措施。要加强煤矿安全质量标准化建设，依法提取和使用安全费用，加大安全投入，完善井下安全避险"六大系统"，加强对重大危险源的监控；要采取坚决而有力有效的措施，加强企业内部的劳动、生产、技术、设备等专业管理；要严格落实煤矿企业领导干部带班下井制度，强化现场管理，严禁违章指挥、严查违章作业；要经常性开展安全隐患排查，并切实做到整改措施、责任、资金、时限和预案"五到位"，及时消除治理重大隐患。尤其是国有煤炭企业，要带头落实安全生产主体责任，自觉接受当地政府的安全管理和监督，严禁迟报、谎报、瞒报事故及伤亡人数。

（三）要切实履行好政府及相关部门的安全监管监察职责，加强煤矿安全监管监察工作。吉林省、白山市人民政府及其煤炭行业管理部门、安全监管部门以及国土资源等负有安全生产监管职责的有关部门，要坚持"谁主管、谁负责"、"谁发证、谁负责"和管行业必须管安全的原则，认真履行职责、严格进行把关，深入基层、深入现场，加大执法力度，深入开展"打非治违"工作，认真整治煤矿安全生产中的突出问题，发现企业存在重大隐患不治理的，要进行追责。尤其是针对吉煤集团下属的八宝煤矿等7个煤矿在2011年违规提高核定生产能力的问题，吉林省人民政府要组织有关部门，重新对吉煤集团下属的7个煤矿的生产能力进行核定，严禁超能力组织生产；针对八宝煤矿存在越界开采的问题，国土资源管理部门要加强矿产资源管理，严格采矿许可证审核和年检。同时，地方政府要依法履行好属地管理职责，监督有关部门认真履行安全监管职责，监督煤矿企业切实落实安全生产主体责任，搞好安全生产工作。各级煤矿安全监察机构要充分发挥国家煤矿安全监察机构的作用，监督企业和地方政府及其相关部门切实做好煤矿安全生产工作，确保全省煤矿安全生产形势稳定，推进煤炭工业安全健康发展。

（四）要切实突出重点，加强煤矿瓦斯治理和防灭火管理。吉煤集团和所有煤矿企业要切实突出安全生产重点，加强"一通三防"管理。要筑牢思想防线，教育引导员工，人人都做安监员。瓦斯治理要做到"先抽后采、抽采达标"，严禁瓦斯超限作业。

在开采容易自燃煤层和自燃煤层时，必须制定和落实灌浆、注惰气等综合防灭火措施，必须在作业规程中明确注惰气时间、注惰气量和防灭火效果检验手段，连续监测采空区气体成分变化，发现问题、及时处理，确保不发生煤炭自然发火。要按规定构筑防火门，并及时封严采空区并加强检查，防止漏风；要合理确定矿井煤层的自然发火预测预报指标气体的发火预警临界值，当井下发现明显自然发火预兆或预警指标超过临界值时，必须停止作业、撤出井下人员。对八宝煤矿的灭火效果要进行监测分析，科学论证启封时间，科学制定启封方案，严防火区复燃再次发生事故。

(五)要切实规范和强化应急管理，提高事故应急处置能力。吉煤集团和所有煤矿企业以及吉林省、白山市人民政府及其有关部门，要深刻吸取八宝煤矿处置井下火区时违规施工密闭、强令工人冒险作业、现场应急组织混乱等沉痛教训，建立健全煤层自然发火的应急管理规章制度，加强应急队伍建设，加大应急投入，配备必要的应急物资、装备和设施，制定和完善应急预案，一旦发现险情或发生事故，要严格按照有关规程、规范和应急预案，以安全可靠的原则进行应急处置，安全有力有效地组织施救，严禁违章指挥、严禁冒险作业、严禁盲目施救。抢险救援指挥部要充分掌握事故灾害情况，科学制定救援方案，严格守住井口、严密保护现场、严控下井人员，尤其是严禁违反《矿山救护规程》派救护队员冒险施救。要组织开展有针对性的应急知识培训，根据生产特点和生产过程中的危险因素，开展经常性的应急演练，切实提高从业人员的应急意识和自救互救能力、应急处置能力。

(六)要扎实开展彻底的安全生产大检查，务求取得实效。吉林省、白山市和吉煤集团及所有煤矿企业要按照全覆盖、零容忍、严执法、重实效的总要求，全面深入开展安全生产大检查，通过明察暗访、组织专家检查、地区与企业之间互查、企业员工日常自查等方式和途径，及时全面彻底地排查企业各类安全生产隐患和存在的各种安全问题，强化安全措施，及时消除各类隐患，解决存在的问题，堵塞安全漏洞。要加强组织领导，落实工作责任，创新检查手段，确保取得实效，有效防范和坚决遏制重特大事故发生。

【评析】这是一则事故调查报告，属于问题调查报告。采用了实地调查、人员访谈、资料查阅等方法，文章层次清楚，原因分析合理，提出的意见中肯。

案例4　　　　　关于"三鹿奶粉事件"社会影响的调查报告

调查目的：通过此次调查，明确"三鹿奶粉事件"对社会造成的诸多影响，以警示企业，并强调诚信的重要性。

调查成员：组长：吴琼林
　　　　　组员：毛玉丽、李平、吴芳、张乐乐、曾佳佳
成员分工：李平、吴芳、曾佳佳上网搜集相关资料
　　　　　吴琼林、张乐乐上街进行问卷调查

　　毛玉丽整理资料撰写论文

　　调查结果：我们通过调查发现，"三鹿奶粉"事件影响的不仅仅是奶粉市场，更考验着公众对中国市场的信心。

关于"三鹿奶粉事件"社会影响的调查报告

　　2008 年 9 月 11 日，上海《东方早报》刊出题为"甘肃十四名婴儿疑喝三鹿奶粉致肾病"的报道。

　　9 月 14 日晚，经河北省正定县人民检察院批准，正定县公安局依法对三鹿奶粉事故嫌疑人耿某兄弟执行逮捕。

　　我们开始进行此项调查时，距"问题奶粉"事发已近 20 天。然而，在这不到一个月的时间里，"问题奶粉"对整个社会的影响之广，是前几年的"苏丹红事件"、"注水猪肉"无法比拟的，影响范围从中国乳品业到婴幼儿的食品安全几乎无所不包。

　　（一）中国乳品业的"连锁反应"

　　"问题奶粉"重创中国乳品业。在整个中国乳品业市场中，牛奶制品占到 90%以上，而"问题奶粉"使很多公众对乳品业的食品安全提出质疑，中国乳品业市场陷入低谷。

　　据蒙牛新闻发言人赵远花透露，在三聚氰胺事件发生最开始时，产品销售受到了严重阻碍，在 9 月 19 日的最低值，销售量降低了 90%以上。知情人士透露，事发后，蒙牛内销外售数量均现大幅下滑，部分生产线停产，加之召回"问题奶"及消费者退货，蒙牛销售回款由原来的月回款 30 亿元下降为月回款 10 亿元；另外，根据企业目前的生产、销售恢复情况，蒙牛集团未来 3 个月约需要资金 30 亿元，平均每月 10 亿元，用于支付奶农奶款。（《关于内蒙古蒙牛乳业(集团)股份有限公司三聚氰胺事件的报告》）

　　伊利股份最新披露的三季报也显示，因奥运会唯一乳制品供应商身份的提振，三季度营业收入比去年同期提高了 41.16%。但第三季度净亏 2.26 亿元，这个数额是其上半年净利润 1.17 亿元的近两倍。

　　光明乳业发布的三季度报道显示，"三聚氰胺"事件使得第三季度利润大幅下降 794.36%。第三季度净亏损约 2.71 亿元。可以比较的是，其 2007 年全年净利润才为 2.1 亿元，一个季度亏掉了去年全年的利润。光明方面称，预计 2008 年全年累计净利润将发生亏损。

　　三元的三季报显示，尽管受"三聚氰胺"事件影响最小，但三季度净利润同比下降 44%至 677 万元，现有货币资

金1.2亿元，短期借款则增加了7000万元。

　　"三鹿奶粉"事件发生后，国家质检总局公布了可检测三聚氰胺的食品检测机构名录，但由于检验设备不足，加之传统的检验(液相色谱仪器分析法)时间太长，企业要在原奶投入生产前通过检测，会导致巨大的损失。往往刚检查完前面20%奶车里的牛奶，后面80%奶车里的牛奶就已经坏了，只好倒掉。

　　我们调查时发现，绝大多数的超市都已经对三鹿系列的奶粉下架，甚至取消牛奶专柜，而没有取消牛奶专柜的，货架上也多是进口牛奶。

　　在采访超市的销售人员时，100%的人都表示这样做也是无奈之举，因为很多消费者都开始对牛奶望而止步。与此同时，我们上网了解到，全国的很多地方都对三鹿奶粉进行了"封杀"。

　　经历了几次大大小小的食品安全事件——公众对食品安全的质疑越来越大，而这次的"问题奶粉"恰恰是一根导火线，引发了公众对食品安全的"信任危机"。

　　(二)婴幼儿的食品安全令人担忧

　　卫生部21日通报三鹿牌婴幼儿配方奶粉事件医疗救治情况时指出，截止到9月21日8时，各地报告因食用问题婴幼儿奶粉正在住院接受治疗的婴幼儿共有12892人，其中有较重症状的婴幼儿104人，此前已治愈出院1979人。各地报告因食用问题婴幼儿奶粉接受门诊治疗咨询并已基本康复的婴幼儿累计为39965人。

　　部分奶粉和液体奶被曝光，该给孩子吃什么成了家长最关心的问题。我们从各大超市调查发现，麦乳精、豆制品、米粉等渐受青睐，而豆浆机的销售量跟之前相比更是翻了一番。

　　受"问题奶粉"事件的影响，中国消费者特别是家长们对乳品的信任度普遍下降，家长们对食品安全意见最大，我们对一些家长特别是孩子因"问题奶粉"而患肾结石的家长进行采访时，很多家长表示，他们总不能等到食品查出确实有问题才知道不能给孩子吃这种食品。很多家长为了孩子的食品安全着想，在选购食品时都尽量购买名牌的，他们认为名牌的虽然价格贵，但质量好，吃了放心。而这次"问题奶粉"牵涉的名牌厂家也不止一家两家。现在，家长们对于孩子的食品安全忧心忡忡。

　　(三)公众何时才能吃上放心食品

　　食品安全事件在中国已经不是一件两件的事了，但每次都是刚发生的时候引起轩然大波，过了一段时间就风平浪静。

　　前不久，加拿大爆发了有史以来最大的一次食品安全危机：由于受李氏杆菌的污染，加拿大枫叶食品厂所生产的熟肉制品在全国范围内引发了大规模的发病和恐慌，但加拿大安大略省与枫叶食品厂及时有效公开的应对，避免了一次质量危机转化为更大的社会危机，大众的恐慌和愤怒迅速平息。

　　上海光明食品集团表示，新加坡方面传出部分大白兔奶糖被检出三聚氰胺的消息，为预防起见，该集团9月26日起暂停奶糖的国内销售。

食品安全事件在中国似乎已经是屡见不鲜的了，而公众们只能选择被动地在事件发生之后采取预防或补救措施。

我们讨论后一致认为，如今舆论监督的作用越发明显，既然现实中的"曝光"具有如此大的震慑力，那我们不妨重视舆论监督吧。

而最根本最有效的，是建立一个完善的食品监督体系，取消"免检产品"，发挥舆论监督的作用，让公众吃上放心食品。

在我们的调查接近尾声的时候，浙江省宁波市目前正在筹建中国内地首个母乳库，母乳可保质3个月，有望填补中国企业在这一领域的空白。

此次调查，收获巨大，我们期待着乳业的消费信心及早恢复，消费者消费更放心！

新闻线索来源：

《现代快报》《中国青年报》《半岛都市报》《东方早报》，新华社9.21讯，中新社9.26讯，"关于内蒙古蒙牛乳业(集团)股份有限公司三聚氰胺事件的报告"

城关镇地区问卷调查

1. 在最近3个月内，您是否购买过三鹿奶粉？

□是　15　　　　　　　　　　□否　5

2. 您是为谁购买三鹿奶粉的？

□0—3岁的婴幼儿　8　　　　□4—12岁的儿童　7

□13—18岁青少年　0　　　　□18岁以上　0

3. 食用后是否有不良反应？

□是　6　　　　　　　　　　□否　9

4. "问题奶粉"事件发生后，您是否会继续购买三鹿奶粉？

□是　0　　　　　　　　　　□否　20

5. "问题奶粉"事件发生后，您是否会购买其他品牌的奶粉？

□是　2　　　　　　　　　　□否　18

6. 您对"问题奶粉"事件有何看法？

①三鹿奶粉真是太让人失望了，还是什么免检产品。

②企业只看到自己的利益，结果只有倒闭！

③我绝对不会再相信什么"名牌"。

④在经营者的眼中，难道就真的只有利益了吗？

⑤害人终害己，三鹿应该反思反思了！

梅仙镇地区问卷调查

1. 在最近3个月内，您是否购买过三鹿奶粉？

□是　19　　　　　　　　　　□否　6

2. 您是为谁购买三鹿奶粉的？

☐0—3岁的婴幼儿　10　　　☐4—12岁的儿童　6

☐13—18岁青少年　3　　　☐18岁以上　0

3. 食用后是否有不良反应？

☐是　8　　　　　　　　　☐否　11

4. "问题奶粉"事件发生后，您是否会继续购买三鹿奶粉？

☐是　1　　　　　　　　　☐否　24

5. "问题奶粉"事件发生后，您是否会购买其他品牌的奶粉？

☐是　2　　　　　　　　　☐否　23

6. 您对"问题奶粉"事件有何看法？

①我们信"三鹿"就是因为它是名牌，现在连名牌都这样，我们还能相信什么？！

②你们把小孩子的生命当什么？

③强烈建议取消"免检"品牌！

④我相信政府一定会给我们老百姓一个公道的。

⑤还有谁会去相信什么"名牌"？！

【评析】这是一则问题调查报告，采用了网络调查、实地调查、人员访谈等方法，文章层次清楚，分析了"三鹿奶粉事件"对社会造成的诸多影响，以警示企业，并强调诚信的重要性。最后中肯地提出，食品安全最根本最有效的途径，是建立一个完善的食品监督体系，取消"免检产品"，发挥舆论监督的作用，让公众吃上放心食品。

【知识链接】

一、调查报告的概念

调查报告是通过对典型问题、情况、事件的深入调查，经过分析、综合，揭示出客观规律的书面报告。（或：调查报告是针对某一现象、某一事件或某一问题进行深入细致的调查，对获得材料进行认真分析研究，发现本质特征和基本规律之后写成的书面报告。）

除用"调查报告"、"调查"的名称以外，以"考察报告"、"调查汇报"、"情况反映"、"情况介绍"命题的文章，或标注"调查与思考"、"信访调查"、"调查附记"等也属于调查报告。

二、调查报告的特点

(1)真实性。必须实事求是，尊重客观实际。否则，就会给决策者带来不可弥补的损失。

(2)深刻性（论理性）。要由事论理，揭示事物的本质和规律。

(3)新颖性。做到角度新、题材新、内容新、观念新。

三、调查报告的种类

(1)经验调查报告。经验具有代表性、科学性、政策性，目的在于推广经验，指导全局性的工作。例文：上海民办教育蓬勃有序走向规范——《中国教育报》2004/02/01。

此调查报告侧重介绍上海民办教育发展的经验：一是办学类型多样化；二是教育层次多样化；三是与经济发展相适应；四是政府指导思想明确。最后建议：1)完善设置程序；2)进一步规范收费标准。

(2)情况调查报告。反映政治、经济、军事、文化等诸多方面的情况或问题，为制定政策提供依据。例文：农民工希望子女与城里孩子接受同等教育——《中国教育报》2004/02/22。此文反映了农民工的最大愿望。

(3)问题调查报告。用大量的事实揭露某一不良倾向，指出问题的严重性，引起人们的关注。例文："山西省 2003 年曾发生 15 起中小学集体食物中毒事件。开学之初，山西省提出加强整治，强化监督。"学校食堂：让学生吃得放心——《人民日报》2004/02/16。本文通过调查，揭露了部分学校食堂存在的问题：一、卫生差、环境差，是学校食堂普遍存在的问题。二、投入少、管理松，是导致学校食堂卫生状况差的主要原因。建议：加强整顿、强化监督，才能保证学生用餐的健康、安全。

四、开展调查研究的程序及方法

开展调查研究的基本程序分四个阶段(五个步骤)：

(1)调查的准备阶段(确定调查课题、设计调查方案)。

(2)调查阶段(搜集资料)。

(3)研究阶段(整理与分析资料)。

(4)总结阶段(撰写调查研究报告)。

五、调查报告的格式

调查报告的写作格式没有固定要求，一般由标题、正文、落款三部分组成。

(一)标题

调查报告标题，一般有三种写法。

(1)公文式标题。这是调查报告常用的标题形式。这类标题揭示了调查的对象或主要问题，使用介词结构，如"关于××厂整顿产品质量的调查"、"关于海尔电冰箱在国外市场地位的调查"。

(2)论文式标题。这是类似一般论文标题的一种形式。这类标题直接说明调查报告的基本内容，如"当代青年消费状况简析"、"一个经营有方的小百货店"、"中学生业余时间支配情况"。

(3)双标题。这类标题正题揭示调查报告的思想意义，副题标明调查的事项和范围，如"稳定农村基本政策是群众的愿望——苏皖部分地区农村调查报告"、"他山之石可以攻玉——关于佛山市大规模引进先进技术的调查报告"。

(二)正文

调查报告的正文，一般由导言、主体和结尾三部分组成。

1. 导言

导言，又叫做"前言"或"引言"，作用是提示全文，帮助和吸引读者阅读和理解文章内容。这部分内容或者概述调查对象的情况，点明文章主旨；或者介绍调查的时间、地点、经过，以说明材料的来源；或者交代调查的目的动机；或者指出调查的问题和结论。要求写得凝练、有吸引力。

2. 主体

调查报告的主体是导语的引申、展开，也是结论的根据所在。内容包括两大方面：一是调查到的事实情况，包括事情产生的前因后果、发展经过、具体做法等；二是研究这些事实材料所得出的具体认识或经验教训。要通过富有说服力的数据或根据充分的事实，叙述、说明认识，由实而虚，深入分析，切实说明问题。

主体部分在结构安排上可以有以下几种形式：

一是平叙式。它适用于内容单一的调查报告，写法上按照事物发生、发展、结局的先后顺序，把材料组织起来，一层一层地把事情的来龙去脉报告清楚，使人既了解全貌，又得到方向性、指导性的经验或教训。

二是并列式。它适用于内容丰富、背景广阔、综合性较强的调查报告。写法上将说明主题的材料分成若干类，每类用小标题即分论点统帅，然后按照一定的内在联系的次序排起来。这样各个小标题之间的关系是并列的，能突出主要问题或基本经验。本节所选例文都是并列式结构。

三是因果式。它适用于总结经验的调查报告。写法上先将调查的结果、结论告诉读者，然后再叙述这一结果、结论的由来，从几个方面分析形成这个结果的原因。

主体部分不论采取哪种结构方式，都要注意先后有序，主次分明，详略得当，联系紧密，层次深入，更好地表现主题。

3. 结尾

结尾，又叫作"结论"，是调查报告的结束语。由于调查报告的内容不同，结尾形式也各异。有的总结全文，深化主题；有的照应前言，点题作结；有的展望前景，指出方向；有的交代事物产生的影响或群众的意见，反映或是概括说明调查结果；也有的调查报告全部内容在前文已表述完毕，则无须再加结束语。无论哪种形式，都必须做到简洁有力，切忌拖泥带水，画蛇添足。

（三）落款

为了对调查的内容负责，最后在正文右下角写上作者名称和写作时间。如已写在标题下面，此处可以省略。

六、调查报告的写作要求

调查报告的写作要抓住三个环节：调查、研究、写作。三个环节中，调查是基础，研究是关键，高质量的写作必须建立在高质量的调查与研究的基础之上。

（1）明确调查目的，确定调查项目。明确目的、确定项目其实是一个对调查选题的限定过程，也是一个研究过程，目的明确了，调查项目具体化了，才可望收到良好的效果。

(2)掌握相关知识。调查之前应当有一个学习过程，包括被调查对象的有关历史资料和业务知识，与被调查对象有关的理论、政策等。

(3)制订计划，拟出调查提纲。提纲内容大致包括：1)调查题目、目的、要求；2)调查的具体项目及重点；3)调查的时间、范围、地区、对象；4)调查的方式方法；5)调查的步骤及时间安排；6)调查人员的组织与分工、工作制度、物资准备等。

(4)采用恰当的调查方法。一般的调查方法有：开调查会、个别访谈、实地考察、文献调查、问卷调查、实验调查等。

(5)要占有第一手材料。通过调查，详尽、系统、全面地占有材料，特别是第一手材料，是写好调查报告最基本也是最重要的环节。收集材料力求"面面俱到"，现实的、历史的、典型的、具体的、一般的、书面的、口头的、正面的、反面的、领导的、群众的都应在收集之列。

(6)要认真分析，找出规律。分析也就是研究，是对丰富的调查材料加以去粗取精、去伪存真、由表及里的思考，以发现事物的本质，找出事物发展的规律，形成明确的观点。这是调查研究的根本目的，是动笔写作调查报告之前必须做好的关键一环。

(7)要注意叙述、议论、说明相结合。调查报告在表述上要注意以叙为主，用事实说话；叙议结合，观点紧扣材料，做到材料与观点有机统一；对问题背景的交代、调查情况的介绍、报告的目的等使用清晰的表述方式，会令书面报告的表达效果更好。

七、调查报告写作的注意事项

(1)要实事求是。坚持实事求是地进行调查是写好调查报告的可靠保证，因此，写作者一定要亲自参加调查。报告中引用的调查资料要翔实可靠，对于重要的数据要反复核实、测算，做到确凿无误。同时，选材要客观、全面，不能只选对自己观点有利、支持自己看法的材料，如有对自己观点不利、与自己观点相左的材料，也应附带提及，说明清楚，或加以分析，或录以备考，尽可能避免片面性，以免领导或委托方据以决策时导致失误。

(2)注意观点和材料的统一。撰写调查报告不能满足于材料的堆积和数字的罗列，必须既有材料，又有观点，观点统帅材料，材料说明观点，切忌观点和材料脱节，更要防止两者相抵触。作者要在反映情况的基础上提出有见地、有说服力的分析意见和相应的建议。

(3)要突出重点。调查的内容较广泛，涉及的问题也较多，在整理和撰写时，要根据主旨的需要来剪裁取舍材料。一份调查报告，要突出重点，一般以回答一两个重要问题为宜，切忌面面俱到。如果调查涉及的内容过多，可以分专题写几份报告。这样，每份报告都能突出自己的重点。

(4)正确把握文体性质和表达方式。调查报告是一种兼有说明文、记叙文、议论文特点而又不同于它们的一种应用文体，应偏重于选用比较全面、系统、完整的事实、数据叙述说明问题，并且运用议论的表达方式提出措施建议。调查报告的语言要准确、简练、朴实。文中也可运用小标题，各小标题应简洁、醒目。

(5)要讲究时效。调查所得情况要及时地反映和传递。依据过时的信息，不可能做出准确的预测和科学的决策，甚至会产生负效应。文中要写明调查时间。

【实践训练——完成任务】分小组完成任务
【病文评析训练】下文是一份调查报告，文中有多处毛病，请找出来。

调查报告

一、调查意义及概述

网络技术日新月异，大学生的生活和学习也和网络密切相关，但现在的大学生是不是正确合理地在使用网络资源呢？正确使用网络，才可以让网络为我们带来快捷的资讯，让我们的生活和学习积极向上。正确地利用网络，而不是沉迷于网络游戏，让网络为我们的生活提供方便，而不是在网络里消磨意志。因此我设计了这一份问卷，旨在调查我们大学生的上网情况，起到引导的作用，让我们意识到自己在网络的利用中存在的不足之处，积极改正，正视网络的利与弊。因此，我于6月5开始着手调查问卷的设计，对××职业技术学院的200名不同专业的学生进行了问卷调查。问卷的发放方式为网上传送，给200人传送了问卷，最后有90人填写了调查问卷，收回了75份有效答卷。

二、调查基本情况分析

(一)部分同学网龄长

网龄	人数	比例
三年以内	13	17%
三年到五年	28	38%
五年以上	34	45%

从表格可以看出，××职业技术学院在校大学生所有的学生都会进行上网活动，因为在我回收的75份有效调查问卷中所有的学生都有上网的经历，只是上网时间长短不同而已。甚至有的学生网龄还是很长的，这说明网络在大学生中是十分普遍的，与大学生的生活是息息相关的。

(二)网络利用的合理性

上网主要做的事	人数	比例
浏览新闻与搜索查找资料	12	16%
玩游戏与聊天	45	60%
收发电子邮件	6	8%
更新博客或个人主页等	9	12%
购物	3	4%

对于上网有相当多的大学生存在不合理的地方，从表格可以看出玩游戏与聊天的人是占大多数的，只有少部分的人会在上网的时候进行与学习有关的事。玩游戏是没有合理利用好网络资源的表现，有大多数的学生甚至沉迷于网络游戏，既浪费了时间和金钱，也耽误了自己的学业。

(三)学生对网络利弊的认识

利弊	人数	比例
利大于弊	15	20%
弊大于利	15	20%
因人而异	45	60%

网络对于大学生到底是利大于弊还是弊大于利？这个问题其实是没有绝对的胜出的，因为除去"因人而异"的选项，有一半的人认为利大于弊，因为网络与生活学习息息相关，为学习和生活提供了便利；而还有一半的人认为弊大于利，因为玩物丧志，网络上的一些消极的东西也会随着快速的信息网络四处传播，再加上有的同学玩游戏影响了学业。最多的人还是选择了因人而异，因为近朱者赤近墨者黑，对网络的积极利用，给自己带来的就是发达的信息，对网络的消极利用，就是对时间和金钱的一种浪费，甚至消磨意志。

三、学生上网存在的问题

1. 学生用于上网的时间比较多。网龄比较长，有很多的学生甚至有高达五年的网龄。

2. 沉迷网络，有的同学沉迷网络，并没有把网络合理地利用起来，有很多的同学上网只是做一些娱乐活动、聊天或者玩游戏，只有少量的同学是在用网络做一些对学习和生活有益的事。

四、问题的原因

1. 社会发展致使了网络的发展，在现代社会网络已与人们的生活息息相关，社会的发展导致了网络的不可改变的流行，网络的重要性已经是不容置疑的了，人们的生活已经离不开网络。当然这对于大学生更是重要的，大学时代正是与社会接轨的阶段，学习网络知识是十分必要的，也就是说大学生是必须接触到网络的。

2. 网络文化的泛滥。网络高速发展了，网络文化也就会相应的高速发展。既然是文化，就会有精华，也有糟粕。大学生中不乏一些意志力比较薄弱的同学，会对网络上的糟粕文化产生兴趣，因此有的同学会对一些不良的网络信息产生兴趣，从而不可自拔，导致最终沉迷于网络。在调查中，发现有很多的同学沉迷于网络游戏，这就是网络文化中的糟粕对同学们产生了负面的影响。

3. 大学生的课余时间较多。大学课程相对于其他的学习阶段来说，时间是很充足的，因为大学课程比较少，因此时间就多了起来，这么多的时间要怎么打发是一个问题。于是大部分的同学就选择了上网。在网络上来打发时间，这在大学中是十分正常的，就会产生一些沉迷于网络的同学。

4. 在虚拟的世界里自我实现。网络的世界是多姿多彩的，对学生们具有巨大的吸引力，越来越多的人习惯把网络当成排遣对象，无节制地上网，使一些同学主体性逐渐丧失。个人理性的弱化，有可能沦为工具客体的危险。因为在现实生活中，人们往往以"超我"面目出现；在虚拟空间里，人们更多地以"本我"体现。在这个虚拟的世界里，人人都是一样的，有句话说的就是这个道理："在网上没人知道你是一条狗。"有的同学在现实的学习生活中比较自卑或不如意，这些情绪在网上就能得到很好的发泄。有的甚至选择在虚拟的游戏中实现自我，在网络这个虚拟的世界里，找到了自信，找到了成功的喜悦。也就会越来越沉迷于网络。

五、对策

(一)学生自身方面

1. 正确地认识网络

网络的确是一个多姿多彩的世界，但是它就像是一把双刃剑，是有弊有利的，我们只要正确地认识到网络的这种性质，就可以在心里有一个最初的意念，网络在给我们带来方便快捷的生活的同时，也会给我们带来很多有危害的负面影响，因此我们要摆正网络在我们心目中的性质。

2. 正确打发时间

学会正确地、有意义地打发多余的时间。大学生的业余时间是很多的，我们应该把这些时间有意义地利用起来，而不是沉溺于网络的世界，可以去做兼职，获得更多的社会经验，如果实在没有事可以做的话，就安静下，一个人静静地待会，思考一下平时没有精力去想的事情。在大自然的怀抱里放松自己也是一件不错的事情，总比在网络中迷失自己要好得多。

3. 正确地利用网络

现代的大学生要杜绝网络是不可能的事。在尽量少上网的基础上，我们应该学会正确地利用网络，不要一上网就是聊天玩游戏，那毕竟是虚拟的，倒不如多看看新闻，关心一下实事。看看有意义的电影，充实一下自己的精神世界，不让自己一上网就觉得没事可做，或者只有玩游戏聊天。在网络上查查资料，找找与学习有关的东西，巩固一下老师讲过的知识，听听网上的名师们的见解也是很好的。总之不要浪费了网络方便快捷的资源。

4. 去其糟粕，取其精华

网络文化要去其糟粕，取其精华。网络的文化是有好有坏、有糟粕有精华的，我们已经是有自己独立思想和控制能力的大学生，那些网络信息中的糟粕，我们应该可以自己去去除了。这对我们的身心健康都是有意义的。

(二)学校方面

1. 学校应该加大对电脑课的投入，让学生们更多接受正规的电脑教育，培养学生对网络中有害信息的鉴别能力，向学生宣传安全上网的重要性，给学生校园上网创造一个好的环境。如在学校里，校园网在上班时间可向学生开放，学生可以自由地在网上查找学习资料，浏览国内外的重大新闻。

2. 组织一些有意义的活动，让学生意识到网络的作用，比如组织一些网络知识的竞赛，让同学们发挥自己的能力，把自己在网络上学到的知识运用起来。发挥网络的作用。

【情景拟写训练】调查你所在班级学生的消费情况，并写出调查报告。

项目三　礼仪文书

第一节　求职信

【任务呈现】王宏毅是××职业技术学院汽车工程学院机械设计与制造专业一名大三的学生，将于2015年6月毕业。他从《湖北日报》上看到一则二汽汽车有限公司招聘机械设计师的启事，王宏毅有意应聘，请你替王宏毅向二汽汽车有限公司撰写一封求职信。

【案例赏析】

案例1　　　　　　　　　　求　职　信

尊敬的××部主任：

您好！

我是××职业技术学院电子信息工程学院计算机网络应用专业2015届高职毕业生，将在今年6月份离开母校，走入社会大学校，心情既兴奋又彷徨。我渴望一个新的生活舞台，渴望找到一个适合自己并值得为其奉献一切的工作单位。前天我从老师那里得知贵单位需一名计算机编程人员，我高兴极了，贵单位是我慕名已久的地方，计算机编程又是我的对口专业，是我最喜欢最擅长的专业之一。因此，我来不及斟酌词句，就迫不及待地开始写这封求职信，希望您能在百忙之中审阅一下，也许您会发现一个非常称职的未来的下属。

我1993年出生于湖北省襄阳市保康县一个农民家庭，一个生活清苦艰辛而又充满浓浓亲情的家庭。我自幼形成勤奋刻苦、谦虚谨慎、认真务实的生活态度。我爱好学习，成绩一直非常优秀，经过不懈的努力，终于圆了自己的大学梦，于2012年9月1日迈进了××职业技术学院的校门。在大学里，我十分珍惜来之不易的学习、锻炼机会，自强不息，持之以恒，取得了优异的学习成绩，连续三年获得一等奖学金。我利用奖学金和勤工俭学挣来的钱，实现了经济自立，减轻了家庭负担。除学习外，我还积极参加学生工作和社会实践活动，先后担任过班长、团支书、院学生会副主席，曾参与××市移动管理系统、三峡水库动库调洪系统等创建工作，在系统编程方面提出了较多建议，大多被采纳，效果非常好。

　　我学习了两门外语，英语达到大学英语四级水平，第二外语是日语，已达到可以流利进行日常对话的水平。

　　我身体健康，品貌端正，体育成绩优秀，我爱好羽毛球、乒乓球、国际象棋、桥牌等体育活动，对古典音乐也有浓厚的兴趣。

　　我自信我的热情和能力能够使我胜任贵单位的一部分工资管理工作，我十分珍惜这次机会，请您给我这次机会，我将以全身心的投入来回报您的知遇之恩。

　　我的通信地址是：××职业技术学院17—92#，邮编：441050；电话：62511650。

　　我要讲的话还没有完，我却发现我已经把我的地址和联系方式写在前面了，您大概可以理解我此时的急切心情了，我太想得到这份工作了！以上这些都表达了我真诚希望成为贵单位一员的愿望，如您能给我这次难得的宝贵机会，请您拨打电话或来函告之面试时间，我会随时准备拜见。热诚期待您的答复。非常感谢您能看完我的求职申请，谢谢您，再见！

　　祝：工作顺利、生活愉快！

求职人：王××
2015 年 3 月 20 日

【评析】这例求职信用简练的语言，把自己的求职意愿、专业特长和优势等都充分表达出来了，内容集中、明确，语言真挚、动人。这样写会打动对方，获得工作机会。

案例 2　　　　　　　　　　　　　求　职　信

尊敬的刘经理：

　　您好！

　　我从朋友处得知贵公司需要一名西班牙语翻译，特写信毛遂自荐。

　　本人王明，男，25 岁，三年前毕业于北京外国语大学西班牙语专业。在学期间学业优良，曾获赴马德里××大学交流学习三个月的机会，得以实地了解西班牙的风土人情，语言能力有了很大提高。毕业后我一直从事西班牙语笔译、口译工作，曾与人合译了两本西语现代小说，其中一本已出版，另一本也已经与出版社签约，即将出版。我有过多次为访问团担任翻译的经历，这使我的与人交流沟通的能力得到了很大的锻炼。

　　我相信自己能胜任贵公司的工作。随信寄上我的简历。

　　此致

敬礼！

应聘人：王明
2015 年 3 月 16 日

【评析】这例求职信用语精练，求职意愿明确，优势突出，针对性强，能较好地打动对方，获得自己心仪的工作。

【知识链接】

一、概念

求职信，是以个人名义向有关企事业单位申请某种职位的一种常用书信。

二、书写格式

作为一种专用书信，求职信有其基本的格式。一般来讲，求职信可分为标题、称谓、问候语、正文、祝语、落款六大部分。

(一)标题

求职信的标题一般用"求职信"(自荐信、自荐书)即可，也有少数的写成"我应聘××职位"。

(二)称呼

求职信的称呼往往比一般书信的称呼正规一些，可有多种写法。一是可以直接写给单位，如"湖北迈亚股份有限公司"；一是在不知道具体负责招聘事项的领导是谁时，可称"尊敬的各位领导"或称职务，如"尊敬的人事部部长"。称领导要用敬称，但不要称"先生"、"女士"；称单位也要用敬称，即要称单位的全称，而不用简称，以此表示尊重和慎重。

(三)问候语

一般写"您好"、"你们好！"等，表示敬意。

(四)正文

正文是求职信的核心部分，其表达的成功与否直接关系到求职信写作的成败，关系到职位获取的成败，因而应该慎重考虑，仔细斟酌。求职信的正文一般包含以下内容：

(1)简单介绍个人情况。求职者的基本情况是给招聘方的初步印象，主要是简介求职者的姓名、性别、年龄、职称、学位等有关内容，有时还要写明户口所在地。

(2)明确表达求职意向和缘由。求职意向及其缘由的说明要明确、肯定、恳切，不可含含糊糊。比如，你想进某公司工作，还希望做某个部门的负责人，就不要不好意思开口而闪烁其词，应让招聘者清楚地了解你的要求。

(3)详细说明求职的有利条件。说明自己求职的有利条件部分是核心的核心，应包含以下内容：与所求职位相关的知识储备、实践或工作和任职经历、业务能力、成绩成果以及对所求职位的认识，有时还可以写明自己的性格爱好。其重点应围绕经历和能力做文章。重点介绍与应聘岗位有关的长处和优点，即把你的读者要雇用你的理由陈列出来。写作这一部分要注意叙述的情况应真实可信，不要虚妄编造，应重点突出，防止蜻蜓点水，或面面俱到。

(4)结语。最后写结语，再次强调自己想要获取这个职位的诚挚心愿，表明对应聘成功的殷切期待和被聘后的工作决心。

(五)祝语

祝语的内容可以是表示对应聘单位前景的美好祝愿，可以是对招聘负责人的美好祝福，也可以简洁地写上"此致敬礼"。

（六）落款

在右下方署明求职人姓名和日期。

三、求职信主体（正文）的写作步骤

第一步：介绍消息来源；

第二步：表明求职心愿；

第三步：介绍个人简历；

第四步：列出求职优势（扬长避短，针对求职目标，思想、业务、能力、特长）；

第五步：提出获职打算；

第六步：请求答复联系（希望对方答复，并盼望能有机会参加面试）；

第七步：表明感激之情。

四、求职信写作注意事项

（1）实事求是，谦虚有度。自信但不自夸。全文流露出你是一个乐观、自信、有责任心的人。由于文化上的差异，外企可多一些自荐，对国内企业则多一点谦虚。如："我虽刚刚毕业，但我年轻，有朝气，有能力完成任何工作。尽管我还缺乏一定的工作经验，但我会用时间和汗水弥补，请领导放心，我将保质保量地去完成各项工作任务。"

在求职信中尽量避免使用"一定"、"第一"、"绝对"、"肯定"、"完全可以"、"保证"等这一类词。如："我能够适应各种工作。""我听贵公司近期效益不好，我相信我有能力改变这种状况。""在校四年中，我向各类电台、报纸、杂志投了百篇稿件。""我是学艺术专业的，到贵系之后，我一定能够使贵系的学生文艺节目在各类比赛中夺魁。""我搞过好几项科研课题，贵厂遇到的此类技术难题，我一定能够解决。"

（2）采用"点对点"表述方式，突出求职信的针对性。针对某家招聘单位的某个招聘职位来写，模棱两可的一定是毫无价值的。

（3）行文流畅，用语精练、礼貌。"字如其人，文如其人。"求职信是用人单位对求职者获取第一印象的凭证，可了解求职者的语言修辞和文字表达能力，也能体察出求职者一定的文化素养与思想素质。

（4）突出个性，注重包装。应以独特的语言、多元化的思考方式，给对方造成强烈的印象，并引起兴趣。如："其实我并不觉得贵公司的条件很好，只是感觉比较适合我的专业，而且觉得最终能不能入选，关键在于实力而不在运气。"

（5）注重文采。求职信要简明扼要，实事求是，但并不妨碍修辞手法的运用。如："我用一双眼睛，正把你们深情地注视；我用一双耳朵，正聆听你们求贤若渴的心声；我是一匹千里驹，正寻觅伯乐！"热情、诚恳，充满人情味，寥寥数语，使此信文采飞扬，让人刮目相看。

（6）求职信应简明扼要，篇幅不要太长。详细内容可引导对方看你的简历。篇幅不宜太长，一般不超过1000字。

(7)态度要诚恳。不需要豪言壮语，也不需要华丽的词汇，关键要让对方觉得亲切、自然、实实在在。

(8)注重细节，精益求精。1)小心错别字，切忌有错字、别字、病句。2)纸张方面，选用质地好的纯白 A4 纸。3)反复校正，确定信件无误后才寄出。

(9)要做到：谦恭而不卑琐，热情而不浮躁，恳切而不可怜，尊敬而不失大方。

五、失败的求职信，有以下几种

(1)为对方限定时间的求职信，必定要失败。如："本人于××月××日要赴外地出差，敬请贵经理务必于××月××日前复信为盼。"这种写法，虽表面上看相当客气，可实际上是在限定对方时间，好像在给对方"下命令"，容易使人厌烦。

(2)为对方规定义务的求职信，必定要失败。如："本人谨以最诚挚的心情，应聘贵公司的会计师一职，盼望得到贵公司的尊重、考虑和录用。"这种写法，事实上是在强迫对方，因为这句话实际含义是："你如果不录用我，就是对我不信任。所以，你必须录用我，才能体现你的信任。"

(3)用以上压下的口气写的求职信，必定要失败。比如"贵公司的××总经理先生要我直接写信给您"；或者"××部长很关心我的求职问题，特让我写信给您，请多关照"。——这种求职信，让收信人看后很反感。因为他认为"既然总经理(或部长)都有意了，你还写信给我干什么，真是多此一举"，或者他认为"这还了得，你最好去当总经理(或部长)的助理好了，我这里庙小，装不下你这位有后台的大仙"，然后把信撕成碎片，一扔了事。日后如果总经理(或部长)问起，他会回答"根本没有收到过他的来信呀！会不会丢失了？"

(4)"吊起来卖"式的求职信，必定要失败。如："现已有多家公司欲聘我了，所以请贵公司从速答复。"这实际上是在威胁人家，是在用别的单位来压他，好像是在说："我可是一位人才哟，他们都抢着要聘我，你不聘我，就是不爱才、不识才、不用才。"所以，这往往会激怒对方，导致求职失败。

【实践训练——完成任务】分小组完成任务

【病文评析训练】下面有两份求职信，文中有多处毛病，请找出来。

病文1

某某领导：

　　您好！工作辛苦了！

　　教师是人类灵魂的工程师，是培养祖国栋梁的辛勤园丁。孔子、孟子就是影响了中华儿女数千年的好老师。我特别欣赏这个职业。我是学企业管理的，跟教书挨不上什么关系，但将来何去何从，谁能说得准呢。子曰："三人行，必有我师焉。"孔子都那么虚心，我们又有什么理由不向别人学习呢？这是一个知识文化更新很快的时代，不互相学习就会故步自封，就会为时代所抛弃。我们的专业课程就体现了丰富多元的特点，除了政治经济学、企业管理等技术课外，还包括数学、外语等基础课。教书要教得好，也不能不多学知识，拓宽视野。有许多人觉得教师这个职业太没面子，那是传统封建思想的影响。某些教师在教书育人的过程中可能存在这样那样的问题，那是他的个人原因，而不是教师整体的错。再说，人人都不做教师，都去做赚钱的行当，下一代由谁来教育？社会由谁来发展？尤其是在当今改革开放的大好形势下，我们更应当抓紧机遇，抓好教育。我的父亲是个党员，他小的时候很想读书，可是未能如愿，我想如果很多人都甘愿为教育事业奉献青春热血的话，这样的事情就会少一点。我有志于为祖国的教育大业奉献一切。也企盼着你们的回音。如果有意，请与××大学××系联系。有什么要求，需要什么任职资格，就请来信告诉我。另外，告诉你们一个好消息，明天校运会即将开幕，我将作为系主力参赛。我的体育成绩一向很好。其他各课成绩也还过得去。

　　最后，祝您工作顺利！

×××

××××年××月××日

病文 2

　　尊敬的单位领导：你好！

　　我是金融类独树一帜、享有盛誉的品牌学院——××财经学校 2005 届的毕业生。

　　在经济迅猛发展、人民生活日益提高的今天，人们的投资理财意识日益增强，我感觉投身于金融事业大有作为。因此，我非常热爱我的专业，在校期间，刻苦学习，各科成绩名列前茅。性格开朗活泼的我待人随和，能与同学和睦相处。我最大的特长是爱好体育运动。长跑、短跑及球类运动都是我的最爱，在这方面取得了一系列优异的成绩：2004 年上半年，我代表学校参加区运动会 5000m 比赛获得了第一名，在 4×100m 竞赛中获小组第一名；此外与其他同学一起代表学校与××代表队参加篮球比赛，以 95∶72 取胜，为学校赢得了荣誉。正因为体育锻炼，使我有强健的体魄和充沛的精力胜任工作。在××银行实习期间，我热情招呼每一位客户，工作细致无差错，以优质的服务赢得了客户的喜爱。我的财会电算化水平也很好，能处理银行的存储、信贷等日常综合业务。恳请您在××月××日前务必给予答复。

此致

　敬礼

张小文

2014.5.28

【情景拟写训练】你是一名大三的学生，马上要毕业了，请为自己制作一份求职信。

第二节 个人简历

【任务呈现】王宏毅是××职业技术学院汽车工程学院机械设计与制造专业一名大三的学生，马上面临毕业，他想为自己设计一份漂亮的简历来推销自己，该如何设计呢？

【案例赏析】

案例 1

个人简历

姓名	×××	性别	男	出生年月	1994 年 6 月
籍贯	××××	民族	汉	联系电话	158××××××××
身体情况	健康	毕业学校	××职业技术学院汽车工程学院		
学历	大专	专业	机械设计与制造		
地址	××省××市××县××镇××大道××号				
个人技能	1. 拥有电脑制图证书、CAD 中级资格证书； 2. 具有阅读机械零件图、装配图的能力； 3. 具有普通机床加工的操作能力； 4. 具有编制一般零件工艺规程的能力； 5. 具有一定的阅读专业外文资料、使用办公软件、查阅资料及自我学习提高的能力。				
主要经历	时 间	在何地何部门			职 务
	2009 年 9 月至 2012 年 7 月	××省××高级中学			学 生
	2012 年 9 月至 2014 年 7 月	××职业技术学院汽车工程学院			学 生
	2014 年 9 月至 2015 年 6 月	襄阳二汽实习，学习各种加工设备和各种零件的加工工艺流程			实习生
主要专业课程	机械制图、工程力学、机械设计基础、电工电子技术、液压与气动、机械制造设备、机械制造技术、模具设计、计算机辅助设计与辅助工艺管理、数控加工技术、现代机械制造技术				
意向	CAD/CAM 设计、制造，设备管理等工作				
自我评价	本人专业知识扎实，学习成绩优异；有较强的组织协调能力、活动策划能力和公关能力；具有良好的团队精神，善于与人沟通和协作；社会实践能力强，对新事物接受能力强；具有良好的思想品质，爱好广泛，为人诚实守信；有较好的语言表达能力，思维敏捷；工作主动性高，做事认真负责，有吃苦耐劳的精神。				
联系方式	QQ: 邮箱:				
个人门户	网址:				

案例 2　　　　　　　　**职业技术学院机电一体化专业个人简历**

一、个人基本情况

姓名：×××　　　　　　性别：男　　　　　　民族：汉

出生年月：1994 年 12 月　　户籍：××　　　　政治面貌：团员

所学专业：机电一体化计算机辅助制造与设计　　学历：大专　　身高：170cm

联系电话：13×××××××××　　　　　　E-mail：xx@yahoo.cn

联系地址：××市××新区××职业技术学院×公寓楼××室　　邮编：××××××

二、职业应用技能及求职意向

外语能力：大学英语四级

计算机能力：熟悉计算机操作，熟练使用 Office 系列办公软件及 Internet 应用，电脑系统安装及维护

※熟练操作数控铣床、车床

※期望从事机械相关行业的全职工作

三、教育经历（含培训）

1. 教育

2012.9—2015.7　××职业技术学院机电系机电一体化专业

专业课程：

主修机械制图、机械制造技术、机械设计基础、数控机床、Pro/ENGINEER 应用教程、专业英语、数控加工编程技术、C 程序设计、单片机原理、UG4.0 CAD/CAM 教程、液压与气动技术等。

2. 社会实践/见习经验

在校期间接受了数控车床、数控铣床、普通车床、普通铣床的培训，以及 AutoCAD、UG，Pro/E，SolidWorks 的应用；学习了机械制图、机械制造技术、数控机床、公差配合等课程；会使用 Photoshop 软件作简单图片处理。2014 年 10 月期间在学校数控车、铣实训车间实习。

3. 大学寒假暑假期间的社会经历

2013 年 1 月 12 日至 2013 年 2 月 15 日在××机械厂数控车、铣实训车间见习；

2013 年 6 月 26 日至 2013 年 8 月 28 日在××机械厂数控车、铣实训车间见习；

2014 年 6 月 24 日至 2014 年 7 月 16 日在××机械厂数控车、铣实训车间见习。

四、自我评价

严谨务实，以诚待人，团队协作能力强；

吃苦耐劳，工作上有较强的管理和动手能力且有较强学习能力；

敢于面对挑战，具有良好的适应性，做事情认真负责。

在校两次获得优秀个人证书！

【评析】以上两例简历采用了两种不同的表现方式：一种是表格式，一种是文本式，

但内容大体相似，共同体现了简历的几个原则：一是简洁原则。开头部分对资历概述简洁清楚，这就方便了阅读者在较短时间内掌握基本情况，以便产生进一步仔细阅读的愿望。二是清晰原则。个人情况介绍一目了然，重点内容突出，便于阅读。三是针对性原则。在简历中清楚地陈述了有关的经历和事实并且把它们放在比较突出的位置。四是客观性原则。比如简历中的自我评价等。五是真实性原则。没有编造自己的工作经历或者业绩等。

【知识链接】

一、个人简历概念

个人简历，顾名思义，是简要概括个人情况的文字材料。它是求职者生活、学习、工作、经历、成绩的概括，浓缩了大学生活的精华。有人说个人简历就是个人广告，别人买不买你的账就从你的简历开始，一份卓有成效的个人简历是开启事业之门的钥匙。

二、个人简历的特点

(1)求职意向明确。应写明应聘的具体部门和岗位。

(2)内容简洁真实。材料中的每一个字都要能推销你自己，内容不超过一页为好。

三、个人简历的格式及写法

个人简历的内容应该包括：

1. 个人基本情况(包括姓名、性别、年龄、民族、婚姻状况、健康状况、政治面貌等)

2. 求职意向(求职目标的字数讲究简练清楚，最好不超过 40 字)

3. 教育背景

(1)主要学习经历，即就读学校及专业。

(2)教育经历包括学历教育和培训经历。学历教育经历一般以大学教育为主，重点交代主修课程；培训经历重点交代培训业务和技术。

(3)获奖情况，在校期间所获奖励、证书、资质认证等。

(4)外语水平、计算机水平资质认证、科研能力、专业课程等。

教育背景的陈述，要突出与招聘工作密切相关的论文、证书与培训课程等。

4. 工作实践经历

强调你适合这个职业的成功经验和经历。如果能写得比较专业，就会给用人单位眼前一亮的感觉(包括实习、见习、实训兼职等信息)。

5. 获奖情况

6. 兴趣爱好与个性(尽量与所应聘的工作相适应)

7. 联系方式等(可设计在个人基本信息后，也可放在最后)

四、个人简历的写作要求

(1)内容针对性强，重点突出。针对岗位要求，突出自己的优势，表现自己的个性。

(2)语言简明扼要，准确清楚。忌有错别字。

(3)形式、版面设计清晰简洁，便于阅读。

(4)传递有效的信息。简历要有明确的求职意向，重点介绍与工作相关的学历、证书、知识、技能和实践经验。

(5)用 A4 纸打印。

五、简历的写作技巧

(1)让简历内容突出。内容决定成败，所以简历一定要突出你的能力、成就以及过去的经验，仅有漂亮的外表而无内容的简历是不会吸引人的。简历内容要仔细分析你的能力、特长并阐明你能够胜任这份工作。强调以前的经历和经验，然后一定要写上结果。比如："组织了公司人员调整，削减了无用的员工，每年为公司节约￥550000。"

(2)让简历外表醒目。简历的外表应该醒目，但不必太花哨。

(3)尽量使简历简短，只使用一张纸。雇主可能会扫视你的简历，然后花30秒来决定是否约见你，所以一张纸效果最好。

(4)为你的简历定位。雇主们都想知道你可以为他们做什么。含糊的、笼统的或毫无针对性的简历会使你失去很多机会，所以必须为你的简历定位。如果你有多个目标，最好写上多份不同的简历，在每一份上突出一个重点。这将使你的简历更有机会脱颖而出。

(5)写上简短小结。这其实是最重要的一个部分，"小结"可以写上你最突出的几个优点。

(6)强调成功经验。雇主们想知道你用什么来证明你的实力。记住要证明你以前的成就以及你的前雇主得到了什么益处，包括你为他创造了多少价值、提高了多少效率等，说明你有什么创新等。

(7)力求精确。阐述你的技能、能力、经验要尽可能准确，不夸大也不误导。确信你所写的与你的实际能力及工作水平相符，还要写上你以前工作的时间和单位。

(8)使用有影响力的词汇。使用这种词汇，如"证明的"、"分析的"、"有创造力的"和"有组织的"等，这样可以增强简历的说服力。

(9)用语要注意，禁忌错字、别字。在调查中许多招聘人员都说到了这个问题，他们最忌讳错字、别字。许多人说："当我发现错别字时我就会停止阅读。"所以，你的简历一定要认真写，千万不要出现差错。

(10)最后测试，你的简历应该回答以下问题：1)是否写清了你的能力？2)它是否能够让雇主清楚并尽快知道你的能力？3)是否写清了这份工作要求你所具备的经验和经历？4)有东西可删除吗？

(11)尽量完善你的简历，直到无懈可击。

【**实践训练——完成任务**】分小组完成任务

【**病文评析训练**】下面是一份个人简历表，表中有多处毛病，请找出来。

姓名	×××	性别	男	出生年月	1994 年 6 月
籍贯	××××	民族	汉族	联系电话	158××××××××
身体情况	健康	毕业学校	××财经职业学院		
学历	大专	专业	会计电算化		
地址	×××省××市××县××镇××大道××号				
个人技能	1. 拥有会计从业资格证书、用友和金蝶应用师证书、中景教程 ERP 初级运用师证书，对机关会计以及工业会计有较多的了解。熟练掌握了如开具增值税发票、凭证装订、抄报税、税务机关代开发票等一般的会计事务。 2. 在××市卫生局工作期间负责卫生统计工作并协助局领导管理全市扩大内需卫生基础设施的建设工作。协助计财科科长管理市直卫生机构的医疗设备的编制、论证、配备。了解行政办事程序、行政协调和会务接待等。 3. 有较强的文字写作和处理能力，大学期间是××市图书馆社会工作部义务通讯员，参与社会工作部举办《××讲坛》并负责接待听众以及处理听众反馈的信息。能够作为企、事业单位通讯员，为企、事业单位门户网站提供优质新闻文字稿件和书写行政公文等。				

主要经历	时　　间	在 何 地 何 部 门	职　　务
	09 年 9 月至 12 年 7 月	××省××中学(文史类)	学　习
	12 年 9 月至 14 年 6 月	××财经职业学院会计(二)系	学　习
	14 年 7 月至 15 年 6 月	××市图书馆社会工作部(实习)	通讯员

部分专业课程	基础会计、财务会计、成本会计、统计学、税法、审计学、经济法、纳税会计、经济学原理、市场营销、管理学、金融理论与实务、会计电算化、用友财务软件、金蝶财务软件、Excel 在财务管理中的应用、计算机安装与维护
意向	◆财务管理　　　◆营销　　　◆文案策划
自我评价	本人诚实守信，乐观大方，待人诚恳、随和，有较强的表达沟通和写作能力；学习工作态度认真、吃苦耐劳、积极进取、善谋实干；有大局意识、较高的敬业和团队精神，独立思考，能独立并开拓性地完成工作；对工作有责任心和社会责任感。
联系方式	电话：　　　　　　QQ：　　　　　　邮箱：
个人门户	网址：

【情景拟写训练】你是一名大三的学生，马上要毕业了，请按照以下表格内容完成一份个人简历。

个人简历

姓名		出生年月		(照片)
性别		政治面貌		
籍贯		身高		
民族		体重		
专业		健康状况		
学历		培养类型		
意向				
专业技能				
兴趣特长				
教育背景				
获奖情况				
工作经历				
性格特点				

第三节　感谢信

【任务呈现】大二学生陈小玉同学身患重症，但家境贫寒，无钱医治。《大学生》杂志社为其呼吁捐款，社会各界朋友积极响应，纷纷伸出援助之手，使他的病情得到有效控制。为了表达对广大热心读者的深深谢意，请帮陈小玉同学写一封情真意切的感谢信。

【案例赏析】

案例1　　　　　　　　一封来自"特困生"的感谢信

敬爱的各位院系领导、老师，亲爱的同学们：

　　你们好！

　　首先，请允许我向你们表达我最真挚的谢意，谢谢你们一直以来对我的关心和帮助！在这个雪花飘飘、寒风萧萧的冬天，我不再受冻感冒，不再挨饿了，这一切都要归功于你们对我的帮助，是你们给了我御寒的棉衣和棉被，给了我驱除饥饿的生活费，给了我坚强和动力，给了我亲情般的关爱！

我不能忘记，2009 年的第一场雪，那个星期三的下午，汪科长带我领到的崭新的棉被；忘不了杨主任对我的关切和鼓励；忘不了当时心里的激动和温暖！

我无法忘记，2009 年的第二场雪，那是周日的晚上，你们给我送来的棉袄和王老师亲自给我披上的那种温暖；忘不了我抓着扶手到三楼学生科，见到你们的激动时刻；忘不了汪老师那欣慰惊异的表情！

我不敢忘记，2009 年最后一个星期的星期一下午，那是第二节课后，当我走进学生科办公室，系瞿××书记，杨××主任和汪××科长慷慨解囊，每人拿出自己的工资资助我一百元生活费的激动场面；忘不了瞿书记和杨主任对我说的语重心长的话；忘不了我当时激动得话都说不出来，终于蹦出"谢谢你们，谢谢！"的颤音！是的，不管多么艰辛，我一定会鼓足勇气，不断向前，坚持把接下来的半年学习时光走完！

回想这一路，我淌着辛酸和爱的泪水走来：爸爸在我小学时便落下残疾，随着年龄的变大，这些年已丧失劳动能力，妈妈一人支撑这个家，但她身体不好又不识字，我曾两次放弃学业。在一直清贫如洗的家庭，父母多么希望我能有所出息！在学校的帮助下，我进入县重点高中，在学校和后勤集团的帮助下艰难度过高中生活。高考前几次晕倒，我被确诊为先天性心脏病，急需手术，爸妈跑东跪西，求借手术费近一个月，后来在县、乡几位领导的关心下终于借到钱，完成手术，我也因此捡回一条生命，但就此落下三万多元的债务无力偿还，加上身体极度虚弱，我被迫放弃学业……

在党和政府的关心下，我有幸来到这个充满挑战和希望的大学校园，多少次我一人漫步在林间，徘徊在操场：委屈、无奈、无助、感动……大一时，辅导员和李××老师对我的关心和体谅；大二的这个冬天，王××老师将自己儿子的衣服拿给我，系瞿书记、杨主任和汪科长多次为我送来温暖，多次对我进行鼓励和帮助；院系领导一直以来对我的关心和栽培！就这样，是你们让我不再自卑，让我能够用一颗感恩的心直面人生，让我生活的世界又多了一双能够发现美的眼睛！

虽然很不幸，但我是幸福的，因为我生活在一个充满爱与温暖的世界里，生活在一个以爱为核心且有爱的集体中。我知道，我们班的同学都在帮助我，都为我付出了好多好多，还有很多认识我的同学都在支持帮助我，让我克服自卑做到优秀，让我看清了很多东西，也帮我分担了好多东西！是你们的理解和支持及各位领导的关心帮我拿到正大奖学金并争取到助学金，你们是我最真的兄弟姐妹，是我患难时最真的朋友，我们的友谊永存——深于海，重于山！我永远感激你们，再次谢谢你们！

在这一学期即将结束、新年即将到来之际，我谨用感激的笔，蘸取辛酸和爱的泪，写给所有关心我、支持我、帮助我的每一位院系领导、老师和同学！现在的我对你们的帮助无力回报，唯一能做的就是好好学习，坚强生活，努力奋斗，将来多奉献自己的力量。在这个寒天催日短、风浪与云平的冬天，我不再寒冷，因为有一股波涛汹涌的爱的暖流久久涤荡我的内心，让我的心灵多了些触动，让我学会感恩！感谢一切美好与相助，感谢促使我开悟的感动与教会我坚强的酸苦！

千言万语，只凝为两个字——谢谢！谢谢你们对我的关心和帮助，谢谢……

提前给各位领导、老师和同学拜年！祝各位领导、老师身体健康，工作顺利，合家欢乐，万事如意！祝各位同学学业有成，前程似锦，喜事不断，好运连连！

此致

敬礼！

生物工程系农业科技0803××

××××年××月××日

【评析】这是一封感情真挚的感谢信，是个人写给大家的，是生物工程系农业科技0803××同学为感谢院系领导、老师和同学们而写的。一开头说明了感谢的　由，接着充满感情地叙述了院系领导、老师和同学们对自己无微不至关怀的动人事迹，并真诚地表达了他对院系领导、老师和同学们的深深谢意，并表示自己唯一能做的就是好好学习，坚强生活，努力奋斗，将来多奉献自己的力量。感情真挚，语言朴实，字里行间洋溢着浓浓真情。

案例2　　　　　　　　　**感 谢 信**

尊敬的客户：

您好！

在新春即将到来之际，衷心地祝福您及贵公司全体同仁新春快乐、万事如意！

回顾2014年，在您的大力支持与关心下，以及贵公司全体员工的勤奋努力下，我们凭借优质的服务、良好的信誉，取得了一个又一个辉煌成绩。您的理解和信任是我们进步的强大动力，您的关心和支持是我们成长的不竭源泉。您的每一次参与、每一个建议，都让我们激动不已，促使我们不断奋进。

我们在未来的发展过程中将面临更多的机遇和挑战，我们衷心地希望您作为我们公司的坚强后盾，一如既往地理解和支持我们，共同经历前进道路上的风雨坎坷。有了您，我们前进的征途才有源源不绝的信心和力量；有了您，我们的事业才能长盛不衰地兴旺和发展。

良好的客户关系是建立在双方共赢的基础之上的，为了来年能带给您更优质的服务，维护更好的客户关系，值此岁末年初之际，同时也是我们的销量旺季，希望贵公司能在年终最大限度地结算一下账款，做好我公司的资金回流、运转，为来年做准备。为答谢您以及其他广大客户多年来对我们的支持、信任和帮助，同时基于各客户的订货量及年终回款情况，我公司特举办真情回馈活动，相信通过您的配合，我们在今后的合作中将更加愉快，我公司会为您提供更加优质的服务！

在今后的岁月里，希望能够继续得到您的关心和大力支持！客户满意是我们永恒的追求，我们将继续为您提供最真诚的服务。再一次感谢贵公司的信任和支持，恭祝您及家人身体健康！阖家幸福！

　　谢谢！

××保险公司

××××年××月××日

【评析】这是一封集体写给集体(客户)的感谢信。某保险公司因得到了客户(公司)的帮助,与客户建立了双方共赢的关系,并希望客户能在年终最大限度地结算一下账款,做好保险公司的资金回流、运转,为来年做准备,所以保险公司用感谢信的方式来表达本公司对该客户的感激之情。此感谢信把感谢的原委写得简洁明了,情感真挚,语言亲切。

案例 3　　　　　　　　**四川汶川地震感谢信：致温家宝总理**

尊敬的温家宝总理：

　　我是一个四川成都人,目前在四川电视台从事新闻工作,从 5 月 12 日下午黄昏至今,我一直被您亲临抗震救灾第一线指挥的身影感动着、鼓舞着,为我们的共和国能有您这样的好总理而感到万分自豪、万分庆幸！

　　5 月 12 日下午 2 点 28 分,四川汶川的大地震发生后,您立即放下手上千头万绪的工作,赶赴四川灾区前线指挥抗震救灾,您还在飞往成都的飞机上就向全国人民发表电视讲话,号召大家抗震救灾;您到成都后,没有来得及休息,立即赶赴都江堰市灾区指挥抗震救灾,您亲临都江堰市聚源中学和都江堰市中医院的废墟现场慰问灾民,给受困的人员以鼓劲;您在都江堰市那十分简易的指挥所里冒雨布置抢救工作、下达救灾命令。您饱含深情地说："汶川的道路不通,就是走也要走到汶川去,早一秒到达,就早营救出一个被困人员的生命！"在随后的几天里,您不顾疲劳,赶往德阳灾区、绵阳灾区,甚至乘坐直升机亲临汶川这样非常危险的地震中心指挥抗震救灾、慰问灾民。您每到一地,都向广大的救援人员和灾民发表讲话,您的声音都嘶哑了,却是那么有力,那么坚强,您的每一次讲话都给了我们极大的信心和鼓舞,在您的声音里,我们不仅感受到了中国政府的抗震决心,更看到了中国政府在这次地震中的应急能力、组织能力和指挥能力。

　　尊敬的温家宝总理,我深信,像您这样长时间冒着危险亲临灾区第一线指挥抗震救灾的国家领导人,在中国历史上是极其罕见的,在世界历史上也是极其罕见的！作为中华人民共和国的总理,您真正做到了"情为民所系,利为民所谋",真正体现了"执政为民"。您是我们的好总理,是我们的亲人,我作为四川灾区的一员,深深地感谢您,我向您鞠躬了！

　　尊敬的温总理,北川、映秀和汶川地区,至今余震不断、滑坡不断,您在亲临现场的时候,一定要保护好自己,您的平安,是四川灾民和我父母最大的幸福！我代表我的父母和兄弟姊妹,感谢您,您辛苦了！等抗震救灾结束了,如果有可能,我一定请您好好吃一顿咱们成都地道的火锅、喝一碗咱们四川地道的盖碗茶，好吗？

尊敬的温家宝总理，您多多保重！

四川成都人：汪建中

××××年××月××日

【评析】这封感谢信是个人写给个人的，即成都人汪建中写给时任国务院总理温家宝的，既是个人也是代表四川人民为感谢温总理及时给予灾区人民的帮助和关心而写的。作者通过感谢信的形式饱含深情地歌颂了温总理"情为民所系，利为民所谋"的伟大情操。他用真实的笔触讲述了温总理来到灾区的一言一行，感人至深。特别在结尾处写道："尊敬的温总理，……如果有可能，我一定请您好好吃一顿咱们成都地道的火锅、喝一碗咱们四川地道的盖碗茶，好吗？"这些话语把他自己及灾区人民对国家领导人的感激之情表现得淋漓尽致。

【知识链接】

一、概念

感谢信是为答谢对方的邀请、问候、关心、支持和帮助而写的公关礼仪书信。

二、感谢信的特点

(1)及时性。感谢信的制作和发布要迅速及时，时间拖得太久，就会显得不够礼貌和真诚。

(2)情感性。感谢信是被对方感动的产物，因此感谢信具有情感性的特点。

(3)叙事性。感谢信的感情要建立在叙事的基础上，否则感情没有来源。

(4)表彰性。力图在更广泛的范围内宣传并期望助人者能够受到表彰。

三、感谢信的种类

(一)按感谢对象的特点来分

(1)给集体的感谢信。这类感谢信，一般是个人处于困境时得到了集体的帮助，并在集体的关心和支持下，自己最终克服了困难，渡过了难关，摆脱了困境，所以要用感谢信的方式表达自己的感激之情。

(2)给个人的感谢信。这类感谢信，一般是个人、单位或集体为了感谢某个人曾经给予的帮助、照顾而写的。

(二)按感谢信的存在形式来分

(1)公开张贴或通过报纸、电台等大众媒体传播的感谢信。

(2)寄给单位、集体或个人的感谢信。

四、感谢信的写作格式

感谢信通常由标题、称呼、正文、结语和落款五部分构成。

(一)标题

感谢信标题的写法有这样几种形式："感谢信"——单独由文种名称组成；"致×

××的感谢信"——由感谢对象和文种名称共同组成;"××街道致××剧院的感谢信"——由感谢双方和文种名称组成。

(二)称呼

开头顶格写被感谢的机关、单位、团体或个人的名称或姓名,并在个人姓名后面附上"同志"等称呼,然后再加上冒号,引起正文。

(三)正文

感谢信正文从称呼下面一行空两格开始写,要求写上感谢的内容和感谢的心情。一般包括以下几个方面:

(1)感谢的事由。概括叙述感谢的缘由,表达谢意。

(2)对方的事迹。具体叙述对方的感人事迹,叙述时务必交代清楚人物、事件、时间、地点、原因和结果,重点叙述关键时刻对方给予的关心和支持。

(3)揭示意义。在叙述事实的基础上指出对方的支持和帮助对整个事情成功的重要性以及体现出的可贵精神,同时表示向对方学习的态度和决心。

(四)结语

写上表示敬意和感谢的话,如"此致、敬礼"、"致以最诚挚的敬礼"等。

(五)落款

落款署上写信人的单位名称或个人姓名,并署上成文日期。

五、感谢信的写作要求

(1)内容要真实,评誉要恰当。感谢信的内容必须真实,确有其事,不可夸大溢美。感谢信以感谢为主,常兼有表扬之意,所以表达谢意时要真诚,措辞中肯。评誉对方时要恰当,不能过于拔高,以免给人一种失真的印象。

(2)用语要适度,叙事要精练。感谢信的内容以主要事迹为主,详略得当,篇幅不能太长,所谓话不在多,点到为止。感谢信的用语要求精练、简洁,遣词造句要把握好一个度,不可过分雕饰,否则会给人一种不真实、虚伪的感觉。

【实践训练——完成任务】分小组完成任务

【病文评析训练】下文是一份感谢信,文中有多处毛病,请找出来。

感 谢 信

××中学:

我的孩子今年3月患了严重的心肌炎,不得不住院治疗。在住院期间,你校领导、老师和学生多次来医院探望、慰问。校团委与学生会还发动全校师生为我的孩子捐款,帮助我们解决困难。你们的大恩大德,我们全家人永远不会忘记。

最后,祝你们工作顺利,学习进步,万事如意!

学生家长　赵××

××月××日

【情景拟写训练】根据以下材料代张青春写一封感谢信。

2014 年 7 月 30 日早上 9:15 左右，乌鲁木齐市商业银行张青春女士从克拉玛依东路 39 号金马花园门口搭乘一辆出租车上班。下车后，不慎将装有 2000 元现金、一张转账支票和多张银行卡的钱包遗留在出租车内。当时，偌大首府有几千辆出租车，何况张女士又没有记住车号。就在她心灰意冷时，好心的的哥却风尘仆仆地找到她单位，并亲自将钱包交给她。张女士简直不敢相信，1 小时后她的钱包会失而复得。她怀着感激的心情拿出 300 元以表谢意，可是被的哥婉言谢绝了。他没留下姓名，但她记住了他的车号新 A-T3083。记住了首府有一位雷锋式的好的哥。

第四节　慰问信

【任务呈现】大一学生张武之得知他的同学李文琴因天气变化无常发高烧卧床不起，深感不安。请以张武之的名义写一封慰问信以表安慰。

【案例赏析】
案例 1　　　　国务院致云南、贵州省人民政府和成都军区的慰问电
云南、贵州省人民政府和成都军区：

1 月 24 日，滇黔线昆沪 80 次列车颠覆事故发生后，你们迅速组织有关人员和指战员抢救人民的生命财产；在妥善处理善后工作中，积极地组织有关部门，抢救伤员，保护遗体，热情周到接待遇难者的家属、亲友，做了大量工作。你们顾全大局，密切配合，组织严密，指挥得当，措施得力，使这次事故的抢救和善后处理工作圆满完成。

在这次事故抢救和善后处理工作中，无论党政机关、医院、工厂、商店，无论领导干部、职工、医生、农民，都积极主动，不畏困难，任劳任怨，有效地完成了抢救、运输物资和保证通讯等任务，发扬了救死扶伤的革命人道主义精神。

人民解放军、武警部队、公安干警广大指战员，在抢救工作中发挥了主力军和突击队的作用，哪里有困难，哪里最艰苦，哪里就有他们，不愧为人民的子弟兵。

国务院谨向你们，并通过你们向所有参加抢救和善后处理工作的机关、部队、单位和个人，表示衷心的感谢和慰问！

在救援工作中，涌现了许多先进单位和个人，有许多感人的事迹，这充分地体现了我国社会主义制度的优越性，充分体现了一方有难、八方支援的良好风尚。望你们认真总结经验，发扬优良传统，在社会主义物质文明和精神文明建设中取得更大的成绩。

中华人民共和国国务院
一九八八年三月三日

【评析】上文是国务院就昆沪80次列车颠覆事故的抢救工作圆满结束向云、贵两省及成都军区发出的慰问电。电文第一段是慰问的背景、原因；第二、三、四段概括抢救和善后工作的情况，同时表达了感谢、赞扬、慰问之情；最后一段肯定了抢救、善后工作的意义，并提出希望和祝愿。全文热情洋溢，充分体现了人民政府对人民的关切之情。

案例2　　　　　　　致全体大学生"村官"的春节慰问信

全体大学生"村官"们：

　　春回大地，万象更新。值此2010年新春佳节来临之际，我谨代表中共××县委、××县委组织部向你们以及支持你们工作的家人致以亲切的问候和节日的祝福！

　　大学毕业，你们积极响应党和国家的号召，满怀青春的理想和激情，奔赴农村工作的第一线，投身建设社会主义新农村的火热实践，集中展现了当代大学生志存高远、胸怀祖国、服务农民、奉献社会的精神风貌。"艰难困苦，玉汝于成。"在全县各级党组织的关心支持下，你们积极发挥当代大学生视野开阔、思维活跃、富于创造、敢闯敢干的优势，用所掌握的知识为农民服务，贴近实际传播科学知识、推广农业技术，受到了基层党组织和广大干部群众的欢迎，奏响了当代大学生实现人生价值的主旋律。

　　新的一年孕育着新的希望。大学生到农村任职，是时代的呼唤，是农民的期盼，也是党对大学生的期望。在新的一年里，希望你们在乡镇党委和政府的领导下，与时俱进、再接再厉、勤奋工作、刻苦锻炼，虚心向基层干部群众学习，不断提高做群众工作、处理实际问题的能力，积极拓展发展农村经济、增加农民收入的新思路和新举措，为社会主义新农村建设作出新的贡献。

　　百舸争流千帆竞，天时人事日相催。我相信，在各级党组织的关怀和支持下，你们一定能够克服种种困难，凭借着年轻人的热情和干劲，在××这块热土上、在大学生"村官"这个舞台上播撒希望、放飞理想，创造出无愧于党和国家、无愧于人民、无愧于这个伟大时代的崭新业绩！

　　最后，衷心祝愿你们新年快乐，工作顺利，身体健康，阖家幸福！

中共××县委常委、组织部部长×××

××××年××月××日

【评析】这封"致全体大学生'村官'的春节慰问信"，盛赞大学生"村官"们积极响应党和国家的号召，奔赴农村工作，实现了当代大学生的人生价值，为农村这片广阔的热土作出了贡献。此信写得感情充沛，昂扬向上，文采飞扬。既让大学生"村官"们倍受鼓舞，也让人们对大学生"村官"们产生敬佩感。

【知识链接】

一、概念

慰问信是以组织或个人的名义对在工作中取得突出成绩、做出重大贡献、遭受重大灾情和损失或适逢重大节日的集体或个人表示问候、关心、慰藉和鼓励的专用书信。它能体现组织的温暖、社会的关怀和人与人之间的深情厚谊，给人以信心、勇气和力量。

慰问信可以直接寄给本人、集体或单位，也可以登报或广播，还可以张贴。

二、慰问信的特点

(1)亲切性。慰问信是写信者向收信者表示慰劳和问候的书信，因此要充分体现出亲切、热情，以使对方感受到写信者发自内心的关怀而深受鼓舞。

(2)鼓舞性。慰问信如果是写给遭受灾害、遇到挫折的地区、单位和个人，要概括指出对方在不幸和困难中所表现出的可贵精神，并指出战胜困难的有利条件，以鼓励对方增强战胜困境的信心。也就是说，慰问信通篇要洋溢鼓舞人心的力量。

(3)沟通性。无论是对有突出贡献者的慰问还是对遭遇困难者的慰问，情感的沟通是支撑慰问信的一个深层基础。慰问信正是通过这种赞扬表达崇敬之情，或以同情表达关切之意的方式来达成双方的情感交流和相互理解。

三、慰问信的种类

(1)对做出贡献的集体或个人的慰问。这类慰问主要针对那些承担艰巨任务、做出巨大贡献甚至牺牲，取得了突出成绩的先进个人或集体，鼓励他们戒骄戒躁，继续前进。

(2)对遭受困难或蒙受损失的单位、个人的安慰。这类慰问常常是针对那些由于某种原因(如车祸、火灾、地震、暴雨等)而暂时困难或蒙受了巨大损失的集体或个人，对他们表示同情和安慰，鼓励他们战胜暂时的困难，加倍努力，迅速改变现状。

(3)节日慰问。这是一种上级对下级，机关单位对群众进行的一种节日问候，一般表示对他们以前工作的肯定和赞扬，并祝福他们。

四、慰问信的格式

慰问信一般包括标题、称谓、正文、敬语、署名及日期几个部分。

(一)标题

可单独由文种名称组成；可由慰问对象和文种共同组成，如"给抗洪部队的慰问信"；还可由慰问双方和文种名共同组成，如"福建省人民政府致福建前线三军慰问信"。

(二)称谓

顶格写慰问单位的名称或个人的姓名。个人姓名之前可加"敬爱的"、"尊敬的"等字样，之后可加"同志"、"先生"等，以表示尊重。

(三)正文

慰问信的内容要根据慰问的目的和慰问的对象来确定，一般都应包括以下内容：

(1)开头部分。开头部分说明写慰问信的背景、原因。如节日慰问信，可用"值此……来临之际，向……表示节日的祝贺和诚挚的慰问"开头；受灾慰问信，可用"惊悉……深表同情，并致以深切的慰问"开头；成绩慰问信，可用"欣闻……非常高兴，特表示祝贺并致以亲切的慰问"开头。

(2) 主体部分。主体部分写清慰问缘由或慰问事项。如果是写给取得突出成绩的集体和个人的慰问信，要阐述对方的先进事迹，赞扬对方所做出的贡献，对其辛勤的劳动表示慰问；如果是给受灾者的慰问信，要表明对受灾者的同情与安慰，赞扬对方与灾害作斗争的精神，鼓励对方战胜困难、取得胜利；如果是节日慰问信，要强调节日的意义，赞扬有关人员的勤劳、恪尽职守的精神，赞颂他们所取得的成绩和所做出的贡献，指出其责任和任务。

(3) 结尾部分。结尾部分表明共同的愿望和决心。写给取得突出成绩者的慰问信的结尾，可鼓励对方继续努力，做出更大的贡献；写给受灾者的慰问信的结尾，可表示自己将怎样做并表达良好的祝愿；节日慰问信的结尾可进一步提出希望。

(四) 敬语

可用"祝你们在今后的工作中取得更大的成绩"、"祝节日愉快"等表达祝愿。

(五) 署名、日期

在正文的右下方签署慰问单位的名称或者个人的姓名，日期写在署名下方。

五、慰问信的写作要求

(1) 对象明确。根据不同的慰问对象，确定写作重点。只有对象明确了，慰问信的内容才好安排。

(2) 感情真挚。行文诚恳热情，向对方表示出亲切、关怀的感情，让对方真正感到温暖，受到鼓舞。

(3) 语言精练。语言简洁，措辞要精当，篇幅不宜过长。

【实践训练——完成任务】 分小组完成任务

【病文评析训练】 下文是一份慰问信，文中有多处毛病，请找出来。

新学期慰问信

全系教职员工、各位工作人员：

大家好。

时间似流水，转眼间新的学期又开始了，在新的学期里到来之际，我代表财税系领导向大家表示慰问，衷心祝愿大家心情愉快，身体健康！

天道酬勤，经过大家的共同努力，在过去的一年里我们各方面都取得了好成绩，运动会、文艺晚会、珠算竞赛的成功组织，学生管理工作的井然有序，教学管理越来越严格规范，受到学校领导的一致好评，是 2006 年的先进系部。所有这些成绩的取得是大家团结一心，共同努力，扎实奋斗的结果，更是你们任劳任怨的结果，对此我衷心地向你们表示感谢，并致以崇高的敬意！

新的学期又开始了，在新的学期里我们更要努力奋斗，工作抓重点，教学重方法，管理讲科学，使各项工作再上一个新的台阶，让我们都力争上游，永不懈怠。

我相信在你们的关心和支持下，我们财税系工作一定会做得更加出色。

谢谢大家。

财税系王顺华

××××年××月××日

【情景拟写训练】××地区暴雨成灾，大部分地区被淹，交通受阻，许多人的生命和财产受到威胁和损失。××公司员工因距离较远，不能前去抗涝救灾，决定捐些钱和衣物寄去。在寄钱和衣物的同时，还准备寄去一封慰问信。请你代为起草这封慰问信。

第五节　欢迎辞

【任务呈现】假设你是一家颇负盛名并拥有悠久历史和传统的公司总经理。现在你公司刚招聘了一批新员工，请你代表公司致欢迎辞。

【案例赏析】

案例1　　　　　　　　　欢迎董事长亲临指导

尊敬的×××董事长先生，尊敬的贵宾们：

　　×××董事长先生所在公司与我们合资建厂已经两年，今天×××董事长亲临我厂对生产技术、经营管理进行指导，我们表示热烈的欢迎！

　　两年来让我们感到高兴的是，我们双方合资建厂、生产、经营管理中的友好关系一直稳步向前发展。

　　我应当满意地指出，我们友好关系能顺利发展，是与我们双方严格遵守合同和协议、相互尊重和平等协商分不开的，是我们双方共同努力的结果。

　　我相信，通过这次×××董事长亲临我厂进行指导，能进一步加深我们双方相互了解和信任，更能进一步增进我们双方友好合作关系的发展，使我厂更加兴旺发达。

　　最后，让我们以热烈的掌声，向董事长表示欢迎！

【评析】本欢迎辞，首先表达了主人的真挚热情，接着客观地评价了双方的合作业绩、双方的友谊，最后表示了对未来的合作充满信心。虽话语不多，但层次分明，感情昭然。

案例2　　　　　　　　　跨越六十年的握手

　　　　　　　　　　　　——胡锦涛欢迎辞

尊敬的连战主席和夫人，尊敬的吴伯雄副主席、林澄枝副主席、江丙坤副主席，尊敬的中国国民党大陆访问团的全体成员，大家好。

　　四月的北京春意盎然，在这美好的季节里，我们迎来了中国国民党主席连战先生率领的国民党大陆访问团。今天的会见是我们两党主要领导人历史性的会见，我为此感到非常高兴。

首先，我代表中共中央向连主席和夫人，向各位副主席，向访问团的全体成员表示热烈的欢迎并致以良好的祝愿。"有朋自远方来，不亦乐乎"。你们的来访是中国共产党和中国国民党关系史上的一件大事，也是当前两岸关系当中的一件大事。从你们踏上大陆的那一刻起，我们两党就共同迈出了历史性的一步。这一步既标志着两党的交往进入了新的发展阶段，也体现了我们两党愿共同促进两岸关系发展的决心和诚意。我们共同迈出的这一步，必将记载在两岸关系发展的史册上。

当前，两岸同胞都希望两岸关系走向和平、稳定、发展的光明前景。我们多次表示，欢迎认同"九二共识"、反对"台独"、主张发展两岸关系的台湾各政党、团体和代表性人士，同我们开展交流和对话，共同推动两岸关系的改善和发展。

昨天，全国政协贾庆林主席和连战主席以及访问团的成员进行了很好的会见。陈云林主任和林丰正秘书长也进行了工作会谈，等一会儿我还要和连主席交换意见，我想我们一定能够在促进两岸关系发展和两党交往等问题上达成重要共识。虽然我们两党目前还存在一些分歧，但只要我们双方都能够以中华民族的根本利益为重，以两岸同胞的福祉为重，就一定能够求同存异，共同开创美好的未来。

今年是孙中山先生逝世 80 周年，连主席和访问团的全体成员在南京拜谒了中山陵。中山先生是伟大的爱国主义者和民族英雄，是中国民主革命的伟大先行者。他为民族独立、民主自由、民生幸福，为国家的统一和富强贡献了毕生精力。他在全国各族人民和一切爱国人士当中有着崇高的威望。中国共产党人始终对他怀着崇高的敬意，从来就是中山先生革命事业的坚定支持者、合作者、继承者。中山先生也把中国共产党人当作自己的好朋友。在当年，中国内忧外患的情况下，中山先生第一个喊出了"振兴中华"的口号，这理应继续成为我们两岸的中国人共同的追求和责任。

中山先生为中华民族和中国人民留下了许多珍贵的精神遗产，值得我们永远地继承和发扬。

在当前，两岸形势复杂变化的形势下，我们两党都要深入地体察两岸同胞的所愿、所想，深刻地把握两岸关系和世界大势的发展趋向；要以我们积极的作为，向两岸同胞展示两岸关系和平、稳定、发展的前景；要向世界表明，两岸的中国人有能力、有智慧解决彼此的矛盾和问题，共同争取两岸关系和平、稳定、发展的前景，共同开创中华民族的伟大振兴。

我相信，中国国民党大陆访问团的这次访问，以及我们两党的交流、对话，已经给两岸关系的改善注入了春天的气息。希望我们双方共同努力，争取向着两岸关系和平、稳定、发展的方向前进。让我们两岸同胞一道在和平发展的道路上不断开拓前进。

非常感谢连主席和各位听完我的欢迎辞。谢谢大家。

【评析】本欢迎辞正文首先由气候说起，自然营造出友好、和谐的气氛，指出了这次会见的重要意义，表达了自己的心情和良好祝愿。其次，再次强调连战一行来访的重要意义，说明两岸同胞的共同愿望，回顾和肯定了双方的会见。接着，简明扼要谈到国共两党交往的原则和立场，并未涉及谈判中将要讨论的细节，符合欢迎辞的一般写法。最后高度赞扬了孙中山先生这位伟大的革命先行者，指出两党应以孙中山先生提出的"振兴中华"为共同的追求和责任，强调两党合作的基本立场和我党的希望。结语又一次肯定了这次访问的重要意义，并表达了对在座各位的谢意。全文表达了热情欢愉的情感，言简意赅，有礼有节，诚恳真挚。

【知识链接】

一、概念

欢迎辞是指行政机关、企事业单位、社会团体或个人在公共场合欢迎友好团体或个人来访时致辞的讲话稿。欢迎辞是社交礼仪中演讲词的一种，使用较多，言辞热情，旨在对来宾表示欢迎和尊重，表达友好交往、增强交流与合作的心愿，营造和强化友好、和谐的社交气氛。

欢迎辞具有应对性，一般来说，主人致欢迎辞后，宾客再致答谢辞。

二、欢迎辞的特点

（1）欢愉性。致欢迎辞应当有一种愉快的心情，言辞用语务必富有激情并表达出致辞人的真诚，只有这样才能给客人一种宾至如归的感觉，为下一步活动的完满举行打下好的基础。欢迎辞中可以叙述国家之间、组织之间的友谊，称赞宾客的学识才艺，以表达应有的欢愉之情。

（2）口语性。多数欢迎辞是用于口头表达的，所以，语言通俗易懂、富有生活情趣是欢迎辞文字上的必然要求。口语性语言让人感到亲切，会拉近主人同来宾的亲切关系。

三、欢迎辞的种类

（一）从表达方式上分

（1）现场讲演欢迎辞。一般是欢迎人在被欢迎人到达时在欢迎现场口头发表的欢迎稿。

（2）报刊发表欢迎辞。这是发表在报刊或公开发行刊物上的欢迎稿，一般在客人到达前后发表。

（二）从社交的公关性质上分

（1）私人交往欢迎辞。私人交往欢迎辞一般是在个人举行较大型的宴会、聚会、讨论会等非官方会议的场合下使用的欢迎稿，通常要在正式活动开始前进行，往往具有很强的即时性、现场性。

（2）公事往来欢迎辞。一般在庄重的公共事务场合中使用，要有事先准备好的得体的书面稿，文字措辞上较私人交往欢迎辞要正式和严格。

四、欢迎辞的写作格式

欢迎辞一般由标题、称呼、正文和落款四部分组成。

（一）标题

标题的写法一般有三种：

（1）直接以文种命名，写上"欢迎辞"三个字。

（2）由活动内容和文种名共同构成。如"在博鳌亚洲论坛上的欢迎辞"；有时以双标题形式呈现，如"跨越六十年的握手——胡锦涛欢迎辞"。

（3）由活动内容加文种名称再加上致辞人的姓名或职务构成，如"周恩来在欢迎尼克松及夫人的宴会上的欢迎辞"、"日本众议院议长河野洋平在温家宝总理国会演讲会上的欢迎辞"。

报刊刊登时常用后两种标题形式，欢迎辞的标题只是一种写作形式，在致辞时并不宣读。

（二）称呼

在标题下行顶格写上被欢迎的宾客的名字，对重要的客人要加上职衔或表示尊敬、亲切的词语，如"亲爱的××大学各位同仁"。欢迎辞有特定的情境，常常是在交际场合中对着所有在场的人宣读，故在主要宾客名下还要用泛称，如"女士们"、"先生们"、"同志们"、"朋友们"等，以表示对所有到场者的尊重。

（三）正文

欢迎辞的正文需要根据欢迎对象、具体场合而行文，一般由开头、主体和结语三部分构成。

（1）开头。开头通常说明现场举行的是何种仪式，发言者代表什么人，以及向哪些来宾表示欢迎。

（2）主体。这一部分一般用来说明欢迎的缘由，可写来访的意义、作用，也可叙述彼此之间的交往、友谊，还可介绍相互之间友好合作的成就等，阐述和回顾宾主双方在共同的领域所持的共同的立场、观点、目标、原则等内容，指出来宾本次到访或光临对增加宾主友谊及合作交流所具有的历史意义和现实意义。如果对方是以个人名义来访，亦可向到场的其他人介绍宾客的成就、品行等；对初次来访者，可多介绍本组织的情况。

（3）结语。欢迎辞的结语是在结尾处向来宾再一次表示欢迎，并表达自己对今后合作的良好祝愿，也可对双方的往来提出展望和期待。

（四）落款

单纯用于讲话的欢迎辞无须署名，若欢迎辞需刊载，则落款要署上致辞单位名称、致辞者的身份、姓名，并标注成文日期。

五、欢迎辞的写作要求

欢迎辞是出于礼仪的需要而使用的，因此要十分注意礼貌。重大场合事前要充分准备，对活动的目的、意义、内容、影响等充分了解。具体而言，要注意以下几点：

(1)称呼要得体、周全。要根据社交场合、对象、地区习惯的不同，选择最为贴切恰当的称呼。欢迎辞多用尊称，感情要真挚，能较得体地表达自己的原则立场。

(2)尊重对方的习俗。措辞要慎重，勿信口开河，同时要注意尊重对方的风俗习惯，应避开对方的忌讳，以免发生误会。

(3)语言自然适度。语言要热情、礼貌、适度，要让被欢迎者产生"宾至如归"之感。用语必须把握两个方面的分寸：既不盛气凌人，趾高气扬，又不谄语连篇，谦恭过分。总之，以不卑不亢为宜。

(4)求同存异，多谈一致性。主宾意见不一致时，要直接表达共识和赞誉，意见分歧之处，要么避开，要么委婉含蓄地表达，以免破坏隆重、热烈、喜庆的气氛。

(5)篇幅短小，言简意赅。一般的欢迎辞都是一种礼节性的外交或公关辞令，宜短小精悍，不必长篇大论。

【**实践训练——完成任务**】分小组完成任务

【**病文评析训练**】下文是一则欢迎辞，文中有多处毛病，请找出来。

欢迎总经理亲临指导

尊敬的贵宾们，尊敬的×××总经理先生：

×××总经理先生与我们合资建厂已经两年，今天大驾光临我厂对生产技术、经营管理进行指导，我们表示热烈的欢迎。

两年来我们感到遗憾的是，我们双方合资建厂、生产、经营管理中的友好关系一直稳步向前发展。

我应当得意地指出，我们友好关系能顺利发展，是与我们双方严格遵守合同和协议、相互尊重和平等协商分不开的，是我们双方共同努力的结果。

我相信，通过这次×××总经理大驾光临我厂进行指导，能进一步加深我们双方相互了解和信任，更能进一步增进我们双方友好合作关系的发展，使我厂更加兴旺发达。

最后，让我们以热烈的掌声，向总经理表示欢迎！

【**情景拟写训练**】请为大一新生入学的开学典礼拟写一份欢迎辞。

第六节　欢送辞

【**任务呈现**】大一学生张志立得知好朋友大三的张××、李××、王××即将毕业离校，非常不舍。请以张志立的名义为好友写一封欢送辞。

【案例赏析】

案例1

欢 送 辞

——在毕业典礼上的讲话

尊敬的各位老师、亲爱的同学们：

大家好！

今天我们在这里隆重举行××学院2014届学生毕业典礼，这是一个庄严而又特殊的时刻——是你们大学生活的结束，也是你们新的人生的开始。作为你们的朋友和老师，我关注着你们的生活和学习，也见证了你们的成长与收获，因此我由衷地为这一时刻感到兴奋、喜悦和荣耀，十分高兴地向你们表达我良好的祝愿：祝你们顺利完成学业，在将来的人生道路上，事业有成，生活幸福，一切顺利。

同学们，三年前，大家怀着共同的理想和美好的憧憬，从四面八方来到这个美丽的校园——你们的第二故乡。在这里，你们经历了大学生活的辛苦与欢乐，洒下了值得纪念的汗水。几年的时光，弹指一挥，转眼间你们即将离去，走向另一个陌生的世界。走出大学校园，你们会发现社会充满了活力和希望，也充满了艰辛与诱惑。希望同学们能以天下为己任，关心社会与家人，学会做人，学会做事，学会思考，学会合作。在激烈竞争的环境中，更要学会包容，超越自我。

"毕业"并不代表完成和结束，它恰恰昭示着起点和开始，更企望、寄托着未知的进步和成就。所以，我们今天坐在这儿，不是庆祝"结束"，而是宣布开始；不是纪念"完成"，而是企盼成就。尽管有的同学带着知识的财富，有的同学却怀着失意和遗憾，这都不重要，重要的是，请你们甩掉包袱，充满激情，勇敢地去面对未来的生活，永不懈怠。

同学们，20多年前，我和你们一样离开了母校，请同学们记住，母校是你们永远的港湾，当你们的学习和工作进行得不顺利时，不要悲观、失望，请你们想想母校，想想千山上秋雨春风、桂园飘香中的老师们，他们还在你们的身后关注你们，支持你们，因为他们希望每一个同学都能获得成功，更希望每个同学都能幸福地生活！请你们把母校当作另一盏明灯，另一片天空。

同学们，再过几天，你们就要告别老师和朝夕相处的同学，奔赴四面八方。这里将成为过去和记忆。在这离别的时刻，我要叮嘱你们：不要悲伤，也不要幻想，只要扎扎实实地走好自己的每一步，就一定能体会到生活中美丽的彩虹。你们走出了老师的视线，但是永远不会离开老师的心。

最后，祝同学们：鹏程万里，一路顺风！

谢谢大家！

×××

××××年××月××日

案例 2   **责任 梦想 坚持**

　　　　　　　——××教授在××学院 2014 届学生毕业典礼上的讲话

同学们：

　　今天，我们在这里举行××职业技术学院经济管理学院、旅游服务学院 2014 届学生毕业典礼，这是回顾大学生活、展望美好未来的重要时刻。在此，我代表学院向你们圆满完成学业表示最热烈的祝贺！向培养你们的老师们表示衷心的感谢！

　　在我们经管院的学生里你们是幸运的一届，你们在"十里青山半入城，一江春水穿城过"的襄阳城内的老校区生活了两年，古老的城池为我们增添了文化的厚重；你们又在毕业前的最后一年搬迁到"神女解珮"的汉江南岸的新校区，虽然离市中心远了，却离淡泊明志、宁静致远的诸葛孔明近了，依山傍水的校园为我们又增添了山的沉稳，水的灵秀。校园里留下了你们的身影和足迹，留下了你们的汗水和泪水，同时也留下了你们的思考和疑问，是你们给校园带来生机，带来欢乐，带来希望！如果说有些遗憾的话，就是在大家离开校园的时候我们刚刚种下的小树还未能成林，但这正是希望，十年树木，百年树人，希望校园的小树成林之时你们也成了祖国的栋梁之材！

　　今天是你们在校期间参加的最后一次大型学生活动，临别，我要给大家开一张支票，支票上的财富是什么？在告诉大家支票的内容前，先和大家分享一个故事：

　　日本作家大江健三郎大儿子是个智障儿，虽然很多人提供了逃避的建议，但是大江健三郎没有放弃，做出了同智障儿子共度人生的选择，最终借助鸟雀的叫声把智障儿子训练成了作曲家。大江健三郎后来以自身经历为背景创作了长篇小说《个人的体验》，获得了 1994 年度的诺贝尔文学奖。

　　父亲和儿子的成功包含了三个重要的关键词：责任、希望、坚持。

　　临别，我要给大家开一张支票，支票上的财富就是——责任、梦想、坚持！

　　一个人为什么活着？人活在世上，是责任。什么是人啊？人是社会关系的总和。既然是社会关系的总和，我们就面临各种关系，比如国家的、民族的、师生之间的关系，同学之间的关系，夫妻之间的关系，朋友之间的关系，同事之间的关系，等等。这一切关系，就是人！要处理这些关系，在处理这些关系过程中，很重要的一点就是，要承担起我们肩上的责任。我们做任何事情，不能我行我素，也不可能想怎么样就怎么样。同学们在今后的工作和生活当中一定会面临很多这样和那样的困难，带着责任上路吧，怕什么路途遥远，走一步有一步的风景，进一步有一步的欢喜，幸福，就在路上！

　　刚才毕业生代表讲的有些观点，老师不赞同，学生就得有学生的样子，不能搞得老气横秋，把社会上的一些东西拿过来。学生就是要朝气蓬勃，就是要不怕失败，不怕挫折，敢于尝试，要有一个冲劲，要有一个闯劲，还要有一个拼劲。我喜欢我们的学生青春、阳光、朝气、自信。我们同学们一定要自信。我有双手，不怕，我肯定能够养活自己，我就算什么专业都没学，我靠我勤劳的双手，还能够扒出一片天下，何况我还读了几年书，何况我还是大学生？所以讲，同学们，你们是标标准准的大学生，你们是高中毕业后又接受了三年大学教育的，你们首先要瞧得起自己，这就是自信。你们代表着大学生，你们要有大学生的气质，大学生的形象，大学生的气魄，大学生的境界，更要有大学生的素质，只有这样，我们大学生才有存在的价值。

近年很红的青春片《那些年，我们一起追的女孩》大家都看了吧，作者九把刀有一句话我很欣赏："我买了车，也买了房，但从今以后我终于可以说，我买过最贵的东西是梦想。"带着梦想奋斗，即使跌倒了，姿势也会很豪迈！

生存，最基本的要素是自食其力。人活着还是要端个饭碗，这个饭碗就是我们的工作，我们未来的职业，我们未来的岗位，所以，我们不要轻易地放弃自己的岗位，只有在牢牢地抓住另外一个饭碗的时候，才能够放弃现在的岗位。这一点我想同学们在实习期间有切身的体会。根据反馈，短短的半年实习期间，不少同学频繁地变换岗位。所以我在想，我们同学们在选择岗位的时候一个是要认真，另外要与自己的专业特长、与自己的兴趣结合起来，还要坚持下去，至少要坚持3—5年，只有这样，你才能够有所收获，也只有这样，你才能够在这个行业里成为行家里手，只有坚持3—5年甚至更长时间，你在这个行业里才有话语权，所以，我们同学们一定不要频繁变动岗位。我们有很多学生，在频繁变动之后，最后对工作失去了信心，甚至失去了生活的希望，精神开始出现问题，所以讲我们同学们在选岗位的时候，一定要踏实。我们做任何事情，不管是做人还是做事，就一个坚持，一定要坚持到底，这是一种品质。

20岁到30岁这段时间，是人生中艰苦的一段岁月——承担着渐长的责任，拿着与工作量不匹配的薪水，艰难地权衡事业和感情，不情愿地建立人脉关系……但你总得撑下去，上天只会给我们过得去的坎。记住，你们的幸福需要自己的坚持来成全！

同学们，你们即将毕业，走向社会，走向不同的工作岗位，老师与你们的家长心情是完全一样的，希望我的学生都能够在社会中找准自己的位置，在未来的生活中获得幸福。今天，你们毕业了，在这里，不仅仅是为你们举行一个隆重的毕业典礼，更是让我们一起见证你们迈向未来的开始，这是你们人生中的一个重大转折，同时我们也将面临很多机遇和挑战。在我们即将分手道别的时刻，在这隆重的毕业典礼上，老师还是不祝愿你们一帆风顺，为什么呢？我总觉得人的一生不可能一帆风顺，而对同学们来讲，你们是未来人生战场上的主角，面对你们年轻生命的展开，作为老师，我不敢轻易地说，你们今后就会一帆风顺。我相信，一帆风顺的幸运，并不是你们所祈求、向往的境界。哲学家尼采说过，如果你具备一个水手的能力，那么你就祝他一帆风顺。而老师当然不愿低估你们的能力，不愿漠视你们锐不可当的勃勃英气，也不愿抹杀你们想征服人生的豪情与勇气，所以，老师还是不祝你们一帆风顺，虽然不祝福你们一帆风顺，但是老师对你们有更深的祝愿、更大的盼望、更高的期许。当然还有一条，虽然老师不祝福你们一帆风顺，并不是说风平浪静的人生不值得追求，并不是遇到平坦易行、较少艰险的道路便要刻意回避，不是的，这是因为那样的生命历程，太缺少挫折，太缺少挑战与艰辛，换言之太缺少磨炼。在你们还如此年轻的时刻，在如此充满阳光气息的年龄，一帆风顺实在是不适合你们，更何况，现实人生、市场竞争、就业压力，本来就需要我们不断地去奋斗，去为自己的信念、为我们的目标而坚持，至于那一帆风顺的生活，老师还是想留在你们中年以后再享受，我在想你们的将来将会是一个怎样的人生，二十年后的今天，你们的人生将是一幅怎样的画卷？

二十年后，我还是在这个讲台上，还是在重复着一个事情：教书育人，但不管怎样，老师还是祝愿你们，希望你们有一个不断升华的人生。当前我们正面临着世界经济和科技前所未有的大发展，也面临着前所未有的激烈竞争。在这场竞争中，就如同逆水行舟，不进则退，我们一定要记住终身学习的重要，要不断地超越自己，使人生不断升华，要多读点书，多思考，不要说是一进入社会我终于不用学习了。错！老师到现在都还始终在学，始终感觉到还学不好，还有很多东西不懂，所以，我们的同学们，你们就是工作了，也一定要树立终身学习的理念，使自己的思想、境界得到升华。超越是一种境界，不是简单的超过，不是竞技意义上的优胜，而是对境界的超越。境界的超越不取决于职业，也不取决于职位，不一定职位高，境界就高，境界的超越最终取决于我们每一个人的自我修炼，因为，最难超越的往往是每个人自己，真正的成功并非取决于我们与别人相比做得好不好，而是取决于我们所做的与我们应该做的和能够做的相比如何。你们进步了，但不要因为进步而骄傲；你们得意了，但不要因为得意而忘形；你们赚钱了，但也不要因为有钱而目空一切。

老师还希望你们都有一个充满个性的人生，每个人的天分有高低，能力有大小，机遇也不同，但我们都可以一样地去热爱生活，都可以努力去创造自我，超越自我，我相信几年的大学训练你们已经具备学习新知识和适应新环境的能力。时代需要创新精神，没有创新就不可能有突破，没有创新精神就不可能成为一个出色的工作者，也不可能成为成功的企业家。

说了这么多，面对你们的离去，老师还有很多不放心，老师最后还想送你们五句话，与同学们共勉，这五句话也是老师工作几十年的体会，也是老师始终在践行的。

第一句话，短暂的激情是不值钱的，只有持久的激情才能创造价值和财富。这句话你们一定要记住。我们青年人有时候兴致来了，就去做这件事，没有兴致了，就坚持不下去了。短暂的激情是不值钱的，只有持久的激情才能创造价值和财富。青年人有激情，有朝气，有活力，这是你们的优势。要把优势发挥出来，请把这句话记住，并且要坚持下去。

第二句话，大处着眼，小处着手。同学们要学会观察、判断和思考，这就要从大处着眼，又要脚踏实地，用心地把每一件事情做好。这里老师还有一句话，认真只能把事情做对，用心才能把事情做好。

第三句话，你要看别人说了什么，而不是没说什么。这是老师对待工作、对待同事、对待理论的一种态度，你永远要听到别人说了什么，而不是没说什么。意思就是让你不要吹毛求疵，你不要外行当内行，你不要轻易地指手画脚，你不要轻易地否定别人，换句话说，你一定要看到别人的长处。圣人无弃物，任何事物存在这个世界上，都有他存在的价值。刚才讲的这个故事，就是个智障人，照样能培养成日本著名的歌曲作家。这也是老师对待你们的态度。

第四句话，天下大事，必做于细；天下难事，必做于易。细节决定成败，99%的困难，我们是想不到的。我们一定要有面对困难的勇气和信心。你们面对困难的时候，一定要记住，世界上永远没有迈不过去的坎和克服不了的困难。所以讲我们做事，大事要往细处做，难事要往易处做，要看简单。

第五句话，小胜在智，大胜在德。这句话讲的就是做人。要想做大事，就必须做一个有诚信的人，有责任心的人，有爱心的人，有思想的人。真正做大事的，做成功了的，还是德的作用。永远不要耍小聪明、小伎俩，这样，永远成不了大事。

最后我希望同学们走向社会以后，能够找准自己的位置，好好地过日子，脚踏实地地过好每一天，认真体悟生命的价值和意义。在太阳底下，在大自然面前，在历史的长河中，我们只是一个渺小的生命个体，但我们知道，如何走好自己的路，为了我们的生活，为了我们的目标，为了我们的追求，为了我们的理想和信仰，我们能够化渺小为伟大，化平庸为神奇，我们的信念和坚持会支撑着我们笑看失败，潇洒生活。同学们，大学毕业，是你们人生旅途中的一个新的起点。在以后的日子里，老师希望你们情系母校，继续关注和支持母校的建设和发展。同时，无论你们走到哪里，你们永远都是母校幸福的牵挂。

谢谢大家！

×××

××××年××月××日

【评析】这例欢送辞，正文的开头点明欢送的对象、欢送的原因。语言热情洋溢，饱含感情。主体部分先回顾过去，再展望未来。作为师长，除了祝贺和祝愿，还有谆谆教诲，殷殷叮咛。结尾再次表达真挚的祝福，欢送之情溢于言表。

案例 3 <center>欢 送 辞</center>

尊敬的女士们、先生们：

首先，我代表××厂全体职工，对你们访问的圆满成功表示热烈的祝贺。

明天，你们就要离开了，在即将分别的时刻，我们的心情依依不舍。大家相处的时间是短暂的，但我们之间的友好情谊是长久的。我国有句古语："来日方长，后会有期。"我们欢迎各位女士、先生在方便的时候再次来××做客，相信我们的友好合作会日益加强。

祝大家一路顺风，万事如意！

×××

××××年××月××日

【评析】这例欢送辞，先写当来访者结束访问要踏上归程的时候，作为主人，对访问的圆满成功表示热烈的祝贺，然后回顾友谊，并对双方的友好合作进行了展望，最后送上真诚的祝福，恰当地表现了欢送辞的礼仪作用。

【知识链接】

一、欢送辞的含义

欢送辞是行政机关、企事业单位、社会团体或个人在公共场合欢送友好团体或亲友出行时，主人对宾客的离去表示欢送、惜别和衷心祝愿的讲话稿。

欢送辞不像欢迎辞那样热情洋溢，一般需要真挚恳切、谦虚朴实，可以委婉表达照顾不周的歉意，简要叙别和传达希望宾客再访的愿望。

二、欢送辞的特点

(1)惜别性。"相见时难别亦难"，中国人重情谊，这一民族传统精神在今天显得十分可贵。欢送辞要表达亲朋远行时的感受，所以依依惜别之情溢于言表。当然格调也不可过于低沉，尤其是公共事务的交往更应把握好分寸。

(2)口语性。同欢迎辞一样，口语性也是欢送辞的一个显著特点。遣词造句应注意使用生活化的语言，使送别既富有情趣又自然得体。

(3)时空性。欢送辞为表达此时、此地、此景之中的惜别之情，常有强烈的时间感和空间感。

三、欢送辞的种类

欢送辞同欢迎辞在分类上大致一样，这里不详加说明，只作简单的列举。

第一，按表达方式来分，可分为现场讲演欢送辞和报刊发表欢送辞两种。

第二，按社交的公关性质来分，可分为私人交往欢送辞和公事往来欢送辞两种。

四、欢送辞的写作格式

欢送辞的基本格式和写法同欢迎辞类似，由标题、称呼、正文和落款四部分组成。

(一)标题

标题的写法一般有三种：

(1)直接以文种命名，写上"欢送辞"三个字。

(2)在"欢送辞"前面加上被欢送人姓名、职务和欢送缘由等限定性词语。如"对×××教授的欢送辞"。

(3)题目中没有标明"欢送辞"字样，但包含了欢送的含义。如"在××研讨会结束典礼上的讲话"。

报刊刊登时常用后两种标题形式，欢送辞的标题也是一种写作形式，在致辞时不宣读。

(二)称呼

欢送辞的称呼，其具体写法可参照欢迎辞，要体现出对被欢送者的尊敬，人名要用全名，不宜省略，要在前边加上敬辞，后边加上头衔或"先生"、"女士"之类的称呼，对外国元首还应加上"阁下"、"殿下"等。欢送辞中既要突出人物，又要包括所有在场者，其排列顺序是女士在前，男士在后；客人在前，主人在后。

(三)正文

欢送辞的正文一般由开头、主体和结尾三部分构成。

(1)开头。欢送辞的开头写明致辞人代表谁向谁表示欢送、感谢、惜别之情。措辞上既要突出被欢送的主要人物，又要顾及其他随行人员。

(2)主体。欢送辞的主体要回顾和阐述双方在合作或访问期间，在哪些问题和项目上达成了一致的意见、取得了哪些突破性的进展，陈述本次的合作交流给双方所带来的益处，阐述其深远的历史意义。对于私人欢送辞，还应注意表达双方在合作期间彼此友谊的加深以及分别之后的想念之情。若为朋友送行，还要加上一些勉励的话。

(3)结尾。欢送辞结尾处再次向来宾表示真挚的欢送之情，并表达期待再次合作的心愿。亲朋远行尤其要表达希望早日团聚的惜别之情。祝愿的对象是主要宾客以及所有随行人员，还可以包括其他在场或不在场者。

(四)落款

报刊发表的欢送辞在落款处要署上致辞单位的名称、致辞者的身份、姓名，并标注成文日期。

五、欢送辞的写作要求

欢送辞是在告别宴会、酒会和仪式上，主人对客人表示欢送、惜别的讲话，它与欢迎辞除应用的时间、场合不同外，并无实质性的区别。因此，写作要求与欢迎辞大致相同。

值得注意的是，公事往来欢送辞写作前一定要注意了解来宾来访期间的活动情况，访问所取得的进展(如交换意见，形成共识，签署了什么样的联合公报，发表了什么样的联合声明，有哪些科技、贸易、文化及其他方面的合作等)。得悉了这些情况，欢送辞才会写得内容丰富而准确。

【实践训练——完成任务】分小组完成任务

【病文评析训练】下文是一则欢送辞，文中有多处毛病，请找出来。

欢 送 辞

尊敬的先生们、女士们：

首先，我代表×××，对你们访问的圆满成功表示热烈的祝贺。

明天，你们就要回去了，我们的心情十分沉痛。十天的相处虽然有过冲突，但我们也收获了友谊。多么希望你们再待几天，多么希望你们再玩几日，但是已经不可能了，虽然很伤心，但我们欢迎各位有生之年再次来××作客，相信我们的友好合作会越来越好。

　　祝大家一路顺风，万事如意！

【情景拟写训练】××学院 2012 级大学生离校在即，请你代表学生会写一份欢送辞。

项目四　电子文书

第一节　电子邮件

【任务呈现】刘××是××职业技术学院一名大三的学生，即将于 2015 年 6 月毕业，现想请他的老师帮忙修改撰写好的毕业论文。和老师联系后老师让他把毕业论文发到老师的邮箱，可他突然家中有事，需耽误一段时间，家中又没有网络，他怕耽误答辩时间，现请你帮刘××把他电脑桌面上的论文发到老师的邮箱。

【案例赏析】
案例1

| 普通邮件 | 群邮件 | 贺卡 | 明信片 | 音视频邮件 |

| 发送 | 定时发送 | 存草稿 | 关闭 |

收件人　17103459674<17103459674@qq.com>;

添加抄送 - 添加密送 | 分别发送

主题　张三毕业论文

✎添加附件▼　✎超大附件　📷照片▼　📄文档　📷截屏　☺表情　🎵音乐　A 格式↓

正文
尊敬的朱老师：
　　您好！
　　我的毕业论文初稿已经完成，恳请您帮忙指导，谢谢！
　　祝您身体健康！
　　　万事如意！

　　　　　　　　　　　　　　　　　　　您的学生：张　三
　　　　　　　　　　　　　　　　　　　Ｘ年Ｘ月Ｘ日

【评析】上面这封电子邮件是一个学生写给自己老师的，他想请老师帮忙指导自己的毕业论文，该邮件简洁精练，没有过多的套话又把自己的需求表达出来，恰到好处。

案例 2

普通邮件	群邮件	贺卡	明信片	音视频邮件

发送	定时发送	存草稿	关闭

收件人　17103459674<17103459674@qq.com>;|asddff<11125608728@qq.com>;
zhangsansan<16454515697@qq.com>;
Ssdghhffick°<24456090857503@qq.com>;
3xiaowang<972340912837@qq.com>;

添加抄送 - 添加密送 | 分别发送

,主题　重要资料

📎添加附件|▾ 📎超大附件| 🖼照片|▾ 📄文档 📷截屏 😊表情 🎵音乐 A 格式↓

正文　各位同学:

　　大家好!

　　现将明天野炊的注意事项发给各位,请提前做好安排。如果临时有事需要请假,请和刘××联系。

　　预祝大家玩得开心!

张 三

2015 年 3 月 6 日

【评析】这是一封群发电子邮件,一封信件通过网络发送给网上指定的一个或多个成员,内容简洁,操作方便。

【知识链接】

一、概念

电子邮件(E-mail,又称电子函件、电邮或邮件)是指通过互联网进行书写、发送和接收的信件,目的是达成发信人和收信人之间的信息交互。

二、特点

(1)发送速度快。电子邮件通常在数秒钟内即可送达全球任意位置的收件人信箱中,其速度比电话通信更为高效快捷。如果接收者在收到电子邮件后的短时间内作出回复,往往发送者仍在计算机旁工作的时候就可以收到回复的电子邮件,接收双方交换一系列简短的电子邮件就像一次次简短的会话。

(2)信息多样化。电子邮件发送的信件内容除普通文字内容外,还可以是软件、数据,甚至是录音、动画、电视或各类多媒体信息。

(3)收发方便。与电话通信或邮政信件发送不同,E-mail 采取的是异步工作方式,它在高速传输的同时允许收信人自由决定在什么时候、什么地点接收和回复,发送电子邮件时不会因"占线"或接收方不在而耽误时间,收件人无须固定守候在线路另一端,可以在用户方便的任意时间、任意地点,甚至是在旅途中收取 E-mail,从而跨越了时间和空间的限制。

(4) 成本低廉。E-mail 最大的优点还在于其低廉的通信价格，用户花费极少的费用即可将重要的信息发送到远在地球另一端的用户手中。

(5) 更为广泛的交流对象。同一个信件可以通过网络极快地发送给网上指定的一个或多个成员，甚至召开网上会议进行互相讨论，这些成员可以分布在世界各地，但发送速度则与地域无关。与任何一种其他的网络服务相比，使用电子邮件可以与更多的人进行通信。

(6) 安全可靠。E-mail 软件是高效可靠的，如果目的地的计算机正好关机或暂时从网络断开，E-mail 软件会每隔一段时间自动重发；如果电子邮件在一段时间之内无法递交，电子邮件会自动通知发信人。作为一种高质量的服务，电子邮件是安全可靠的高速信件递送机制，网络用户一般只通过 E-mail 方式发送信件。遇到重要的资料需要备份，防止电脑上资料的可能损坏，这时可以发电子邮件到自己的邮箱，这样就可以随时查看。

当然，电子邮件也有一定的局限性。由于受到网络传输速度、用户电子邮箱容量等因素的限制，并不是所有信息都可以通过电子邮件来传递的。另外，垃圾邮件、网络病毒等也可能会破坏电子邮件。

三、电子邮件的格式与方法

电子邮件通常有信头、正文和签名区三部分构成。

(一) 信头

(1) 地址(Address)。包括收件人(To)或者发件人(From)的。写信时，在收件人(To)处写上对方的电子邮件地址。收信时，地址栏则体现出发件人的电子邮件地址及收件人地址。

(2) 抄送(CC)。用户给收件人发送邮件的同时把该邮件抄送给另外的人。邮件是否要抄送给其他人，根据写信人的实际需要而定。

(3) 密送(BCC)。用户给收件人发出邮件的同时把该邮件暗中发送给另外的人，但"收件人"不会知道该邮件又发给了哪些人。邮件是否要密送给其他人，根据写信人的实际需要而定。

(4) 主题(Subject)。即邮件的标题，是对邮件主要内容的概括。当然也可以不写标题，但对方在收到邮件的时候就显示"无主题"。当我们回复电子邮件时，如果不对主题加以修改的话，系统就会自动生成"Re：×××"的标题字样，意为对原邮件的回复。

(5) 附件(Attachment)。同邮件一起发送的附加文件或图片资料等。邮件是否要添加附件，须根据写信人的实际需要而定。

(二) 正文

电子邮件的正文基本遵循传统纸质信件的书写格式及行文准则。正文包括称呼语、问候语、内容和结束语四部分。

(1)称呼语。第一行左侧顶格，加上冒号。称呼要根据写信人和收信人的关系，本着长幼有序、礼貌待人的原则，选择合适的称呼。有时候电子邮件只有几句话，甚至几个字，类似于聊天内容，称呼语可以省略。

(2)问候语。称呼语下一行左空两格，一般是"您好"、"你好"之类的问候语。

(3)内容。问候语下一行左空两格，转行时顶格写。内容按照一事一段的原则来写，应条理清楚，详略得当。

(4)结束语。内容下一行左空两格，一般写上祝福语。结束语可以根据写信人和收件人的关系，或者写此邮件的目的和内容，写上不同的祝福语。

（三）签名区

正文右下方签上写邮件人的名字，也可根据写邮件人与收邮件人之间的关系，加上合适的称呼。要注意的是，一般商务电子邮件的称呼、正文、签名均为顶格书写，段与段之间空一行，签名档还包括写邮件人的公司名称、职务、联系方式等信息。

四、电子邮件使用时的注意事项

电子邮件给我们的生活和工作带来了便利，但我们在使用电子邮件时，也有一些注意事项：

(1)对来历不明的电子邮件不要轻易打开，以免病毒侵害我们的电脑。

(2)在公共场所，如网吧，尽量使用网页方式收发邮件，且不要保存密码。

(3)由于电子邮件信息的传输不是即时性的，如果比较重要的信息，一定要通过其他方式与收件人进行确认，提醒对方查收邮件。

【实践训练——完成任务】 分小组完成任务

【病文评析训练】 下文是一封电子邮件，邮件中有一处或多处瑕疵，请找出来。

【情景拟写训练】马上要毕业了，请给你的老师或者朋友发一封电子邮件，告诉他们你于今年 12 月要去上海实习了。

第二节 论坛帖子

【任务呈现】小王入校半年，面对新型的微商销售很感兴趣，于是和同学合伙，做起了微商生意。开始小打小闹，住在寝室还可以将就，后来生意越做越大，货物需要仓库堆放，于是小王想到外面租两间房子，一间自己住，一间做仓库。由于一边上课一边还要收信息、打货，没有时间找房子，小王便想到在网络上发布一个租房子的帖子。请根据要求帮小王发一个求助的帖子。

【案例赏析】
案例 1   襄阳市政府真的要搬迁到东津吗

　　楼主：张三峰　 时间：2011-12-22　 16:53:25　 点击：3829　 回复：21
　　现在大街小巷人们都在说襄阳市政府要搬迁到东津。要是真的话，那里的土地及房子又要像檀溪一样猛涨了。一搬迁又要费多少纳税人的银子啊！！！
　　作者：只爱敬亭山 1986　 时间：2011-12-23　 21:42:00
　　东津那边也是新开发区了啊~~~听说那边地现在都涨疯了~~~
　　作者：zei 公 2011　 时间：2011-12-24　 01:34:00
　　别在这瞎扯淡了……又是东津地产商在放炮。檀溪不是因为市政府在那里房价才涨的，是因为地理位置，二桥和三桥中间，又没有工业污染，适合居住。
　　作者：BBttB　 时间：2012-01-04　 16:43:00
　　这样的传言不少呢~~~~~~
　　作者：ZreCy　 时间：2012-01-05　 12:32:00
　　楼主很幽默，还有传言说襄阳要当省会了，襄阳要直辖了，迁都襄阳……这些你认为能信么？
　　作者：minalin2012　 时间：2012-01-08　 13:29:00
　　好像是政府报告都有说呢，我老家在东津管的一个乡村，那边离东津都还有好远呢，我们那边都已经不允许农民们建房了。
　　作者：zbeeangel　 时间：2012-01-08　 19:01:00
　　我怎么听说是省政府呢。
　　作者：qq87545326　 时间：2012-01-09　 21:50:00
　　只是个鹿门寺开发区……
　　作者：空城码头　 时间：2012-01-13　 16:31:00

　　这一任领导的规划，以鱼梁洲为中心，四个区，襄阳、樊城、襄洲和东津新城，只是不知道能不能实现。

　　作者：宝贝铥丢　时间：2012-01-13　17:54:00

　　楼主很幽默，还有传言说襄阳要当省会了，襄阳要直辖了，迁都襄阳……这些你认为能信么？

　　………

【评析】这是一个信息交流的帖子，标题准确概括市民关注的热门话题，可以引起多人关注，并发表各自观点，以此达到发帖的目的。

案例2　　2009 年 08 月 09 日　星期日　22:25——评十堰修建武当山机场

　　2008 年 12 月 24 日，《十堰日报》报道："22 日至 23 日，由中南民航局湖北安监办副主任吴焕枝，中南空管局湖北分局副局长汪洪蛟，广空勘察设计院院长、大校潘正华等组成的专家组一行 11 人深入我市，对武当山机场场址进行初选。专家组通过现场踏勘、分析、论证，一致认为，丹江口市六里坪五指山作为机场首选场址，十堰经济开发区方块村方案和郧县柳陂镇黄家坪村作为次选场址。这标志着武当山机场筹建工作进入实质性阶段。"

　　十堰修机场的背景（理由）：十堰是鄂西北中心城市，境内有著名的道教圣地武当山，有南水北调中线工程核心水源区丹江口水库，有中国最大的商用车生产基地东风汽车公司。在湖北"一江两山"精品旅游线路和鄂西生态文化旅游圈建设中处于重要地位。但是，交通条件的制约，特别是航空"盲点"的不利因素，严重影响了我市的对外开放、招商引资和武当山旅游业做大做强，影响鄂西生态文化旅游圈的建设。十堰飞机场建设的构想由来已久，倾注了几代人的心血和努力，全市人民企盼了 20 多年。

　　时光回到（2008-07-28　09:38:13），楚天都市报消息（记者刘汉泽　通讯员王吉军、荷馨）老河口市委宣传部日前透露，武当山（老河口）机场的通信、气象、导航、加油等基础设施准备工作已基本就绪，有望在年内开通北京、杭州等 5 个航班。

　　老河口机场是全国较大军用机场之一，属通用型特级飞机场，可供波音、空客等大中型宽体客机起降。2002 年，国务院、中央军委批准老河口机场为军民合用机场，定名为武当山机场。

　　据介绍，1988 年至 2002 年，老河口机场曾先后开通过飞往佛山、北京等地的航班，但后因故停飞。为此，襄樊市、十堰市多方努力恢复民用航班。目前，机场民航通行的通信、气象、导航、加油等基础设施准备工作基本就绪，投资千万元的候机楼也已建成，相关航线正在进行最后的准备，有望在年底以前开通前往北京、广州、上海、杭州、深圳等 5 城市间的往返航班。5 个城市的航班每周将不少于 3 个。

　　最近传言，十堰官员进京欲就武当山机场立项申请之说。

　　本人根据十堰、丹江口和武当山地区的实际情况，以及原老河口机场存在事实，

不支持修建所谓的"武当山机场",理由阐述如下:

一、十堰地区按道理说,很有必要修建属于自己的机场,十堰是全国重要的汽车工业基地,武当山是世界文化遗产和重要的旅游景点,丹江口的水利枢纽工程将时刻牵动北京的心。然而,机场这个"庞然大物"既有利也有弊。一个区域的发展,不光靠便捷的交通条件,一些客观存在的因素必须加以考虑,既然利小于弊的时候,一切将决定:修建新武当山机场是错误的决策!

首先,立项必然动用人力和物力,还要进行多方面的论证,不是三言两语便可决定,而且从立项到校飞和通航的过程(按照武汉天河机场的速度是 7 年)是个未知数?修建机场势必移民,搬迁当地居民,不知道又要花费多少财力,丹江口市已经从 20世纪 50 年代开始搬迁,最近又要搬迁 10 万居民出去,修建的机场没有人用,难道是摆设?作旅游模型的用途吗?

其次,十堰麾下的郧县、房县、竹山、竹溪、郧西,包括所谓的丹江口,均为满贯贫困县(市),这样的贫穷地区,修建机场是很不合情理的。"勒紧裤带过日子"的时代毕竟过去很多年了,以上贫困的郧阳山区老乡,难道要为一个毫无意义的,并且是未知数的机场辛苦世世代代吗?

总之,山区修建机场成本高昂,修建机场的本意应该是造福一方人民。很多山区的老乡连火车都没有坐过,甚至没有见过,更谈不上坐飞机。到底是让少数人坐飞机,搞"两极分化"呢,还是修建十堰城区直达周边县市的高速交通便民于实际好?

二、既然存在武当山(老河口)机场,再次修建所谓的"武当山机场",是重复建设,原老河口机场与丹江口、武当山和十堰的距离分别是:20 分钟、40 分钟和 60 分钟;如此近距离,再修机场实属不必,冤枉资金重复建设,这个和中央的"勤俭执政"方针似乎是相抵触的。

从 20 世纪末期开始,武汉已经开始计划将原本在武昌的南湖机场搬迁至汉口郊区,即今天的黄陂区天河镇,常用名也从先前的"南湖机场"变更为"天河机场"(实际名字应该是"武汉机场")。武汉天河国际机场距离武汉三镇的时间分别是:汉口30 分钟、汉阳 40 分钟、武昌 50 分钟,这个距离按照国际性的大城市标准算是很近的了。近两年,武汉与广空协商成功,原本位于汉口市中心地带的王家墩机场,也已开始搬迁至新洲区阳逻镇,这个原本属于武汉近郊的军用机场至少制约武汉汉口地区的发展滞后 10 年以上。

很多城市把机场修建在距离市区中心至少 1 个小时车程以上,目的是:不想因为机场的特殊限制而影响城市发展。按照十堰的一贯设想,将来必将和六里坪、武当山保持一段距离。这个所谓的"大十堰"势必也将成为梦想。

三、十堰周边有重要的保护设施,基本上可以说是"禁飞区",如武当山的文物,今年武当山列车为了让路文物,原本停靠武当山的车次取消在六里坪上下旅客,以及周边山区保持生态、保护"南水北调"丹江口库区水源不受污染等诸多保护因素决定其修机场是在折腾。

至于武当山的旅客和神农架的旅客对接，打造鄂西北旅游经济圈，武当山至神农架的直升机机场项目已经立项，这样的小型直升机机场比大型的客机占地、污染等要少得多，无论从周期、经济来说，还是从实用角度来说，都比在武当山周边重复建设大型机场划算。

无论是从综合因素还是从保持务实的"执政为民"的工作态度出发，既然老河口机场改名武当山机场多年，也曾通航，那么就应该坚持下去。原武当山机场停航的因素主要是地方狭隘的本位因素，这个需要十堰、老河口和丹江口地区的坦诚协商，一味不视能力而行，孤意修建什么"武当山机场"纯粹是在折腾。

作者：<u>无羁十三少</u> 时间：2009-08-22   18:02:00

不赞成楼主的说法！我是十堰的。

在东风总部迁至武汉后，因东风而兴的山城十堰的工业半壁江山已倒下，并且将继续缩小。由于地理位置的限制，以后很长时间也将不会再有类似的超大型国企出现，工业强市，对十堰来说已不现实。这个全国花园城市，中国宜居指数排前几名的城市需要发展。目前十堰正在完全向旅游消费城市转变，以武当山、丹江口水库为核心的旅游产业继续开发，并且很有前途。由于地处鄂西北山区，交通是最大的瓶颈，因此急需一个大型机场的出现拉近与全世界游客的距离。

作者：<u>yt2249</u> 时间：2009-08-23   02:48:00

只想告诉你有个长白山机场，每年只开5个月，可是机票紧张到买不到，那才是三不靠的地方。客流就是游客，知道不？时间就是金钱，有钱的基本都缺时间，有时间的呢都没钱。想想吧，要把那些有钱的拒在门外吗？真的是湖北人奸诈不聪明啊，别老看那小钱，笨死了。

作者：<u>kevin_sales</u> 时间：2009-08-23   10:42:00

楼主书呆子，不懂经济。

作者：<u>purect</u> 时间：2009-08-26   12:24:00

机场这类大型工程需慎重论证。国内有案例在先。

楼主：<u>武当散人</u> 时间：2009-08-29   00:51:00

拭目以待吧！十堰周边有重要的工程，不适合建设机场！！！！

作者：<u>bamqj123</u> 时间：2009-08-29   11:14:00

有建机场的费用还不如在湖北多建几条高速公路。

作者：<u>太中保</u> 时间：2012-09-16   23:49:00

中国还是需要加大机场的密度！中国的基础设施建设还是需要适时适当地加强的！

【评析】这是一个评论性帖子。作者先通过媒体报道"十堰修建武当山机场"一事，然后通过传言：十堰官员进京欲就武当山机场立项申请之说发表自己的观点。论证自己观点时，层次清楚，说理充分。

【知识链接】

一、概念

论坛是电子布告栏系统(Bulletin Board System，BBS)的英文缩写，它是一种在网络上开放的信息服务系统，模拟在公共场所中真实布告栏的功能，用户可以在这里自由地阅读布告栏上的信息，也可以张贴他们自己的信息，以达到发表观点、交流思想的目的。这些发布在论坛上的文章或者信息就被称为"帖子"，在这里有简短的信息的含义。

二、论坛帖子(BBS)的分类

(1)校园 BBS。目前 BBS 几乎遍及全国各地高校。像清华大学、北京大学等都建立了自己的 BBS 系统。北京大学的未名 BBS、清华大学的水木清华等高校 BBS 都很受学生和网民们的喜爱。大多数 BBS 是由各校的网络中心建立的，也有私人性质的 BBS。

(2)商业 BBS 站。主要是进行有关商品的商业宣传、产品推荐的 BBS，目前这种商业 BBS 站比比皆是，如手机、电脑、房地产等的商业 BBS 站。

(3)专业 BBS 站。这里所说的专业 BBS 是指部委或公司的 BBS，它主要用于建立地域性的文件传输和信息发布系统。

(4)情感 BBS 站。情感 BBS 站主要用于用户之间的情感交流，这是许多娱乐网站的首选。

(5)个人 BBS 站。有些个人主页的制作者们在自己的个人主页上设立了 BBS，用于接收别人的想法，也更有利于与用户或好友进行沟通。

三、论坛帖子的格式与方法

论坛帖子的题材非常广泛，政治、经济、人文、地理、历史和情感等生活中各个方面的内容都有，可以就生活中的某一事件或问题进行评论，也可以发布信息，如"我想去上海买房"。无论是评论性帖子，还是信息交流类帖子，一般包括三个部分，即标题、主体和结尾。

(一)标题

论坛帖子的标题要求准确概括、新颖独特，这样阅读帖子的人可以看到标题就清楚地了解发帖的目的，吸引读者的眼球。

(二)主体

如果是评论性帖子，首先要列出评论的问题或简要阐述具体问题或现象，其次要针对具体问题或现象发表自己的看法，做到观点鲜明、层次清晰、符合逻辑。如果是发布信息，希望与别人分享经验的帖子，要将问题或者经历按照一定的顺序叙述清楚。如果是求助类帖子，要把自己遇到的问题和希望得到的帮助写清楚。

(三)结尾

一般评论类帖子会针对某个具体问题发出呼吁或者提出希望。信息交流类帖子往往会留下联系方式，如 QQ 等，以方便他人联系。

四、论坛帖子的写作要求

(1) 内容要健康。在网络论坛上发帖子，由于其匿名性，所以发帖往往比较随意，但是不能因此发表或转发庸俗、下流的帖子。因为网络是一个公共媒体，论坛上的帖子在客观上会起到传播信息、影响他人的作用。

(2) 语言要文明。网络论坛上的帖子语言丰富多彩，产生了很多富有网络特色和时代气息的"网络语言"。但是，网络论坛上也存在着许多不文明的语言，污染了网络论坛环境，我们应该自觉抵制这种不文明的行为。另外，网络论坛上也出现了很多不规范的语言，这也要予以纠正。

(3) 遵守法律的原则。在网络论坛上发帖子必须遵守法律，严禁发表危害国家安全、破坏民族团结、破坏国家宗教政策、破坏社会稳定、侮辱、诽谤、教唆、淫秽等内容的作品。

【实践训练——完成任务】分小组完成任务
【病文评析训练】这是一个交流论坛的帖子，帖子中有一处或多处瑕疵，请找出来。

我该不该考研呢？

我是一个大三的女生，现在在南京上学，学校不是 211。由于我家离上海近，所以想考上海的研究生。但我们宿舍就我一个有考研意向，我怕自己坚持不下来。毕业后家里又可以帮我找工作，所以，我犹豫了……啊啊啊，太纠结了！不知如何选择……

作者：haohaode2011　时间：2011-05-03　14:42:00

别考！除非你真的有很强的做学问的意向！

作者：haohaode2011　时间：2011-05-04　07:54:00

@清风锁影　2011-5-3　14:52:00

回复第 1 楼（作者：@haohaode2011　于 2011-5-3　14:42:00）别考！除非你真的有很强的做学问的意向！==========我想考的是会计专业硕士，实用性很强的那种，所以才犹豫，我不考学术型的研究生呐。

作者：二天二包　时间：2011-05-04　08:24:00

别考了吧。哥就是一个读研出来的悲剧！读出来，是不错，你的层次高点，可找工作眼光也高点，钱可能多点，但也多不了多少。等你读研出来，别的萝卜在坑里已经长大了，升了，你浪费三年时间，不如在社会上好好进取。你能考上 985，专心做学术，能有出国机会，那另说，不然不值得浪费三年光阴。

楼主：清风锁影　时间：2011-05-04　09:09:00

作者：haohaode2011　时间：2011-05-04　12:04:00

考你姐呀，那玩意有什么用？适合不适合你，三年以后的事谁也说不好。

作者：lj8116381　时间：2011-05-04　12:40:00

我觉得没必要考研，快找个帅哥嫁了吧，然后生一堆娃娃……哈哈！

【情景拟写训练】马××是一位大三的学生，在武汉实习四个月后面临毕业找工作，看到同学们个个在实习期间工作都已经确定，心里有些着急。想到是家中的独子，决定找一份离家近的工作，这样既可以照顾父母又可以回报家乡。于是马××想求助网络，希望通过论坛在河南驻马店找一个计算机网络专业的公司。请你帮马××发一个求助的帖子。

第三节　手机短信

【任务呈现】××同学生病了，想向老师请半天假去校医务室看病，打电话给老师，老师正在上课不方便接电话，于是××同学想用短信的方式向老师请假，请你以××同学的名义给老师发一个短信。

【案例赏析】
案例 1

　　王老师好，我是计算机一班的××，最近天气突然降温，我想向您请半天假(今天下午 3:00—晚上 6:00)回家拿点衣服，怕打电话打扰您，所以发个短信给您，望批准。谢谢！你的学生：××

【评析】这是一个学生向老师请假的短信，语言简洁，表达清楚，老师一看一目了然，定会获得老师的理解。

案例 2

　　张三约朋友周六晚上 6:00 在某饭店小聚，张三已按约定的时间就位，可朋友 6:05 还没有到达指定的位置，这时张三收到朋友的短信：路上堵车，等我 15 分钟。

【评析】这是一个约会迟到的短信，虽然只有短短的 9 个字，但可以获得朋友的理解，拉近朋友之间的距离。

【知识链接】
　　一、概念

　　短信(SMS)是用户通过手机或其他电信终端直接发送或接收的文字或数字信息，它是伴随数字移动通信系统而产生的一种电信业务，通过移动通信系统的信令信道和信令网传送文字或数字短信息，属于一种非实时的、非语音的数据通信业务。

　　二、手机短信的特点

　　(1)自由随心。短信能够最大限度地将受众解放出来。与互联网相比，手机载体易携带，短信可以随时随地发送，不会影响别人，而这种无声的交流也给了发送双方更多的空间。手机短信易存储、易转移和反复传播，这样，人人都可以是接受者，也都可以是发送者。这种角色的自由互换使得"第五媒体"成为真正意义上的自由随心。

(2)经济实用。世界上第一条短信就是为了解决高昂的电话费而产生的。与手机通话费相比，短信的资费非常具有吸引力。对于尚未具备独立经济能力的年轻一代、校园一族来说，它更可以节约话费，尤其在漫游的情况下更是如此。为此，移动公司也不失时机地推出了专门针对在校学生的动感地带校园套餐等业务。

(3)覆盖面广。手机短信是能传输包含文字、图片、图像和声音在内的多媒体信息的媒介。越来越成熟的短信中心为消费者提供各种各样分类繁多的定制服务，使每个行业、每个阶层的用户都可以自由挑选和找到自己所需的信息，如收看热点新闻、股票行情、投注彩票、用短信息拜年、学习英语等。

(4)迅速便捷。手机短信不仅超越了地域和时间，而且超越了电脑终端设备的限制，其传播效率具有传统媒体及互联网不能比拟的优势。短信的收发非常方便，只要在手机上轻轻一按，一个短信就可以在很短的时间内传播给你想发送的任何一个人。

当然，短信的发送也有一定的局限性，如信息的长度受到一定的限制、输入的方式费时费力等。

三、手机短信的写作要求

(1)格式简单。编辑短信时一般不加称呼，直接输入正文内容即可。由于短信在手机上显示收发者的手机号码，如果手机号码已经存储在手机上，则收发短信时会显示对方的名字，如果电话号码没有储存在手机上，要注明姓名，否则，对方不知道你是谁。所以，一般来说，写完短信后应注明自己的姓名。

(2)文字简洁。由于信息长度有一定的限制，因此短信的制作要突出短小简洁的特点，力求用最少的文字表达最丰富的内涵。

(3)用语文明。目前短信也受到了"黄色风潮"的袭击，一些不健康的内容在手机短信上流行。我们应自觉抵制这种不文明行为，做到不制造、不传播不文明的短信，以净化短信环境。

【实践训练——完成任务】分小组完成任务
【病文评析训练】这是一条发给朋友的短信，短信中有一处或多处瑕疵，请找出来。

中秋佳节到，送您个月饼：第一层财运；第二层幸运；第三层福运；第四层浪漫；中间夹层甜蜜，祝您天天好心情！八月中秋不送礼，发条短信祝福你，健康快乐长伴你，好运和你不分离，还有让我告诉你，财神已经跟随你。这个最美丽的节日，虽然不能与你共邀明月，但短信代我送上祝福，想送你最特别的祝福。试着寻找最华丽的祝词，我没能做到。一句最朴实的话：中秋快乐！无论天南海北，不论相聚与离别，有份祝福永远挂在我心中。祝你一切圆满美好！

【情景拟写训练】五一假期和朋友一起去张家界游玩，开学了，可买不到返程的火车票，打电话给老师请假，电话无人接听，请编写一条短信发给老师。

第四节　电子贺卡

【**任务呈现**】元月1日正好是朋友小刘的生日，由于两地相隔较远，张××不能当面祝福他，请你帮张××制作一个电子贺卡发送给朋友。

【**案例赏析**】
案例1

【**评析**】这张贺卡是根据贺卡网站提供的模板制作的新年电子贺卡，文字部分简洁大方，图片插入自然，突出新年喜气。

案例2

【**评析**】这张贺卡是作者根据模板亲手制作的生日贺卡，构思独特，插图新颖，整个图片简洁大方，清新自然，不花哨。

【**知识链接**】
　　一、概念
　　电子贺卡是利用电子邮件传递的贺卡。它通过传递一张贺卡的网页链接，收卡人在收到这个链接地址后，点击就可打开贺卡图片。贺卡分类很多，有静态图片的，也可以是动画的，有的甚至带有美妙的音乐。大部分电子贺卡是免费的。

二、电子贺卡的特点

(1)传输简单方便。电子贺卡只要填写收卡人的电子邮件就可以了，非常简单方便。不同的操作系统、不同的邮件软件的用户都能看到同一张贺卡。

(2)节省费用。电子贺卡最大限度地节省了用户的支出，因为大多数网站提供的是免费服务，用户只需交纳少量的上网费便可以使世界各地的朋友收到自己的节日祝福。而传统贺卡纸质虽好，但需要消耗大量优质木材，而且会严重污染环境。

(3)实现个性化主张。网站提供的 DIY 服务使得众多用户可以充分发挥自己的想象力和创造力，挑选、制作出自己心仪的电子贺卡。

三、电子贺卡的制作方式

(1)使用贺卡网站已经制作完成的电子贺卡。用户可以进入电子贺卡网页，选择自己喜欢的样式，写上祝福的话语，就可以把贺卡发送给亲朋好友了。除了发送文字之外，还可以贴上图片或自己的照片，或者附上音乐、动画文件等。

(2)自己动手制作电子贺卡。自己制作的电子贺卡，首选可以从网站上下载 Flash、Photoshop 等软件，然后根据自己的爱好，选择图片、音乐、文字进行编辑，一张亲手制作的贺卡就完成了。

【实践训练——完成任务】分小组完成任务

【病文评析训练】这是一张发送给朋友的生日贺卡，有几处错误，请你帮忙找出。

【情景拟写训练】新年到了，用什么方式表达对朋友的思念呢？请到贺卡网站上下载一个模板制作一个电子贺卡，发送给你的朋友。

项目五 合同文书

第一节 意向书

【任务呈现】王平是南阳方城人，在外打工期间买彩票中了大奖，决定回乡创业，准备开一间洗煤厂。请你为他写一份投资意向书。

【案例赏析】
案例1 　　　　　　　　关于在方城乡开办洗煤厂的投资意向书
甲方：方城乡政府　　　　　　　　　　　乙方：王平

鉴于甲方良好的投资环境和优质服务，考虑到甲方具备丰富的煤炭资源，加之境内没有洗煤厂，符合乙方的投资条件，经甲乙双方多次接触，现达成如下投资意向：

一、乙方投资 600 万元在甲方境内兴办一家年产精煤 10 万吨、年产值 4600 万元和年创利税 150 万元的洗煤厂，自主经营，自负盈亏，自我管理。

二、租用或征用土地和办理各种手续证照所发生的费用由乙方自理。

三、乙方在甲方境内所办洗煤厂应缴纳的工商各税必须按时足额缴纳。

四、乙方必须妥善处理环保问题，施工安全措施须严谨规范。

五、甲方负责协调征用土地等相关事项。

六、乙方资金、设备、人员一个月内全部到位。

甲方：方城乡政府　　　　　　　　　　乙方：王平

　　　　　　　　　　　　　　　　　　　　　2014 年 5 月 3 日

【评析】本意向书属于投资意向书，内容清晰明了，符合意向书格式和写作要求。

案例2 　　　　　　　　　　　合伙意向书
合伙人：杨小龙，男，1976 年 9 月 15 日出生，现住址：枣阳市新市镇 112 号
合伙人：张明，1976 年 1 月 8 日出生，现住址：枣阳市琚湾乡 13 号

合伙人本着公平、平等、互利的原则订立合伙协议如下：

第一条　甲乙双方自愿合伙经营桃园，总投资为 50 万元，甲出资 30 万元，乙出资 20 万元，各占投资总额的 60%、40%。

第二条　本合伙依法组成合伙企业，由杨小龙负责办理工商登记。

第三条　本合伙企业经营期限为十年。如果需要延长期限的，在期满前六个月办理有关手续。

第四条　合伙双方共同经营，共同劳动，共担风险，共负盈亏。

企业盈余按照各自的投资比例分配。

企业债务按照各自投资比例负担。任何一方对外偿还债务后，另一方应当按比例在十日内向对方清偿自己负担的部分。

第五条　他人可以入伙，但须经双方同意，并办理增加出资额的手续和订立补充协议。补充协议与本协议具有同等效力。

第六条　出现下列事项，合伙终止：

(一)合伙期满；

(二)合伙双方协商同意；

(三)合伙经营的事业已经完成或者无法完成；

(四)其他法律规定的情况。

第七条　本协议未尽事宜，双方可以补充规定，补充协议与本协议有同等效力。

第八条　本协议一式两份，合伙人各一份。本协议自合伙人签字(或盖章)之日起生效。

合伙人：杨小龙(签字或盖章)　　　　　　合伙人：张明(签字或盖章)

2014 年 11 月 8 日

【评析】本意向书是合伙协议书，双方责权利十分明晰，符合意向书格式和要求。

【知识链接】

一、概念

意向书是双方当事人通过初步洽商，就各自的意愿达成一致认识而签订的书面文件，是双方进行实质性谈判的依据，是签订协议(合同)的前奏。

二、意向书的特点

(1)目标的导向性。它是一种导向性的文书，表示双方对某项目的合作意愿。只求合作目标轮廓清楚，不求描述具体；合作意向只求大体方向一致，不求进程具体和步骤明确。

(2)条款的原则性。意向书的各项条款，必须是就一些重大问题作出原则性的决定，不必对具体问题作分项表述，更不涉及具体细则。这样才能求同存异，双方较满意，为进一步研讨留下余地。

(3)行文的灵活性。意向书的措辞一般比较原则、灵活，语言中洋溢着友好气氛，避免拘泥呆滞的句子。

三、意向书的书写格式

意向书通常包括标题、前言、正文和结尾四个部分。

(一)标题

标题一般由事由和文种两部分组成，如："战略合作意向书"、"关于合伙投资度假村的意向书"。

(二)前言

要求说明签订意向书的单位；明确该意向书的指导思想、政策依据；要实现的总体目标；最后用承启语导入正文。

(三)正文

正文是意向书的主体部分，将意向书要实现的总体目标具体化，且以分项列出的条款式较适宜。各条款之间界限要清楚，内容相对完整，不要重叠交叉，不要过于琐碎，不要有所疏漏。后面部分一般以"未尽事宜，在正式签订合同或协议书时予以补充"作结语，便于留有余地。

(四)结尾

这部分主要是签署。其中，单签式意向书，只由出具意向书一方签署，文书一式两份，由合作的另一方在副本上签字认可，交还对方；联签式意向书，由双方联合签署，各执一份为凭；换文式意向书，用双方交换文书的方法，表达合作意向，各在自己文书上签署。

四、意向书的写作要求

(1)不要表现出我方对关键问题的要求。

意向书仅表明双方对某个项目的意愿和趋向，而不是对该项目的完全确认。所以，在编写项目意向书时，我方对项目关键问题的要求不宜写入，以便在下一步洽谈时能进退自如，取得主动。

(2)凡我方要求上级或其他部门才能解决的问题，不能写入意向书。

(3)不写入超越我方工作范围的意向条款，不写入同我国政策与法规相抵触的内容。

(4)思考要周密，慎用肯定性词语，以便留有余地。

五、意向书与合同的区别

(一)两者的概念

合同：实践中，合同可以以不同的名称出现，如合同、合同书、协议、协议书、备忘录、契约等。合同法第2条对合同的定义是"平等主体的自然人、法人、其他组织之间设立、变更、终止民事权利义务关系的协议"。由此可见，合同就是具有特定内容的协议，用来约定当事人相互之间的权利义务关系。同样具备上述特征的协议就是合同。名字并不重要，关键是看其内容。

意向书：意向书是双方当事人通过初步洽商，就各自的意愿达成一致认识而签订的书面文件，是双方进行实质性谈判的依据，是签订协议(合同)的前奏。

(二)两者的区别

(1)内容不同。合同的内容是合同签订主体之间的民事权利义务关系，而意向书的内容仅是合同签订主体就某一事项共同意识的一致认定，并不是双方民事权利义务关系。

（2）签订时间。合同的签订时间要安排在双方就权利义务关系达成一致协议之后，而意向书是双方就某一事项达成共识后就可以签订。

（3）法律后果。合同的签订会导致法律效力的产生，对签约主体具有约束力，而意向书的签订不会导致法律效力的产生，对签约主体不具有约束力。但有的意向书具备了签约主体之间法律权利义务关系的内容，因此是对签约主体具备法律约束力的，实际上已经属于合同了，只是名称不同而已。所以意向书不能片面地认为具备法律效力或不具备法律效力，关键还是要看其内容是否具备了合同的内容。

（三）两者的联系

签订意向书是签订合同的基础，但并不是所有合同的签订都必须签订意向书。意向书的签订是为了合同签约主体就彼此权利义务能顺利达成一致，是为了合同的顺利签订。而合同签订往往是在意向书的内容基础上所签订的，所以意向书的内容往往会影响合同签订的内容。

【实践训练——完成任务】分小组完成任务

【病文评析训练】下文是聘用意向书，文中有一处或多处瑕疵，请找出来。

甲方：恒大名都房地产有限公司　　　　乙方：王小林

根据公司业务与发展的需要，甲方有意向聘用乙方，双方本着平等自愿、协商一致的原则，达成以下聘用意向：

一、工作内容：甲方拟聘用乙方从事的岗位，从事房产销售工作。

二、拟聘用期限：三年。

三、工资待遇：乙方月薪为2500元（不含福利补贴）。

四、乙方义务：

1. 乙方在签订意向书后，须在双方约定时间内向甲方报道；

2. 乙方在接受甲方聘用条件后，不得将具体聘用条件泄露给第三人；

3. 乙方在劳动合同签订后必须遵守甲方的工作安排。

五、其他事宜待劳动合同签订时再行商榷。

六、协议签字生效，一式两份。甲乙双方各执一份。

甲方：＿＿＿＿＿＿＿＿　　　　乙方：＿＿＿＿＿＿＿＿

时间：＿＿＿＿＿＿＿＿　　　　时间：＿＿＿＿＿＿＿＿

【情景拟写训练】小张和小李大学毕业后，决定合伙开一家同城游戏软件公司，襄阳人喜欢玩卡五星，他们决定成立一家卡五星游戏网站。两人通过大学生创业贷款政策贷到了100万启动资金，两人各占一半份额，一人主抓技术，一人主抓管理。请你为他们起草一份合作意向书。

第二节 协议书

【任务呈现】李昕和王强是高中同学，他俩大学毕业后，决定一起创业，李昕是学软件工程的，王强是学财务管理的，两人觉得他们可以优势互补，决定成立一家科技公司。现请你为他们起草一份股东合作协议书。

【案例赏析】

案例1　　　　　　　　　　　公司股东合作协议书

甲方：李昕　　　　　　　　　　　　　乙方：王强

住址：武汉市汉口中山大道 112 号　　　住址：武汉市武昌洪山广场 56 号

身份证号：420103197206050118　　　身份证号：420103197602151789

　　甲、乙双方因共同目的，投资设立了有限责任公司（以下简称"公司"），特在友好协商的基础上，根据《中华人民共和国合同法》、《公司法》等相关法律的规定，达成如下协议：

　　一、拟设立的公司名称、住所、法定代表人、注册资本、经营范围及性质

　　1. 公司名称：昊天科技有限责任公司

　　2. 住所：武汉市武昌洪山广场 230 号

　　3. 法定代表人：李昕

　　4. 注册资本：50 万元人民币

　　5. 经营范围：具体以工商部门批准经营的项目为准。

　　6. 性质：公司是依照《公司法》等相关法律规定成立的有限责任公司，甲、乙双方各以其注册时认缴的出资额为限对公司承担责任。

　　二、股东及其出资入股情况

　　公司由甲、乙两方股东共同投资设立，总投资额为 50 万元人民币，包括启动资金和注册资金两部分，其中：

　　1. 启动资金 40 万元。

　　(1) 甲方出资 30 万元，占启动资金的 75%；

　　(2) 乙方出资 10 万元，占启动资金的 25%；

　　(3) 该启动资金主要用于公司前期开支，包括租赁、装修、购买办公设备等，如有剩余则作为公司开业后的流动资金，股东不得撤回。

　　(4) 在公司账户开立前，该启动资金存放于甲、乙双方共同指定的临时账户（开户行：＿＿＿＿＿＿　账号：＿＿＿＿＿＿），公司开业后，该临时账户内的余款将转入公司账户。

　　(5) 甲、乙双方均应于本协议签订之日起 3 日内将各应支付的启动资金转入上述

临时账户。

2. 注册资金(本)10万元。

(1)甲方以现金作为出资,出资额6万元人民币,占注册资本的60%;

(2)乙方以现金作为出资,出资额4万元人民币,占注册资本的40%;

(3)该注册资本主要用于公司注册时使用,并用于公司开业后的流动资金,股东不得撤回。

(4)甲、乙双方均应于公司账户开立之日起 3 日内将各应缴纳的注册资金存入公司账户。

3. 任一方股东违反上述约定,均应按本协议第八条第 1 款承担相应的违约责任。

三、公司管理及职能分工

1. 公司不设董事会,设执行董事和监事,任期三年。

2. 甲方为公司的执行董事兼总经理,负责公司的日常运营和管理,具体职责包括:

(1)办理公司设立登记手续;

(2)根据公司运营需要招聘员工(财务会计人员须由甲乙双方共同聘任);

(3)审批日常事项(涉及公司发展的重大事项,须按本协议第三条第 5 款处理;甲方财务审批权限为 5 万元人民币以下,超过该权限数额的,须经甲乙双方共同签字认可,方可执行);

(4)公司日常经营需要的其他职责。

3. 乙方担任公司的监事,具体负责:

(1)对甲方的运营管理进行必要的协助;

(2)检查公司财务;

(3)监督甲方执行公司职务的行为;

(4)公司章程规定的其他职责。

4. 甲方的工资报酬为4000元/月,乙方的工资报酬为3000元/月,均从临时账户或公司账户中支付。

5. 重大事项处理。

公司不设股东会,遇有如下重大事项,须经甲、乙双方达成一致决议后方可进行:

(1)拟由公司为股东、其他企业、个人提供担保的;

(2)决定公司的经营方针和投资计划;

(3)《公司法》第三十八条规定的其他事项。

6. 除上述重大事项需要讨论外,甲乙双方一致同意,每周进行一次股东例行会议,对公司上阶段经营情况进行总结,并对公司下阶段的运营进行计划部署。

四、资金、财务管理

1. 公司成立前,资金由临时账户统一收支,并由甲乙双方共同监管和使用,一方对另一方资金使用有异议的,另一方须给出合理解释,否则一方有权要求另一方赔偿损失。

2. 公司成立后，资金将由开立的公司账户统一收支，财务统一交由甲乙双方共同聘任的财务会计人员处理。公司账目应做到日清月结，并及时提供相关报表交甲乙双方签字认可备案。

五、盈亏分配

1. 利润和亏损，甲、乙双方按照实缴的出资比例分享和承担。

2. 公司税后利润，在弥补公司前季度亏损，并提取法定公积金(税后利润的10%)后，方可进行股东分红。股东分红的具体制度为：

(1) 分红的时间：每季度第一个月第一日分取上个季度利润。

(2) 分红的数额为：上个季度剩余利润的60%，甲乙双方按实缴的出资比例分取。

(3) 公司的法定公积金累计达到公司注册资本50%以上，可不再提取。

六、转股或退股的约定

1. 转股：公司成立起三年内，股东不得转让股权；自第四年起，经一方股东同意，另一方股东可进行股权转让，此时未转让方对拟转让股权享有优先受让权。

若一方股东将其全部股权转让给另一方导致公司性质变更为一人有限责任公司的，转让方应负责办理相应的变更登记等手续，但若因该股权转让违法导致公司丧失法人资格的，转让方应承担主要责任。

若拟将股份转让予第三方的，第三方的资金、管理能力等条件不得低于转让方，且应另行征得未转让方的同意。

转让方违反上述约定转让股权的，转让无效，转让方应向未转让方支付违约金贰万元。

2. 退股：

(1) 一方股东，须先清偿其对公司的个人债务(包括但不限于该股东向公司借款，该股东行为使公司遭受损失而须向公司赔偿等)且征得另一方股东的书面同意后，方可退股，否则退股无效，拟退股方仍应享受和承担股东的权利和义务。

(2) 股东退股：

若公司有盈利，则公司总盈利部分的60%将按照股东实缴的出资比例分配，另外40%作为公司的资产折旧费用，退股方不得要求分配。分红后，退股方方可将其原总投资额退回。

若公司无盈利，则公司现有总资产的80%将按照股东出资比例进行分配，另外20%作为公司的资产折旧费用，退股方不得要求分配。此种情况下，退股方不得再要求退回其原总投资。

(3) 任何时候退股均以现金结算。

(4) 因一方退股导致公司性质发生改变的，退股方应负责办理退股后的变更登记事宜。

3. 增资：若公司储备资金不足，需要增资的，各股东按出资比例增加出资，若全体股东同意也可根据具体情况协商确定其他的增资办法；若增加第三方入股的，第三方应承认本协议内容并分享和承担本协议下股东的权利和义务，同时入股事宜须征得全体股东的一致同意。

七、协议的解除或终止

1. 发生以下情形，本协议即终止：

(1) 公司因客观原因未能设立；

(2) 公司营业执照被依法吊销；

(3) 公司被依法宣告破产；

(4) 甲乙双方一致同意解除本协议。

2. 本协议解除后：

(1) 甲乙双方共同进行清算，必要时可聘请中立方参与清算；

(2) 若清算后有剩余，甲乙双方须在公司清偿全部债务后，方可要求返还出资，按出资比例分配剩余财产；

(3) 若清算后有亏损，各方以出资比例分担，遇有股东须对公司债务承担连带责任的，各方以出资比例偿还。

八、违约责任

1. 任一方违反协议约定，未足额、按时缴付出资的，须在____日内补足，由此造成公司未能如期成立或给公司造成损失的，须向公司和守约方承担赔偿责任。

2. 除上述出资违约外，任一方违反本协议约定使公司利益遭受损失的，须向公司承担赔偿责任，并向守约方支付违约金。

3. 本协议约定的其他违约责任。

九、其他

1. 本协议自甲乙双方签字画押之日起生效，未尽事宜由双方另行签订补充协议，补充协议与本协议具有同等的法律效力。

2. 本协议约定中涉及甲乙双方内部权利义务的，若与公司章程不一致，以本协议为准。

3. 因本协议发生争议，双方应尽量协商解决，如协商不成，可将争议提交至公司住所地有管辖权的人民法院诉讼解决。

4. 本协议一式两份，甲、乙双方各执一份，具有同等的法律效力。

甲方(签章)：李昕　　　　　　　　　乙方(签章)：王强

签订时间：2013 年 3 月 5 日

【评析】这篇协议书格式规范，条款明晰，语言简洁明确，是一篇合格的合作协议书。

案例 2　　　　　　　　　　劳务协议书

　　×××汽车有限公司(甲方)招(聘)用杨××(乙方)为职工，双方根据《中华人民共和国劳动法》和《××省劳动合同管理规定》等法律、法规，在平等自愿、协商一致的基础上，订立本合同，建立劳动关系，并共同遵守履行。

　　一、合同期限

　　(一)甲、乙双方同意按以下第 <u>1</u> 种方式来确定本合同期限：

　　1. 有固定期限：从 <u>2014</u> 年 <u>7</u> 月 <u>1</u> 日起到 <u>2017</u> 年 <u>7</u> 月 <u>1</u> 日止；合同期限为 <u>3</u> 年 <u>0</u> 个月；

　　2. 无固定期限：从＿＿＿年＿月＿日起至法定的或本合同所约定的终止条件出现时止；

　　3. 以完成一定的工作为期限：从＿＿＿年＿月＿日起至＿＿＿＿＿＿＿＿工作任务完成时止，并以＿＿＿＿＿＿＿＿＿为工作任务完成并终止合同的标志。

　　(二)双方同意本合同有效期的前 <u>2</u> 个月为试用期。

　　二、工作内容

　　(一)乙方的工作岗位(地点、部门、工种或职务)：<u>人力资源部</u>。

　　(二)乙方的工作任务或职责：<u>办事员</u>；乙方必须按质按量完成甲方正常安排的生产(工作)任务。

　　三、劳动报酬

　　(一)乙方试用期间的工资标准为：<u>1500</u> 元/月。

　　(二)试用期满后，甲方根据本单位的工资制度，确定乙方执行以下第 <u>3</u> 种工资形式：

　　1. 计时工资：乙方的工资由以下几部分组成：＿＿＿＿、＿＿＿＿、＿＿＿＿、＿＿＿＿、＿＿＿＿、＿＿＿＿，乙方正常工作情况下的最低工资标准为＿＿＿元/月。

　　2. 计件工资：乙方正常工作情况下的基础工资为＿＿＿元/月，其余按乙方岗位计件单价及完成情况计发。

　　3. 岗位工资：乙方的岗位工资标准为 <u>2500</u> 元/月；如乙方的工作岗位调整，按新岗位所对应的工资标准执行。

　　4. 其他工资形式。具体办法在本合同第十二条中明确。

　　(三)甲方每月定期以货币形式支付乙方工资；甲方的工资发放日为每月 <u>15</u> 日。

　　(四)甲方安排乙方加班加点，应按《劳动法》第四十四条规定支付乙方工资。

　　四、社会保险和福利待遇

　　(一)社会保险

　　1. 甲、乙双方按照国家和省、市有关社会保险的规定参加退休养老、工伤、失业、医疗、生育等社会保险，交纳社会保险金；

　　2. 乙方患职业病或因工负伤，治疗期间或医疗终结后的工伤保险待遇按国家和省、市工伤保险规定执行；

　　3. 乙方患病或非因工负伤，其医疗待遇和停工治疗期间的病假工资和疾病救济费按广州市医疗保险规定和甲方的规定执行；

4. 乙方因工或非因工死亡的丧葬补助费、供养亲属抚恤费、救济费、一次性抚恤金、一次性优抚金、生活补贴、供养亲属死亡补助费等，按国家和本市有关规定由社会保险机构和甲方分别计发。

(二)福利待遇

甲方应为乙方提供以下福利待遇＿＿＿＿＿＿＿＿＿＿＿＿＿＿＿＿＿＿＿＿＿＿。

五、劳动保护和劳动条件

(一)工作时间

1. 甲方经批准，根据乙方的工作岗位确定乙方执行以下第(1)种工作时间制度：

(1)标准工作时间：乙方每天工作 8 小时，每周工作 5 天，每周总工作时间不超过 40 小时；具体工作时间由甲方统一安排。

(2)不定时工作：乙方的工作时间，由甲方根据乙方工作岗位的职责要求灵活安排。

(3)综合计算工作时间：乙方的工作时间在＿＿＿＿＿月/年内综合计算，但每天总的工作时间不超过 11 小时。

2. 在本合同期内，如乙方的工作岗位依法变更，按新工作岗位确定乙方的工作时间。

3. 甲方如安排乙方加班加点，应按《劳动法》第四十一条的规定执行。

(二)休息休假

1. 甲方保证乙方每周至少休息一天。

2. 乙方依法享有法定的节日假、公休日假、年休假、探亲假、婚丧假、产假和计划生育假等有薪假期。

3. 甲方在工作日、休息日安排乙方加班加点，可给予乙方同等时间补休，但补休后不再支付加班工资；无法安排补休的，甲方应按《劳动法》第四十四条规定支付加班工资。

(三)甲方执行国家和省、市有关劳动保护规定，为乙方提供符合国家规定的劳动保护设施和劳动条件，切实保障乙方在生产、工作中的安全和健康。

(四)甲方按国家有关规定对乙方进行安全生产知识、法规教育和操作规程培训以及其他的业务技术培训，实行持证上岗制度；乙方应参加上述培训并严格遵守其岗位有关的安全法规、规章、制度和操作规程。

(五)乙方有权拒绝甲方的违章指挥，对甲方及其管理人员漠视乙方安全健康的行为，有权提出批评并可向有关部门检举、控告。

六、劳动纪律

乙方应严格遵守国家的各项法律、法规，遵守甲方依法制定的各项规章制度和劳动纪律，服从甲方的管理和教育。甲方有权对乙方执行规章制度的情况进行检查、督促和奖惩。

七、劳动合同的变更、解除、终止和续订

(一)甲方因签订合同时所依据的客观情况发生变化,或者乙方因个人原因,要求变更本合同条款的,必须提前七天书面通知对方,经双方协商一致后,可以变更本合同的相关内容。

变更劳动合同,双方应签订"变更劳动合同协议书"。

(二)有下列情况之一的,符合条件的一方可以单方面变更本合同的相关条款:

1. 所依据的法律、法规已经修改或失效;

2. _____;

3. _____。

(三)经甲、乙双方协商一致,可以解除本合同。

(四)乙方有下列情况之一的,甲方可以解除本合同:

1. 在试用期内被证明不符合录用条件的;

2. 严重违反劳动纪律或甲方依法制定的规章制度,符合开除、除名、辞退条件的;

3. 严重失职、营私舞弊或泄露商业秘密,对甲方的利益造成重大损害的;

4. 被依法追究刑事责任的。

(五)有下列情况之一的,甲方有权解除本合同,但必须提前三十日以书面方式通知乙方,方可办理解除劳动合同手续:

1. 本合同订立时所依据的客观情况发生重大变化,致使本合同无法履行,经与乙方协商不能就变更本合同达成协议的;

2. 乙方患病或非因工负伤,医疗期满后,不能从事原工作也不能从事甲方另行安排的工作;

3. 乙方不能胜任工作,经培训或调整工作岗位,仍不能胜任的。

(六)甲方濒临破产处于法定整顿期间或者生产经营发生严重困难,确需裁减职工而与乙方解除本合同的,必须按照国家、省、市有关企业经济性裁员规定所确定的程序进行。

(七)乙方有下列情况之一的,甲方不得依据以上第(五)、(六)项规定解除本合同:

1. 患职业病或因工负伤,医疗终结后被确认为丧失或部分丧失劳动能力的;

2. 患病或负伤,在规定的医疗期内的;

3. 女职工在孕期、产期和哺乳期内的;

4. 符合法律、法规规定的其他情况的。

(八)有下列情况之一的,乙方可以随时解除本合同:

1. 在试用期内的;

2. 甲方不按本合同规定支付劳动报酬或提供劳动条件的;

3. 甲方以暴力、威胁或限制人身自由等非法手段强迫乙方劳动的。

(九)除上述第(八)项规定外,乙方解除本合同,应当提前三十日书面通知甲方,超过三十日甲方应当办理解除合同手续。

（十）符合下列条件之一的，本合同即告终止（有固定期限的合同除外）：

1. 本合同所确定的工作任务已经完成；

2. _____；

3. _____；

4. _____。

（十一）除本合同另有规定外，任何一方解除或终止本合同，没有提前三十日通知对方或通知时间不足的，应当按相差的天数，以解除或终止合同前一个月乙方的日平均工资为标准，支付赔偿金给对方。

（十二）解除或终止合同后，甲方应当在十日内办理终止或解除劳动合同手续。

八、经济补偿金（医疗补助费）和生活补助费的发放

（一）甲方按照本合同第七条第（三）、（五）、（六）项规定解除本合同，应按《违反和解除劳动合同经济补偿办法》（劳部发〔1994〕481号）及本市的有关规定支付乙方经济补偿金或医疗补助费。

（二）乙方个人非因甲方的原因而解除合同的，甲方可不发给经济补偿金。

（三）本合同期限届满，甲方不与乙方续订合同的，应按《广州市劳动合同管理规定》第三十一条第一款的规定支付乙方生活补助费。

乙方在甲方提供的劳动报酬和劳动条件不低于本合同终止前的标准的情况下，不与甲方续订劳动合同的，甲方可不发给生活补助费。

九、违反劳动合同的责任

（一）甲、乙双方有下列情况之一的，应当承担违约责任：

1. 甲方违反本合同规定，单方面解除本合同的；

2. 乙方未经甲方同意，擅自离职的；

3. 乙方有本合同第七条第（四）项第2、3、4点情况的；

（二）双方同意以下列方式承担违约责任：

1. 违约金。一方违约，应支付违约金5000元；

2. 赔偿金。违约金不足以赔偿对方损失的，还需支付赔偿金。赔偿金按违约方实际造成的损失计算。

十、因履行本合同发生争议的解决办法

双方因履行本合同发生争议，应先协商解决；协商不成的，可自争议发生之日起三十日内向甲方劳动争议调解委员会申请调解，或自争议发生之日起六十日内向劳动争议仲裁委员会申请仲裁。

十一、本合同的条款与国家和省、市新颁布的法律、法规、规章不符的，按新的法律、法规、规章执行。

十二、双方需要明确的其他事项。

甲方：（盖章）　　　　　　　　　　　乙方：（签名）

法定代表人

（委托代理人）：_____　　　　_____

　　　　　_____年____月____日　　　　_____年____月____日

鉴证机构(盖章)

鉴 证 人：_____

鉴证日期：_____年_____月_____日

【评析】这份劳务协议书就劳务期限、报酬、社会保险及待遇、劳动保护及条件、劳动纪律、解除协议的条件及违约责任作出了明确的表述，是双方真实意图的表达，协议书格式规范，语言简明清楚，是一份标准的劳务协议书。

【知识链接】

一、概念

协议书也写作"协议"，是当事人双方经过谈判、协商后取得的一致意见，即双方意思表示一致的结果。协议书对双方当事人具有约束力，其使用范围很广泛。

二、协议书的特点

1. 作为正式合同的"前奏"。有些初次建立的或较为复杂的经济关系，需要经过反复多次的谈判、协商才能取得最后的结果。这时，为了表明双方合作的意向，肯定初步洽谈的结果，便于实际工作的开展，往往在正式合同签订前先签订纲要性的协议书。《中华人民共和国中外合资经营企业法实施条例》中就涉及这种"协议"："本条例所称合营企业协议，是指合营各方对设立合营企业的某些要点和原则达成一致意见而订立的文件。"

2. 作为已订合同的补充或修订。合同签订后，有可能出现下列情况：发现合同某些规定欠妥；出现预料不到的影响合同履行的情况；一方出现履行合同不当的情况，但经过协商对解决办法取得了一致意见，原合同仍可继续执行。在这些情况下，就可以订立协议书，作为原合同的补充或修改。

3. 当作合同使用。随着社会的发展、改革开放的深入，经济事业日益繁荣，经济关系日趋复杂，需要订立合同的地方越来越多。我国的《合同法》只对经济生活中最常见的 15 种合同关系作了明确具体的规定，凡《合同法》未作规定的领域，都可以用协议书代替。

无论哪一种情况，协议书都具有一定的法律效力，对当事人双方有约束。就这一点说，它与合同一致。因此，协议书也具有合法性、制约性、对等性、一致性等特点。

三、协议书的写作格式

协议书通常包括标题、正文和结尾三个部分。

(一)标题

协议书的标题由"当事人名称＋事由＋文种"组成，如"新华公司、张渡村关于拆迁补偿的协议"。在大多数情况下，往往省略当事人名称或事由，如"拆迁补偿协议"、"新华公司、张渡村协议"。

（二）正文

协议书的正文包括两方面的内容：

（1）前言。说明签订协议书的原因、目的、依据，如"因为（为了）……经双方协商，特签订本协议"。

（2）主体。协议书的主体部分写明经双方协商达成一致的内容。如果内容较多较复杂，可分条加以说明。协议书不同于合同，合同有《合同法》规定了应包括的一般条款，协议书的内容则没有法律规定，要依靠当事人协商决定。这既提供了更广阔的空间，又提出了更高的要求，所以必须考虑周全。

（三）结尾

协议书的结尾也是生效标志，包括当事人双方签名盖章与签订时间。必要时还要注明住址、电话、传真等；如果协议书有中间人或公证人的，也应签名盖章。

四、协议书的写作要求

由于协议是一种契约活动，一旦签订，就具有法律效力，因此内容必须遵守国家法律、法令，符合国家政策要求，任何单位和个人都不能以协议为名进行违法活动。

必须遵循平等互利、协商一致、等价有偿的原则。协议必须是出于当事人的真正自愿，在双方自由表达意志的基础上，经过充分协商而达成协议；同时要体现协作的精神，遵循等价有偿的原则，符合价值规律的要求。

【实践训练——完成任务】分小组完成任务

【病文评析训练】下文是一份协议书，文中有多处毛病，请找出来。

出让方：金飞达有限公司（以下简称"甲方"）

受让方：华发有限公司（以下简称"乙方"）

甲、乙双方依据《中华人民共和国合同法》、《中华人民共和国城市房地产管理法》及其相关法律、法规之规定，在平等、自愿、协商一致的基础上达成如下协议，以此共同遵守。

第一条 转让标的

1. 甲方遵从本协议约定，向乙方转让位于北京市王府街 233 号的房地产一处，占地面积为 1000 平方米，其中建筑面积约为 3000 平方米，土地性质为国有出让工业用地，转让的房地产为土地使用权证中记载的全部土地使用权及房屋所有权证所记载的全部房产及其他地上附着物、附属设施等。（详见附件一厂区平面布置图）

2. 转让的设备为甲方因借款抵押给北京银行股份有限公司朝阳支行的全部设备及设施。

第二条 转让价格及费用承担

1. 甲、乙双方协商一致，确定上述标的转让总价款为人民捌佰伍拾万元整（￥8500000元），其中：土地使有权转让价款为人民币叁佰伍拾万元（￥3500000元），房屋产权转让价款为人民币叁佰万元（￥3000000元），设备的转让价款为人民币贰佰万元（￥2000000元）。

2. 为支持当地的经济发展和共同面对金融海啸带来的经济困难，乙方应尽量协调当地各级政府部门，并争取对本协议所涉标的物的转让所发生的相关税、费等的优惠，在获得相应的优惠政策后尚需支付的各项税费由甲乙双方各半承担。

3. 配套设施中的水、电、煤气、通讯等，在办理产权转让的同时，甲方协助乙方办理过户手续（或重新申请），相关费用由乙方承担。

第三条 面积确认及面积差异处理

本协议约定的转让房地产的建筑面积和占地面积若与产权登记证有差异，则以实际面积为准。

第四条 设施、设备的质量差异处理

乙方已对甲方转让的设备、设施等的性能、年限、质量等做了专业性的了解和确认，因此，即便在转让后出现认知上的差异，也不能追究甲方任何责任。

第五条 付款方式及期限

乙方以分期付款方式按照双方的约定将第一期和第二期转让款项汇入甲、乙双方确认的共管银行账户（用于偿还甲方所欠银行借款本息），第三期的转让款，乙方应汇入甲方指定的银行账户。甲方并保证将乙方支付的款项首先用于偿还甲方所欠银行借款本息，以解除转让标的物在银行的抵押。

1. 首期付款：本协议签订后至2009年3月12日之前，在乙方确认上述转让标的已绝对能够过户并登记在乙方名下时（没有被法院或其他部门查封、冻结，且过户登记手续已全部准备完毕），乙方向甲方支付本协议转让款人民币叁佰伍拾万元（￥3500000元）。

2. 二期付款：在首期付款条件成就后，于本年度的7月20日之前，乙方再次向甲方支付转让款人民币叁佰万元（￥3000000元）。

3. 三期付款：在2009年12月12日之前，乙方再次向甲方支付转让款人民币贰佰万元（￥2000000元）。

4. 上述款项乙方必须按期足额向甲方支付，若逾期支付，则乙方需按人民银行公布的同期银行贷款利率向甲方支付相应的利息。

第六条 标的物交付及产权登记过户

1. 在本协议签订后，甲方应将上述转让的房地产标的交付给乙方，在转让登记部门已确认并接受转让材料后上述房地产资产的所有权转移至乙方，乙方有权以该房地产抵押在银行进行借款。

2. 在本协议签订后，甲方应将转让的相应设备交付给乙方，设备的所有权同时转移至乙方，乙方有权以该设备抵押在银行进行借款。

3. 甲方应在本协议签订后二日内向乙方交付转让标的的权属凭证及办理过户登记的相关资料，并按乙方要求出具相关的法律手续及证明，协助乙方办理房产、土地及设备的过户变更登记等相关手续。

第七条　其他责任

1. 甲方保证转让前的所有债务由甲方承担。在办理转让标的的产权过户登记手续过程中，若因甲方的债务或其他原因(被查封、冻结等)造成不能办理产权过户登记或发生其他债务纠纷等，由甲方负责处理解决，若因此造成乙方损失，甲方应给予乙方相应的赔偿。此种情形出现时，乙方有权随时解除本合同，且乙方不承担任何违约责任。

2. 由于不可抗拒原因(如政策因素等)而导致不能按本协议约定办理房地产权利过户登记手续，双方均有权解除本合同，且双方互不承担违约责任。

3. 乙方保证受让上述房地产而支付的资金为乙方正当合法所有，并愿承担相应的法律责任。

4. 若出现本合同被解除的情形，甲方应及时退还乙方已经支付的全部转让价款，并按人民银行公布的同期银行贷款利率向乙方支付相应利息。甲乙双方因履行本协议已经缴纳的相关税费(若收缴部门不予退还)或支付其他相关费用，由甲、乙双方各半承担。

5. 甲方保证本协议的签订程序及授权合法有效，保证本协议的签订经过了甲方董事会、股东会的一致同意。本协议所涉资产转让若需经相应部门批准或需履行其他相应法律手续，由甲方负责办理。若因甲方的原因造成本协议无效，并且导致乙方损失，由甲方承担全部赔偿责任。

第八条　争议解决

本协议在履行中若发生的争议，由双方当事人协商解决；协商不成的，任何一方均可以向标的物所在地人民法院起诉。

第九条　其他及需特别注意事项

1. 本协议时，甲方已将房地产及部分设备抵押给银行的事实如实告知了乙方，并且乙方已在充分知悉该法律责任和风险的情况下签订本协议。

2. 本协议未尽事项，双方可以另行签订补充协议。

3. 本协议的附件、补充协议与本协议具有同等法律效力。

第十条　本协议及附件共五页，一式八份，双方各执四份。

第十一条　本协议自双方签字盖章后生效。

转让方：金飞达有限公司(盖章)　　　　　　受让方：华发有限公司(盖章)

签订时间：2009 年 2 月 3 日

签订地点：北京市朝阳区幸福大街 112 号

【情景拟写训练】王小明在襄城十字街经营眼镜店(先锋眼镜)已有两年了，这个商铺的房东是张大山,王小明每年要交纳给房东租金 10 万元,租期到 2016 年 12 月 8 日止。2015 年 3 月王小明迷上了股票,决定将眼镜店转让出去。正好有个叫江敏的人想接手,于是他们谈妥了转让条件,眼镜店当时装修及添加的设备大约花了 8 万元,王小明以 5 万元的价格全部转给江敏,房租、水、电则由江敏向房东交纳,眼镜店的营业执照及卫生许可证过户给江敏,费用由江敏支付。王小明原眼镜店的所有债权债务均由王小明负责。王小明于 2015 年 4 月 20 日将店铺交付给江敏,江敏须于 4 月 19 日前将转让费伍万元一次性支付给王小明。双方如有违约,按每日 2‰(转让费的千分之二)支付违约金,于是王小明、江敏、房东张大山三方需要签订一份商铺转让协议书。现在请你为他们起草这份转让协议书。(附范例)

转让协议书

转让方(甲方):   身份证号码:

顶让方(乙方):   身份证号码:

房东(丙方):   身份证号码:

　　甲、乙、丙三方经友好协商,就店铺转让事宜达成以下协议:

　　一、丙方同意甲方将自己位于<u>十字街 112 号</u>的店铺(原为:先锋眼镜店)转让给乙方使用,建筑面积为 33 平方米;并保证乙方同等享有甲方在原有房屋租赁合同中所享有的权利与义务。

　　二、丙方与甲方已签订了租赁合同,租期到 2016 年 5 月 2 日止,年租金为 10 万元人民币(大写:壹拾万元),租金为每年交付一次,并于约定日期提前一个月交至丙方。店铺转让给乙方后,乙方同意代替甲方向丙方履行原有店铺租赁合同中所规定的条款,并且每年定期交纳租金及该合同所约定的应由甲方交纳的水电费及其他各项费用。

　　三、转让后店铺现有的装修、装饰及其他所有设备全部归乙方所有,租赁期满后房屋装修等不动产归丙方所有,营业设备等动产归乙方(动产与不动产的划分按原有租赁合同执行)。

　　四、乙方在 2015 年 5 月 1 日前一次性向甲方支付转让费共计人民币 5 万元(大写:伍万元),上述费用已包括第三条所述的装修、装饰、设备及其他相关费用,此外甲方不得再向乙方索取任何其他费用。

　　五、甲方应该协助乙方办理该店铺的工商营业执照、卫生许可证等相关证件的过户手续,但相关费用由乙方负责;乙方接手前该店铺所有的一切债权、债务均由甲方负责;接手后的一切经营行为及产生的债权、债务由乙方负责。

　　六、如乙方逾期交付转让金,除甲方交铺日期相应顺延外,乙方应每日向甲方支付转让费的千分之一作为违约金,逾期 30 日的,甲方有权解除合同,并且乙方必须按照转让费的 10%向甲方支付违约金。如果由于甲方原因导致转让中止,甲方同样承担违约责任,并向乙方支付转让费的 10%作为违约金。

　　七、如因自然灾害等不可抗因素导致乙方经营受损的与丙方无关,但遇政府规划,国家征用拆迁店铺，其有关补偿由乙方和丙方协商解决。

八、本合同一式三份，三方各执一份，自三方签字之日起生效。

甲方签字：　　　　　　　乙方签字：　　　　　　　丙方签字：

日期：　　　　　　　　　日期：　　　　　　　　　日期：

第三节　合　　同

【任务呈现】小汪是河南人，他去年从湖北文理学院毕业，最近在襄阳找到了一份比较满意的工作，但是单位不提供住宿，于是他通过房屋中介公司找到了一套出租房，双方谈好了租房事宜。现在请你帮他写一份房屋租赁合同。

【案例赏析】

案例 1　　　　　　　　　　房屋租赁合同

甲方（出租人）：张明强　　　　　　乙方（承租人）：小汪

　　根据国家相关法律、法规和本市的相关规定，甲、乙双方在自愿、公道、诚实守信、等价有偿准则的基础上，经充分商量，同意就下列房屋租赁事项，订立本合同，并共同恪守。

　　一、甲方自愿将坐落在××市襄城陈侯巷紫台小区 <u>4-1-302</u> 房屋，使用面积 <u>60</u> 平方米，出租给乙方使用。乙方已对甲方所要出租的房屋做了充分了解，自愿承租该房屋。

　　二、该房屋租赁期自 <u>2014</u> 年 <u>3</u> 月 <u>1</u> 日起至 <u>2015</u> 年 <u>3</u> 月 <u>1</u> 日止。

　　三、该房屋每月租金总额陆佰元，￥600 元。

　　四、该房屋租金 1 年内不变。

　　五、乙方必须按时向甲方交纳租金。付款的时间及方式：一年一付，一次交清。

　　六、乙方保证所租赁的房屋作为居住房使用。

　　七、租赁期内，乙方未事前征得甲方的书面同意，并按规定报经相关部门核准，不得私自改动房屋的使用。

　　八、甲方应保证出租房屋的使用安全，并负责对房屋及其附着物的正常使用，承担正常的房屋维修用度。因甲方耽误房屋维修而使乙方或第三人蒙受损失的，甲方担任赔偿。如因乙方使用不当形成房屋或设备损害的，乙方应立即加以修复或予以经济赔偿。

　　九、甲方维修房屋及其附着设备，应提早 10 天书面告诉乙方，乙方应主动辅助和配合。因甲方不及时施行合同约定的维修、养护义务，以致该房屋发生居住隐患，形成乙方财富损失或人身损伤的，甲方应承担赔偿义务。因乙方阻碍甲方中止维修而发生的后果，则概由乙方承担。

　　十、乙方如需对房屋进行装修或增扩配备时，应事前征得甲方的书面同意，并按规定向相关部门申报手续后，方可进行。

十一、如因不可抗力的缘由使所租房屋及其设备遭受损害的，甲、乙双方互不承担责任。

十二、租赁期内，甲方如需转让或抵押该房屋，应提早 1 个月告诉乙方。同等条件下，乙方有优先受让权。

十三、租赁期内，乙方有下列行为之一的，甲方有权终止本合同，由此而形成甲方损失的，乙方应予以赔偿：

1. 私自改动本合同规定的租赁用处，或使用该房屋进行违法违章活动的；

2. 未经甲方同意，私自改动房屋构造，或损害房屋，且经甲方书面告知，在限定时间内仍未改正并修复的；

3. 未经甲方同意，私自将房屋转租、转让、转借别人或互换使用的；

4. 拖欠租金累计 1 个月以上的。

十四、自本合同签署之日起 3 天内，甲方将出租的房屋交乙方使用。如甲方逾期不交房屋的，则每逾期一天应向乙方支付原日租金 2 倍的违约金。

十五、租赁期内，甲方无正当理由，提早收回该房屋的，甲方应按月租金的 2 倍向乙方支付违约金。乙方未经甲方同意中途私自退租的，乙方应按月租金的 2 倍向甲方支付违约金。

十六、租赁期满，甲方有权收回出租房屋。乙方如需继续租用的，应提早 1 个月向甲方提出书面意向，经甲方同意后，重新签署租赁合同，并按规定重新筹划房屋租赁登记。

十七、租赁期满，乙方应如期迁出该房屋。如乙方逾期不迁出的，则每逾期一天应向甲方交纳原日租金 2 倍的违约金。

十八、本合同经甲、乙双方签署后，双方应按规定向襄阳市房地产管理局请求登记，领取《房屋租赁证》。

十九、租赁期内，乙方在征得甲方书面同意的基础上，可将租赁房屋的部分或局部转租给别人，并应签署转租合同，该合同经甲方签署同意，按相关规定筹划登记手续，领取《房屋租赁证》后，方可转租。

二十、本合同未尽事宜，经甲、乙双方商量，可订立补充条款。但补充条款应符合国家、省、市相关房屋租赁管理规则。

二十一、本合同一式 2 份，甲、乙双方各执 1 份。将合同副本 2 份送市房地产管理局。

甲方(签章)：张明强　　　　　　　乙方(签章)：小汪

地址：_____　　　　　地址：_____

联络电话：_____　　　联络电话：_____

2014 年 3 月 1 日

【评析】这份合同属于房屋租赁合同，合乎合同的格式规范，合同内容合法，是双方真实意愿的表达，是一份合法、合规、有效的合同。

案例 2   **团队境内旅游合同**

合同编号：

旅游者：<u>张明等 3 人</u>

旅行社：<u>襄阳快乐之旅旅行社</u>   旅行社业务经营许可证编号：_____

第一章　术语和定义

第一条　本合同术语和定义

1. 团队境内旅游服务，指旅行社依据《中华人民共和国旅游法》、《旅行社条例》等法律、法规，组织旅游者在中华人民共和国境内(不含香港、澳门、台湾地区)旅游，代订公共交通客票，提供餐饮、住宿、游览等两项以上服务活动。

2. 旅游费用，指旅游者支付给旅行社，用于购买本合同约定的旅游服务的费用。

旅游费用包括：

(1) 交通费；

(2) 住宿费；

(3) 餐费(不含酒水费)；

(4) 旅行社统一安排的景区景点门票费；

(5) 行程中安排的其他项目费用；

(6) 导游服务费；

(7) 旅行社(含地接社)的其他服务费用。

旅游费用不包括：

(1) 旅游者投保的人身意外伤害保险费用；

(2) 合同未约定由旅行社支付的费用，包括但不限于行程以外非合同约定活动项目所需的费用、自行安排活动期间发生的费用；

(3) 行程中发生的旅游者个人费用，包括但不限于交通工具上的非免费餐饮费、行李超重费，住宿期间的洗衣、电话、饮料及酒类费，个人娱乐费，个人伤病医疗费，寻找个人遗失物品的费用及报酬，个人原因造成的赔偿费用。

3. 履行辅助人，指与旅行社存在合同关系，协助其履行本合同义务，实际提供相关服务的法人、自然人或者其他组织。

4. 自由活动，特指"旅游行程单"中安排的自由活动。

5. 自行安排活动期间，指"旅游行程单"中安排的自由活动期间、旅游者不参加旅游行程活动期间、每日行程开始前、结束后旅游者离开住宿设施的个人活动期间、旅游者经导游同意暂时离团的个人活动期间。

6. 不合理的低价，指旅行社提供服务的价格低于接待和服务费用或者低于行业公认的合理价格，且无正当理由和充分证据证明该价格的合理性。其中，接待和服务费用主要包括旅行社提供或者采购餐饮、住宿、交通、游览、导游等服务所支出的费用。

7. 具体购物场所，指购物场所有独立的商号以及相对清晰、封闭、独立的经营边界和明确的经营主体，包括免税店，大型购物商场，前店后厂的购物场所，景区内购物场所，景区周边或者通往景区途中的购物场所，服务旅游团队的专门商店，商品批发市场和与餐饮、娱乐、停车休息等相关联的购物场所等。

8. 旅游者投保的人身意外伤害保险，指旅游者自己购买或者通过旅行社、航空机票代理点、景区等保险代理机构购买的以旅行期间自身的生命、身体或者有关利益为保险标的的短期保险，包括但不限于航空意外险、旅游意外险、紧急救援保险、特殊项目意外险。

9. 离团，指团队旅游者经导游同意不随团队完成约定行程的行为。

10. 脱团，指团队旅游者未经导游同意脱离旅游团队，不随团队完成约定行程的行为。

11. 转团，指由于未达到约定成团人数不能出团，旅行社征得旅游者书面同意，在行程开始前将旅游者转至其他旅行社所组的境内旅游团队履行合同的行为。

12. 拼团，指旅行社在保证所承诺的服务内容和标准不变的前提下，在签订合同时经旅游者同意，与其他旅行社招来的旅游者拼成一个团，统一安排旅游服务的行为。

13. 不可抗力，指不能预见、不能避免并不能克服的客观情况，包括但不限于因自然原因和社会原因引起的，如自然灾害、战争、恐怖活动、动乱、骚乱、罢工、突发公共卫生事件、政府行为。

14. 已尽合理注意义务仍不能避免的事件，指因当事人故意或者过失以外的客观因素引发的事件，包括但不限于重大礼宾活动导致的交通堵塞，飞机、火车、班轮、城际客运班车等公共客运交通工具延误或者取消，景点临时不开放。

15. 必要的费用，指旅行社履行合同已经发生的费用以及向地接社或者履行辅助人支付且不可退还的费用，包括乘坐飞机(车、船)等交通工具的费用(含预订金)、饭店住宿费用(含预订金)、旅游观光汽车的人均车租等。

16. 公共交通经营者，指航空、铁路、航运客轮、城市公交、地铁等公共交通工具经营者。

第二章 合同的订立

第二条 旅游行程单

旅行社应当提供带团号的"旅游行程单"(以下简称"行程单")，经双方签字或者盖章确认后作为本合同的组成部分。"行程单"应当对如下内容作出明确的说明：

(1)旅游行程的出发地、途经地、目的地、结束地、线路行程时间和具体安排(按自然日计算，含乘飞机、车、船等在途时间，不足24小时以一日计)；

(2)地接社的名称、地址、联系人和联系电话；

(3)交通服务安排及其标准(明确交通工具及档次等级、出发时间以及是否需中转等信息);

(4)住宿服务安排及其标准(明确住宿饭店的名称、地点、星级,非星级饭店应当注明是否有空调、热水、独立卫生间等相关服务设施);

(5)用餐(早餐和正餐)服务安排及其标准(明确用餐次数、地点、标准);

(6)旅行社统一安排的游览项目的具体内容及时间(明确旅游线路内容包括景区点及游览项目名称等,景区点停留的最少时间);

(7)自由活动的时间;

(8)行程安排的娱乐活动(明确娱乐活动的时间、地点和项目内容);

"行程单"用语须准确清晰,在表明服务标准用语中不应当出现"准×星级"、"豪华"、"仅供参考"、"以××为准"、"与××同级"等不确定用语。

第三条　订立合同

旅游者应当认真阅读本合同条款、"行程单",在旅游者理解本合同条款及有关附件后,旅行社和旅游者应当签订书面合同。

由旅游者的代理人订立合同的,代理人需要出具被代理的旅游者的授权委托书。

第四条　旅游广告及宣传品

旅行社的旅游广告及宣传品应当遵循诚实信用的原则,其内容符合《中华人民共和国合同法》要约规定的,视为本合同的组成部分,对旅行社和旅游者双方具有约束力。

第三章　合同双方的权利义务

第五条　旅行社的权利

1. 根据旅游者的身体健康状况及相关条件决定是否接纳旅游者报名参团;

2. 核实旅游者提供的相关信息资料;

3. 按照合同约定向旅游者收取全额旅游费用;

4. 旅游团队遇紧急情况时,可以采取安全防范措施和紧急避险措施并要求旅游者配合;

5. 拒绝旅游者提出的超出合同约定的不合理要求;

6. 要求旅游者对在旅游活动中或者在解决纠纷时损害旅行社合法权益的行为承担赔偿责任;

7. 要求旅游者健康、文明旅游,劝阻旅游者违法和违反社会公德的行为。

第六条　旅行社的义务

1. 按照合同和"行程单"约定的内容和标准为旅游者提供服务,不擅自变更旅游行程安排;

2. 向合格的供应商订购产品和服务;

3. 不以不合理的低价组织旅游活动,诱骗旅游者,并通过安排购物或者另行付费旅游项目获取回扣等不正当利益;

组织、接待旅游者，不指定具体购物场所，不安排另行付费旅游项目，但是，经双方协商一致或者旅游者要求，且不影响其他旅游者行程安排的除外；

4. 在出团前如实告知具体行程安排和有关具体事项，具体事项包括但不限于所到旅游目的地的重要规定、风俗习惯；旅游活动中的安全注意事项和安全避险措施、旅游者不适合参加旅游活动的情形；旅行社依法可以减免责任的信息；应急联络方式以及法律、法规规定的其他应当告知的事项；

5. 按照合同约定，为旅游团队安排符合《中华人民共和国旅游法》、《导游人员管理条例》规定的持证导游人员；

6. 妥善保管旅游者交其代管的证件、行李等物品；

7. 为旅游者发放用固定格式书写、由旅游者填写的安全信息卡（包括旅游者的姓名、血型、应急联络方式等）；

8. 旅游者人身、财产权益受到损害时，应当采取合理必要的保护和救助措施，避免旅游者人身、财产权益损失扩大；

9. 积极协调处理旅游行程中的纠纷，采取适当措施防止损失扩大；

10. 提示旅游者投保人身意外伤害保险；

11. 向旅游者提供发票；

12. 依法对旅游者个人信息保密；

13. 旅游行程中解除合同的，旅行社应当协助旅游者返回出发地或者旅游者指定的合理地点。

第七条 旅游者的权利

1. 要求旅行社按照合同及"行程单"约定履行相关义务；

2. 拒绝未经事先协商一致的转团、拼团行为；

3. 有权自主选择旅游产品和服务，有权拒绝旅行社未与旅游者协商一致或者未经旅游者要求而指定购物场所、安排旅游者参加另行付费旅游项目的行为，有权拒绝旅行社的导游强迫或者变相强迫旅游者购物、参加另行付费旅游项目的行为；

4. 在支付旅游费用时要求旅行社出具发票；

5. 人格尊严、民族风俗习惯和宗教信仰得到尊重；

6. 在人身、财产安全遇有危险时，有权请求救助和保护；人身、财产受到损害的，有权依法获得赔偿；

7. 在合法权益受到损害时向有关部门投诉或者要求旅行社协助索赔；

8. 《中华人民共和国旅游法》、《中华人民共和国消费者权益保护法》和有关法律、法规赋予旅游者的其他各项权利。

第八条 旅游者的义务

1. 如实填写"旅游报名表"、游客安全信息卡等各项内容，告知与旅游活动相关的个人健康信息，并对其真实性负责，保证所提供的联系方式准确无误且能及时联系；

2. 按照合同约定支付旅游费用；

3. 遵守法律、法规和有关规定，不在旅游行程中从事违法活动，不参与色情、赌博和涉毒活动；

4. 遵守公共秩序和社会公德，尊重旅游目的地的风俗习惯、文化传统和宗教信仰，爱护旅游资源，保护生态环境，遵守《中国公民国内旅游文明行为公约》等文明行为规范；

5. 对国家应对重大突发事件暂时限制旅游活动的措施以及有关部门、机构或者旅游经营者采取的安全防范和应急处置措施予以配合；

6. 妥善保管自己的行李物品，随身携带现金、有价证券、贵重物品，不在行李中夹带；

7. 在旅游活动中或者在解决纠纷时，应采取措施防止损失扩大，不损害当地居民的合法权益；不干扰他人的旅游活动；不损害旅游经营者和旅游从业人员的合法权益，不采取拒绝上、下机(车、船)、拖延行程或者脱团等不当行为；

8. 自行安排活动期间，应当在自己能够控制风险的范围内选择活动项目，遵守旅游活动中的安全警示规定，并对自己的安全负责。

第四章　合同的变更与转让

第九条　合同的变更

1. 旅行社与旅游者双方协商一致，可以变更本合同约定的内容，但应当以书面形式由双方签字确认。由此增加的旅游费用及给对方造成的损失，由变更提出方承担；由此减少的旅游费用，旅行社应当退还旅游者。

2. 行程开始前遇到不可抗力或者旅行社、履行辅助人已尽合理注意义务仍不能避免的事件的，双方经协商可以取消行程或者延期出行。取消行程的，按照本合同第十四条处理；延期出行的，增加的费用由旅游者承担，减少的费用退还旅游者。

3. 行程中遇到不可抗力或者旅行社、履行辅助人已尽合理注意义务仍不能避免的事件，影响旅游行程的，按以下方式处理：

(1)合同不能完全履行的，旅行社经向旅游者作出说明，旅游者同意变更的，可以在合理范围内变更合同，因此增加的费用由旅游者承担，减少的费用退还旅游者。

(2)危及旅游者人身、财产安全的，旅行社应当采取相应的安全措施，因此支出的费用，由旅行社与旅游者分担。

(3)造成旅游者滞留的，旅行社应采取相应的安置措施。因此增加的食宿费用由旅游者承担，增加的返程费用双方分担。

第十条　合同的转让

旅游行程开始前，旅游者可以将本合同中自身的权利义务转让给第三人，旅行社没有正当理由的不得拒绝，并办理相关转让手续，因此增加的费用由旅游者和第三人承担。

正当理由包括但不限于：对应原报名者办理的相关服务不可转让给第三人的；无

法为第三人安排交通等情形的；旅游活动对于旅游者的身份、资格等有特殊要求的。

第十一条　不成团的安排

当旅行社组团未达到约定的成团人数不能成团时，旅游者可以与旅行社就如下安排在本合同第二十三条中做出约定。

1. 转团：旅行社可以在保证所承诺的服务内容和标准不降低的前提下，经事先征得旅游者书面同意，委托其他旅行社履行合同，并就受委托出团的旅行社违反本合同约定的行为先行承担责任，再行追偿。旅游者和受委托出团的旅行社另行签订合同的，本合同的权利义务终止。

2. 延期出团和改变线路出团：旅行社经征得旅游者书面同意，可以延期出团或者改变其他线路出团，因此增加的费用由旅游者承担，减少的费用旅行社予以退还。需要时可以重新签订旅游合同。

第五章　合同的解除

第十二条　旅行社解除合同

1. 未达到约定的成团人数不能成团时，旅行社解除合同的，应当采取书面等有效形式。旅行社在行程开始前 7 日(按照出发日减去解除合同通知到达日的自然日之差计算，下同)以上(含第 7 日，下同)提出解除合同的，不承担违约责任，旅行社向旅游者退还已收取的全部旅游费用；旅行社在行程开始前 7 日以内(不含第 7 日，下同)提出解除合同的，除向旅游者退还已收取的全部旅游费用外，还应当按本合同第十七条第 1 款的约定，承担相应的违约责任。

2. 旅游者有下列情形之一的，旅行社可以解除合同：

(1)患有传染病等疾病，可能危害其他旅游者健康和安全的；

(2)携带危害公共安全的物品且不同意交有关部门处理的；

(3)从事违法或者违反社会公德的活动的；

(4)从事严重影响其他旅游者权益的活动，且不听劝阻、不能制止的；

(5)法律、法规规定的其他情形。

旅行社因上述情形解除合同的，应当以书面等形式通知旅游者，按照本合同第十五条相关约定扣除必要的费用后，将余款退还旅游者。

第十三条　旅游者解除合同

1. 未达到约定的成团人数不能成团时，旅游者既不同意转团，也不同意延期出行或者改签其他线路出团的，旅行社应及时发出不能成团的书面通知，旅游者可以解除合同。旅游者在行程开始前 7 日以上收到旅行社不能成团通知的，旅行社不承担违约责任，向旅游者退还已收取的全部旅游费用；旅游者在行程开始前 7 日以内收到旅行社不能成团通知的，按照本合同第十七条第 1 款相关约定处理。

2. 除本条第 1 款约定外，在旅游行程结束前，旅游者亦可以书面等形式解除合同。旅游者在行程开始前 7 日以上提出解除合同的，旅行社应当向旅游者退还全部旅游费用；旅游者在行程开始前 7 日以内和行程中提出解除合同的，旅行社按照本合同第十五条相关约定扣除必要的费用后，将余款退还旅游者。

3. 旅游者未按约定时间到达约定集合出发地点，也未能在出发中途加入旅游团队的，视为旅游者解除合同，按照本合同第十五条相关约定处理。

第十四条　因不可抗力或者已尽合理注意义务仍不能避免的事件解除合同

因不可抗力或者旅行社、履行辅助人已尽合理注意义务仍不能避免的事件，影响旅游行程，合同不能继续履行的，旅行社和旅游者均可以解除合同；合同不能完全履行，旅游者不同意变更的，可以解除合同。合同解除的，旅行社应当在扣除已向地接社或者履行辅助人支付且不可退还的费用后，将余款退还旅游者。

第十五条　必要的费用扣除

1. 旅游者在行程开始前 7 日以内提出解除合同或者按照本合同第十二条第 2 款约定由旅行社在行程开始前解除合同的，按下列标准扣除必要的费用：

行程开始前 6 日至 4 日，按旅游费用总额的 20%；

行程开始前 3 日至 1 日，按旅游费用总额的 40%；

行程开始当日，按旅游费用总额的 60%。

2. 在行程中解除合同的，必要的费用扣除标准为：

旅游费用×行程开始当日扣除比例＋(旅游费用－旅游费用×行程开始当日扣除比例)÷旅游天数×已经出游的天数。

如按上述第 1 款或者第 2 款约定比例扣除的必要的费用低于实际发生的费用，旅游者按照实际发生的费用支付，但最高额不应当超过旅游费用总额。

解除合同的，旅行社扣除必要的费用后，应当在解除合同通知到达日起 5 个工作日内为旅游者办结退款手续。

第十六条　旅行社协助旅游者返程及费用承担

旅游行程中解除合同的，旅行社应协助旅游者返回出发地或者旅游者指定的合理地点。因旅行社或者履行辅助人的原因导致合同解除的，返程费用由旅行社承担；行程中按照本合同第十二条第 2 款、第十三条第 2 款约定解除合同的，返程费用由旅游者承担；按照本合同第十四条约定解除合同的，返程费用由双方分担。

第六章　违约责任

第十七条　旅行社的违约责任

1. 旅行社在行程开始前 7 日以内提出解除合同的，或者旅游者在行程开始前 7 日以内收到旅行社不能成团通知，不同意转团、延期出行和改签线路解除合同的，旅行社向旅游者退还已收取的全部旅游费用，并按下列标准向旅游者支付违约金：

行程开始前 6 日至 4 日，支付旅游费用总额 10%的违约金；

行程开始前 3 日至 1 日，支付旅游费用总额 15%的违约金；

行程开始当日，支付旅游费用总额 20%的违约金。

如按上述比例支付的违约金不足以赔偿旅游者的实际损失，旅行社应当按实际损失对旅游者予以赔偿。

旅行社应当在取消出团通知或者旅游者不同意不成团安排的解除合同通知到达日起 5 个工作日内，为旅游者办结退还全部旅游费用的手续并支付上述违约金。

2. 旅行社未按合同约定提供服务，或者未经旅游者同意调整旅游行程(本合同第九条第 3 款规定的情形除外)，造成项目减少、旅游时间缩短或者标准降低的，应当依法承担继续履行、采取补救措施或者赔偿损失等违约责任。

3. 旅行社具备履行条件，经旅游者要求仍拒绝履行本合同义务的，旅行社向旅游者支付旅游费用总额 30%的违约金，旅游者采取订同等级别的住宿、用餐、交通等补救措施的，费用由旅行社承担；造成旅游者人身损害、滞留等严重后果的，旅游者还可以要求旅行社支付旅游费用一倍以上三倍以下的赔偿金。

4. 未经旅游者同意，旅行社转团、拼团的，旅行社应向旅游者支付旅游费用总额 25%的违约金；旅游者解除合同的，旅行社还应向未随团出行的旅游者退还全部旅游费用，向已随团出行的旅游者退还尚未发生的旅游费用。如违约金不足以赔偿旅游者的实际损失，旅行社应当按实际损失对旅游者予以赔偿。

5. 旅行社有以下情形之一的，旅游者有权在旅游行程结束后 30 日内，要求旅行社为其办理退货并先行垫付退货货款，或者退还另行付费旅游项目的费用：

(1)旅行社以不合理的低价组织旅游活动，诱骗旅游者，并通过安排购物或者另行付费旅游项目获取回扣等不正当利益的；

(2)未经双方协商一致或者未经旅游者要求，旅行社指定具体购物场所或者安排另行付费旅游项目的。

6. 与旅游者出现纠纷时，旅行社应当采取积极措施防止损失扩大，否则应当就扩大的损失承担责任。

第十八条　旅游者的违约责任

1. 旅游者因不听从旅行社及其导游的劝告、提示而影响团队行程，给旅行社造成损失的，应当承担相应的赔偿责任。

2. 旅游者超出本合同约定的内容进行个人活动所造成的损失，由其自行承担。

3. 由于旅游者的过错，使旅行社、履行辅助人、旅游从业人员或者其他旅游者遭受损害的，旅游者应当赔偿损失。

4. 旅游者在旅游活动中或者在解决纠纷时，应采取措施防止损失扩大，否则应当就扩大的损失承担相应的责任。

5. 旅游者违反安全警示规定，或者对国家应对重大突发事件暂时限制旅游活动的措施、安全防范和应急处置措施不予配合，造成旅行社损失的，应当依法承担相应责任。

第十九条　其他责任

1. 由于旅游者自身原因导致本合同不能履行或者不能按照约定履行，或者造成旅游者人身损害、财产损失的，旅行社不承担责任。

2. 旅游者在自行安排活动期间人身、财产权益受到损害的，旅行社在事前已尽到必要警示说明义务且事后已尽到必要救助义务的，旅行社不承担赔偿责任。

3. 由于第三方侵害等不可归责于旅行社的原因导致旅游者人身、财产权益受到损害的，旅行社不承担赔偿责任。但因旅行社不履行协助义务致使旅游者人身、财产权益损失扩大的，旅行社应当就扩大的损失承担赔偿责任。

4. 由于公共交通经营者的原因造成旅游者人身损害、财产损失依法应承担责任的，旅行社应当协助旅游者向公共交通经营者索赔。

第七章　协议条款

第二十条　线路行程时间

出发时间：<u>2015</u>年<u>7</u>月<u>1</u>日<u>17</u>时，结束时间<u>2015</u>年<u>7</u>月<u>8</u>日<u>18</u>时；共<u>8</u>天，饭店住宿<u>4</u>夜。

第二十一条　旅游费用及支付(以人民币为计算单位)

成人：<u>3600</u>元/人，儿童(不满 14 岁)：<u>1800</u>元/人；其中，导游服务费：<u>0</u>元/人；旅游费用合计：<u>9000</u>元。

旅游费用支付方式：<u>刷卡</u>。

旅游费用支付时间：<u>2015</u>年<u>6</u>月<u>20</u>日。

第二十二条　人身意外伤害保险

1. 旅行社提示旅游者购买人身意外伤害保险；

2. 旅游者可以做以下选择：

□委托旅行社购买(旅行社不具有保险兼业代理资格的，不得勾选此项)：保险产品名称＿＿＿＿＿＿＿＿＿＿(投保的相关信息以实际保单为准)；

□自行购买；

□放弃购买。

第二十三条　成团人数与不成团的约定

成团的最低人数：<u>10</u>人。

如不能成团，旅游者是否同意按下列方式解决：

1. ＿＿＿＿(同意或者不同意，打钩无效)旅行社委托＿＿＿＿＿旅行社履行合同；

2. ＿＿＿＿(同意或者不同意，打钩无效)延期出团；

3. ＿＿＿＿(同意或者不同意，打钩无效)改变其他线路出团；

4. ＿＿＿＿(同意或者不同意，打钩无效)解除合同。

第二十四条　拼团约定

旅游者＿＿＿＿＿＿(同意或者不同意，打钩无效)采用拼团方式拼至＿＿＿＿＿＿＿＿＿＿旅行社成团。

第二十五条　自愿购物和参加另行付费旅游项目约定

1. 旅游者可以自主决定是否参加旅行社安排的购物活动、另行付费旅游项目；

2. 旅行社可以在不以不合理的低价组织旅游活动、不诱骗旅游者、不获取回扣等不正当利益，且不影响其他旅游者行程安排的前提下，按照平等自愿、诚实信用的原则，与旅游者协商一致达成购物活动、另行付费旅游项目协议；

3. 购物活动、另行付费旅游项目安排应不与"行程单"冲突；

4. 地接社及其从业人员在行程中安排购物活动、另行付费旅游项目的，责任由订立本合同的旅行社承担；

5. 购物活动、另行付费旅游项目具体约定见"自愿购物活动补充协议"（附件 3）、"自愿参加另行付费旅游项目补充协议"（附件 4）。

第二十六条　争议的解决方式

本合同履行过程中发生争议，由双方协商解决；亦可向合同签订地的旅游质监执法机构、消费者协会、有关的调解组织等有关部门或者机构申请调解。协商或者调解不成的，按下列第_____种方式解决：

1. 提交_____仲裁委员会仲裁；

2. 依法向人民法院起诉。

第二十七条　其他约定事项

未尽事宜，经旅游者和旅行社双方协商一致，可以列入补充条款。（如合同空间不够，可以另附纸张，由双方签字或者盖章确认。

_____

_____

第二十八条　合同效力

本合同一式 2 份，双方各执 1 份，具有同等法律效力，自双方当事人签字或者盖章之日起生效。

旅游者代表签字(盖章)：_____　　旅行社盖章_____

证件号码：_____　　　　　　签约代表签字(盖章)：_____

住址：_____　　　　　　　　营业地址：_____

联系电话：_____　　　　　　联系电话：_____

传真：_____　　　　　　　　传真：_____

邮编：_____　　　　　　　　邮编：_____

签约日期：____年___月___日　　签约日期：_____年___月___日

签约地点：_____

旅行社监督、投诉电话：_____

湖北省襄阳市旅游质监执法机构：

投诉电话：_____　　　　　　电子邮箱：_____

地　　址：_____　　　　　　邮　　编：_____

附件 1：旅游报名表

旅游线路及编号：<u>海南八日游</u>　　　　旅游者出团时间意向：<u>2015.7.1</u>

姓　名		性别		民族		出生日期	
身份证件号码				联系电话			
身体状况	（需注明是否有身体残疾、精神疾病、高血压、心脏病等健康受损病症、病史，是否为妊娠期妇女。）						
旅游者全部同行人名单及分房要求(所列同行人均视为旅游者要求必须同时安排出团)： ＿＿＿＿与＿＿＿＿同住，＿＿＿＿＿与＿＿＿＿同住， ＿＿＿＿与＿＿＿＿同住，＿＿＿＿＿与＿＿＿＿同住， ＿＿＿＿与＿＿＿＿同住，＿＿＿＿＿与＿＿＿＿同住， ＿＿＿＿为单男/单女需要安排与他人同住，＿＿＿＿不占床位， ＿＿＿＿＿＿全程要求入住单间（应当补交房费差额）。							
其他补充约定：							
旅游者确认签名(盖章)：＿＿＿＿＿年＿＿月＿＿日							
备注	（年龄低于 18 周岁，需要提交家长书面同意出行书）						
以下各栏由旅行社工作人员填写							
服务网点名称			旅行社经办人				

附件 2：带团号的"旅游行程单"（略）

旅游者：＿＿＿＿＿＿＿（代表人签字）　　　旅行社：＿＿＿＿＿＿＿（盖章）

经办人：＿＿＿＿＿＿（签字）

＿＿＿年＿＿月＿＿日

附件 3：自愿购物活动补充协议

具体时间	地点	购物场所名称	主要商品信息	最长停留时间(分钟)	其他说明	旅游者签名同意
＿＿年＿月＿日						签名：
＿＿年＿月＿日						签名：
＿＿年＿月＿日						签名：

旅行社经办人签名：＿＿＿＿＿

附件 4：自愿参加另行付费旅游项目补充协议

具体时间	地点	项目名称和内容	费用(元)	项目时长(分钟)	其他说明	旅游者签名同意
____年__月__日						签名：
____年__月__日						签名：
____年__月__日						签名：

旅行社经办人签名：_____

【评析】这是一篇非常完善的旅游合同，内容缜密完备，条款明晰，最大限度地避免产生旅游纠纷。

【知识链接】

一、特点

（1）合同具有法律效力。合同签订后，双方当事人必须严格履行合同内容。否则会受到经济制裁，甚至被追究法律责任。

（2）合同的内容必须符合国家的有关法律、行政法规和宏观经济规划的要求。

国家不允许生产、销售的物品不能作为合同的标的，否则合同在法律上是无效的。

（3）订立合同须贯彻平等、公平、协商、等价有偿、诚实信用的原则。合同各方当事人的法律地位是平等的，任何单位和个人不得干预或包办代替，不能把自己的意志强加给对方。

（4）订立合同的当事人必须有履行合同的能力。禁止利用合同买空卖空、从中渔利的现象发生，维护合同的严肃性。

二、合同的结构与写法

合同通常由标题、约首、正文、尾部四部分构成。

（一）标题

标题写在合同文本首页上方居中的位置，有的合同还在标题下方书写合同的编号。

标题的制作主要有两种类型：①合同性质＋文种，如"借款合同"、"仓储合同"；②合同标的＋合同性质＋文种，如"联想电脑买卖合同"、"挖掘机买卖合同"。

（二）约首

约首包括订立合同各方当事人的名称或姓名。要准确写出签约单位或个人的全称、全名，并在其后注明双方约定的固定指代，如"甲方"、"乙方"。如有第三方，可称为"丙方"，但不能有"你方"、"我方"的字眼。

（三）正文

开头简要地写明订立合同的根据或目的，说明经双方协商一致，签订该合同。例如："根据我国合同法的相关规定，转让方与受让方根据技术转让合同的要求，本着互利原则,经双方协商一致,签订本合同。"或采用类似的写法:"为了……目的,根据……的规定,经双方充分协商,特订立本合同,以便共同遵守。"然后另起一行分条写合同的法定条款(标的、数量、质量、价款或酬金,履行期限、地点和方式,违约责任和解决争议的方法)和约定条款。

一般正文的最后一两条写订立合同的有关事项说明。

(四)尾部

尾部一般包括签订合同各方的公章、法定地点、法定代表人的签名、电话号码、传真号、开户银行及账号、邮政编码,签订合同的地点和日期(有的把日期写在约首)等。

三、撰写经济合同的注意事项

(1)遵守《合同法》。撰写经济合同时要严格遵守《合同法》,在内容上及签订的程序上,都不得与国家法律和法规相违背。凡违反《合同法》的合同,均属于无效合同。订立合同须贯彻平等互利、协商一致、等价有偿、诚实信用的原则,任何一方不得强迫对方,强行订立违反当事人意志的合同。

(2)格式规范。合同是规范性文本,往往有固定的格式以保证合同条款的齐全。对于因特定需要而签订的合同,需要在撰写时认真斟酌,要采用规范形式,合同条款要详细、周全。

(3)语言准确。合同的语言要严谨、无歧义,标点正确;有关数字要准确,计量要采用法定单位,涉及技术问题的,要正确使用术语。

四、无效合同的种类

根据《民法通则》及《合同法》的规定,无效合同的范围主要包括以下几种:

(1)订立合同的民事主体不合格,即订立合同的当事人不具有相应的民事权利能力或民事行为能力;

(2)一方以欺诈、胁迫的手段订立的合同,损害国家利益;

(3)恶意串通,损害国家、集体或第三者利益;

(4)以合法形式掩盖非法目的;

(5)损害社会公共利益;

(6)违反法律、行政法规的强行性规定。

【实践训练——完成任务】分小组完成任务

【病文评析训练】下文是一封有瑕疵的合同,请你指出毛病在哪里。

劳务合同书

甲方:新余市金威矿业有限责任公司

乙方:钟细珠

甲乙双方本着社会主义市场经济原则签订井下采掘劳务合同,约定如下:

1.乙方承包甲方的赤铁矿井,进行井下掘进、采矿;

2. 根据乙方的采矿量甲方按 85 元/吨的基本单价与乙方结算；

3. 甲方对矿井起监督指导管理作用，如井下发生安全事故由乙方承担全部责任。

甲方：新余市金威矿业有限责任公司

乙方：钟细珠

2014. 6. 20

【情景拟写训练】又快要到暑假了，王小明打算和张晶晶结伴去日本游玩。他们决定找铁路国际旅行社报团，请你写一份旅游合同书。

第四节　劳动合同

【任务呈现】王×是××职业技术学院一名大三的学生，即将于 2015 年 6 月毕业。现在他准备与实习单位野马蓄电池股份有限公司签订劳动合同。请你为他起草一份劳动合同书。

【案例赏析】

案例 1

劳动合同

甲方：野马蓄电池股份有限公司　　　　乙方：王×

法定代表人：张思远　　　　　　　　　身份证号码：

地址：　　　　　　　　　　　　　　　现住址：

经济类型：上市公司

联系电话：　　　　　　　　　　　　　联系电话：

根据《中华人民共和国劳动法》和国家及省的有关规定，甲乙双方按照平等自愿、协商一致的原则订立本合同。

一、合同期限

从 2015 年 7 月 1 日起至 2018 年 7 月 1 日止。

二、工作内容

(一)乙方的工作岗位为二车间。

(二)乙方的工作任务或职责是机械维修。

(三)甲方因生产经营需要调整乙方的工作岗位的，按变更本合同办理，双方签章确认的协议或通知书作为本合同的附件。

(四)如甲方派乙方到外单位工作，应签订补充协议。

三、工作时间

（一）甲乙双方同意按以下方式确定乙方的工作时间：

标准工时制，即每日工作 8 小时，每周至少休息一天。

（二）甲方因生产（工作）需要，经与工会和乙方协商后可以延长工作时间。除（劳动法）第四十二条规定的情形外，一般每日不得超过一小时，因特殊原因最长每日不得超过三小时，每月不得超过三十六小时。

四、工资待遇

（一）乙方正常工作时间的工资按下列第（1）种形式执行，不得低于当地最低工资标准。

1. 乙方试用期工资 1500 元/月；试用期满工资 2500 元/月。

2. 其他形式：＿＿＿＿＿＿＿。

（二）工资必须以法定货币支付，不得以实物及有价证券替代货币支付。

（三）甲方根据企业的经营状况和依法制定的工资分配办法调整乙方工资，乙方在六十日内未提出异议的视为同意。

（四）甲方每月 10 日发放工资。如遇节假日或休息日，则提前到最近的工作日支付。

（五）甲方依法安排乙方延长工作时间的，应按（劳动法）第四十四条的规定支付延长工作时间的工资报酬。

五、劳动保护和劳动条件

（一）甲方按国家和省有关劳动保护规定提供符合国家劳动卫生标准的劳动作业场所，切实保护乙方在生产工作中的安全和健康。如乙方工作过程中可能产生职业病危害，甲方应按《职业病防治法》的规定保护乙方的健康及其相关权益。

（二）甲方根据乙方从事的工作岗位，按国家有关规定，发给乙方必要的劳动保护用品，并按劳动保护规定每年免费安排乙方进行体检。

（三）乙方有权拒绝甲方的违章指挥、强令冒险作业，对甲方及其管理人员漠视乙方安全和健康的行为，有权要求改正并向有关部门检举、控告。

六、社会保险和福利待遇

（一）合同期内，甲方应依法为乙方办理参加养老、医疗、失业、工伤、生育等社会保险的手续，社会保险费按规定的比例，由甲乙双方负责。

（二）乙方患病或非因工负伤，甲方应按国家和地方的规定给予医疗期和医疗待遇，按医疗保险及其他相关规定报销医疗费用，并在规定的医疗期内支付病假工资或疾病救济费。

（三）乙方患职业病、因工负伤或者因工死亡的，甲方应按《工伤保险条例》的规定办理。

（四）甲方按规定给予乙方享受节日假、年休假、婚假、丧假、探亲假、产假、看护假等带薪假期，并按本合同约定的工资标准支付工资。

七、劳动纪律

（一）甲方根据国家和省的有关法律、法规通过民主程序制定的各项规章制度，应向乙方公示；乙方应自觉遵守国家和省规定的有关劳动纪律、法规和企业依法制定的各项规章制度，严格遵守安全操作规程，服从管理，按时完成工作任务。

（二）甲方有权对乙方履行制度的情况进行检查、督促、考核和奖惩。

（三）如乙方掌握甲方的商业秘密，乙方有义务为甲方保守商业秘密。

八、本合同的变更

（一）任何一方要求变更本合同的有关内容，都应以书面形式通知对方。

（二）甲乙双方经协商一致，可以变更本合同，并办理变更本合同的手续。

九、本合同的解除

（一）经甲乙双方协商一致，本合同可以解除。由甲方解除本合同的，应按规定支付经济补偿金。

（二）属下列情形之一的，甲方可以单方解除本合同：

1. 试用期内证明乙方不符合录用条件的。

2. 乙方严重违反劳动纪律或甲方规章制度的。

3. 严重失职，营私舞弊，对甲方利益造成重大损害的。

4. 乙方被依法追究刑事责任的。

5. 甲方歇业、停业、濒临破产处于法定整顿期间或者生产经营状况发生严重困难的。

6. 乙方患病或非因工负伤，医疗期满后不能从事本合同约定的工作，也不能从事由甲方另行安排的工作的。

7. 乙方不能胜任工作，经过培训或者调整工作岗位，仍不能胜任工作的。

8. 本合同订立时所依据的客观情况发生重大变化，致使本合同无法履行，经当事人协商不能就变更本合同达成协议的。

9. 本合同约定的解除条件出现的。

甲方按照第5、6、7、8、9项规定解除本合同的，需提前三十日书面通知乙方，并按规定向乙方支付经济补偿金，其中按第6项解除本合同并符合有关规定的还需支付乙方医疗补助费。

（三）乙方解除本合同，应当提前三十日以书面形式通知甲方。但属下列情形之一的，乙方可以随时解除本合同：

1. 在试用期内的。

2. 甲方以暴力、威胁或者非法限制人身自由的手段强迫劳动的。

3. 甲方不按本合同规定支付劳动报酬，克扣或无故拖欠工资的。

4. 经国家有关部门确认，甲方劳动安全卫生条件恶劣，严重危害乙方身体健康的。

（四）有下列情形之一的，甲方不得解除本合同：

1. 乙方患病或非因工负伤，在规定的医疗期内的。

2. 乙方患有职业病或因工负伤，并经劳动能力鉴定委员会确认，丧失或部分丧失劳动能力的。

3. 女职工在孕期、产期、哺乳期内的。

4. 法律、法规规定的其他情形。

(五)解除本合同后，甲乙双方在七日内办理解除劳动合同有关手续。

十、本合同的终止

本合同期满或甲乙双方约定的本合同终止条件出现，本合同即行终止。

本合同期满前一个月，甲方应向乙方提出终止或续订劳动合同的书面意向，并及时办理有关手续。

十一、违约情形及责任

(一)甲方的违约情形及违约责任：_____。

(二)乙方的违约情形及违约责任：_____。

十二、调解及仲裁

双方履行本合同如发生争议，可先协商解决；不愿协商或协商不成的，可以向本单位劳动争议调解委员会申请调解；调解无效，可在争议发生之日起六十日内向当地劳动争议仲裁委员会申请仲裁；也可以直接向劳动争议仲裁委员会申请仲裁。对仲裁不服的，可在十一日内向人民法院提起诉讼。

十三、其他

本合同未尽事宜，按国家和地方有关政策规定办理。在合同期内，如本合同条款与国家、省有关劳动管理新规定相抵触的，按新规定执行。

甲方：（盖章）　　　　　　　　　　乙方：（签名或盖章）

法定代表人：（或委托代理人）　　　法定代表人：（或委托代理人）

20____年____月__日　　　　　　　20____年____月__日

鉴证机构（盖章）：　　　　　　　　鉴证人：_____

鉴证日期：20____年____月__日

【评析】这份劳动合同具备合同的法定条款和约定条款，条款周密细致，内容合乎劳动法的相关规定，是劳资双方真实意图的表达，是一份合理合规有效的劳动合同。

案例2　　　　　　　　　　　　**劳动合同**

甲方：襄阳风神汽车销售有限公司　　　乙方：武×

法定代表人：　　　　　　　　　　　　身份证号码：

经济类型：　　　　　　　　　　　　　户籍地址：

通信地址：　　　　　　　　　　　　　通信地址：

联系人：　　　　　电话：　　　　　　联系电话：

甲乙双方根据《中华人民共和国劳动合同法》（以下简称《劳动合同法》）和国家、省、市的有关规定，遵循合法、公平、平等自愿、协商一致、诚实信用原则，订立本合同。

一、合同的类型和期限

第一条　本合同的类型为：有固定期限合同。期限 3 年，自 2015 年 5 月 5 日至 2018 年 5 月 5 日。

二、试用期

第二条　本合同的试用期自 2015 年 5 月 5 日至 2015 年 8 月 5 日。

三、工作内容和工作地点

第三条　乙方的工作内容为汽车销售代理。

第四条　乙方的工作地点为：××路××号风神 4S 店。

四、工作时间和休息休假

第五条　乙方所在岗位执行标准工时制，具体为：每天 8 小时，每周至少休一天。甲方应严格遵守国家有关加班的规定，确实由于生产经营需要，应当与乙方协商确定加班事宜。

第六条　甲方严格执行国家有关休息休假的规定，具体安排为：每年休年假 20 天。

五、本合同的工资

第七条　乙方的月工资为：1500 元（其中试用期间工资为 1000 元），另按销售业绩提成。

第八条　甲方每月 8 日以货币形式足额支付乙方的工资。

第九条　本合同履行期间，乙方的工资调整按照甲方的工资分配制度确定。

第十条　甲方安排乙方延长工作时间或者在休息日、法定休假日工作的，应依法安排乙方补休或支付相应工资报酬。

六、社会保险

第十一条　甲方应按社会保险的有关规定为乙方参加社会保险。

第十二条　乙方患病或非因工负伤，其病假工资、疾病救济费和医疗待遇等按照国家和本省有关规定执行。

第十三条　乙方患职业病或因工负伤的工资和工伤保险待遇按国家和本省有关规定执行。

七、劳动保护、劳动条件和职业危害防护

第十四条　甲方建立健全生产工艺流程，制定操作规程、工作规范和劳动安全卫生制度及其标准。甲方对可能产生职业病危害的岗位，应当向乙方履行告知义务，并做好劳动过程中职业危害的预防工作。

第十五条　甲方为乙方提供必要的劳动条件以及安全卫生的工作环境，并依照企业生产经营特点及有关规定向乙方发放劳防用品和防暑降温用品。

第十六条　甲方应根据自身特点有计划地对乙方进行政治思想、职业道德、业务技术、劳动安全卫生及有关规章制度的教育和培训，提高乙方思想觉悟、职业道德水准和职业技能。

乙方应认真参加甲方组织的各项必要的教育培训。

八、劳动合同的履行和变更

第十七条　甲方应当按照约定向乙方提供适当的工作场所、劳动条件和工作岗位，并按时向乙方支付劳动报酬。乙方应当认真履行自己的劳动职责，并亲自完成本合同约定的工作任务。

第十八条　甲、乙双方经协商一致，可以变更本合同的内容，并以书面形式确定。

九、劳动合同的解除

第十九条　经甲、乙双方当事人协商一致，本合同可以解除。

第二十条　乙方提前三十日以书面形式通知甲方，可以解除本合同。乙方在试用期内提前三日通知甲方，可以解除本合同。

第二十一条　甲方有下列情形之一的，乙方可以解除本合同；

(一)未按照本合同约定提供劳动保护或者劳动条件的；

(二)未及时足额支付劳动报酬的；

(三)未依法为乙方缴纳社会保险费的；

(四)甲方的规章制度违反法律、法规的规定，损害乙方权益的；

(五)因《劳动合同法》第二十六条第一款规定的情形致使本合同无效的；

(六)法律、行政法规规定乙方可以解除本合同的其他情形。

甲方以暴力、威胁或者非法限制人身自由的手段强迫乙方劳动的，或者甲方违章指挥、强令冒险作业危及乙方人身安全的，乙方可以立即解除本合同，不需事先告知甲方。

第二十二条　乙方有下列情形之一的，甲方可以解除本合同：

(一)在试用期间被证明不符合录用条件的；

(二)严重违反甲方的规章制度的；

(三)严重失职，营私舞弊，给甲方造成重大损害的；

(四)乙方同时与其他用人单位建立劳动关系，对完成甲方的工作任务造成严重影响，或者经甲方提出，拒不改正的；

(五)因《劳动合同法》第二十六条第一款第一项规定的情形致使本合同无效的；

(六)被依法追究刑事责任的。

第二十三条　有下列情形之一的，甲方提前三十日以书面形式通知乙方或者额外支付乙方一个月工资后，可以解除本合同：

(一)乙方患病或者非因工负伤，在规定的医疗期满后不能从事原工作，也不能从事由甲方另行安排的工作的；

(二)乙方不能胜任工作，经过培训或者调整工作岗位，仍不能胜任工作的；

(三)本合同订立时所依据的客观情况发生重大变化，致使本合同无法履行，经甲、乙双方协商，未能就变更本合同内容达成协议的。

第二十四条 乙方有下列情形之一的，甲方不得依据第二十三条的约定解除本合同：

（一）乙方如从事接触职业病危害作业但未进行离岗前职业健康检查，或者乙方为疑似职业病病人在诊断或者医学观察期间的；

（二）在甲方工作期间患职业病或者因工负伤并被确认丧失或者部分丧失劳动能力的；

（三）患病或者非因工负伤，在规定的医疗期内的；

（四）女职工在孕期、产期、哺乳期的；

（五）在甲方连续工作满十五年，且距法定退休年龄不足五年的；

（六）法律、行政法规规定的其他情形。

十、劳动合同的终止

第二十五条 有下列情形之一的，本合同终止：

（一）本合同期满的；

（二）乙方开始依法享受基本养老保险待遇的；

（三）乙方死亡，或者被人民法院宣告死亡或者宣告失踪的；

（四）甲方被依法宣告破产的；

（五）甲方被吊销营业执照、责令关闭、撤销或者甲方决定提前解散的；

（六）法律、行政法规规定的其他情形。

第二十六条 本合同期满，有第二十四条约定情形之一的，本合同应当续延至相应的情形消失时终止。但是，第二十四条第二项约定乙方丧失或者部分丧失劳动能力后终止本合同的情形，按照国家有关工伤保险的规定执行。

十一、经济补偿

第二十七条 有下列情形之一的，甲方应当向乙方支付经济补偿：

（一）乙方依照第二十一条约定解除本合同的；

（二）甲方依照第十九条约定向乙方提出解除本合同并与乙方协商一致解除本合同的；

（三）甲方依照第二十三条约定解除本合同的；

（四）除甲方维持或者提高本合同约定条件续订合同，乙方不同意续订的情形外，依照第二十五条第一项约定终止本合同的；

（五）依照第二十五条第四项、第五项约定终止本合同的；

（六）法律、行政法规规定的其他情形。

第二十八条 经济补偿按乙方在甲方工作的年限，满一年支付一个月工资的标准向乙方支付。六个月以上不满一年的，按一年计算；不满六个月的，向乙方支付半个月工资的经济补偿。

如乙方月工资高于本市上年度职工月平均工资三倍的，向其支付经济补偿的标准按本市上年度职工月平均工资三倍的数额支付，向其支付经济补偿的年限最高不超过十二年。

本条所称月工资是指乙方在本合同解除或者终止前十二个月的平均工资。

十二、违反合同的责任

第二十九条　甲方违反本合同约定的条件解除、终止本合同或由于甲方原因订立的无效合同，给乙方造成损害的，应按损失程度承担赔偿责任。

第三十条　乙方违反本合同约定的条件解除本合同或由于乙方原因订立的无效合同，给甲方造成经济损失的，应按损失的程度承担赔偿责任。

第三十一条　乙方违反服务期约定的，应承担违约金为：1000 元。

第三十二条　乙方违反竞业限制约定的，应承担违约金为：2000 元。

第三十三条　本合同未尽事宜，或者有关劳动标准的内容与今后国家、本市有关规定相悖的，按有关规定执行。

第三十四条　本合同一式两份，甲乙双方各执一份。经双方签字盖章后生效。

甲方(盖章)：　　　　　　　　　　　　乙方(签章)：

委托代理人(签章)

　　年　　月　　日　　　　　　　　　年　　月　　日

【评析】这份合同是一个刚刚大学毕业的学生跟汽车销售公司所签的劳动合同，对合同期限、工作内容、工作时间、劳动报酬及待遇、合同的解除等事项作了详细的表述，条款周密、合法有效，是一份合适的劳动合同书。

【知识链接】

一、劳动合同法律特征

(1)合法性。劳动合同必须依法以书面形式订立，做到主体合法、内容合法、形式合法、程序合法。只有合法的劳动合同才能产生相应的法律效力，任何一方面不合法的劳动合同，都是无效合同，不受法律承认和保护。

(2)协商一致性。

(3)合同主体地位平等。在劳动合同的订立过程中，当事人双方的法律地位是平等的。劳动者与用人单位不因为各自性质的不同而处于不平等地位，任何一方不得对他方进行胁迫或强制命令，严禁用人单位对劳动者横加限制或强迫命令的情况。只有真正做到地位平等，才能使所订立的劳动合同具有公正性。

(4)等价有偿。劳动合同明确双方在劳动关系中的地位作用，劳动合同是一种劳务有偿合同，劳动者承担和完成用人单位分配的劳动任务，用人单位付给劳动者一定的报酬，并负责劳动者的保险金额。

二、劳动合同的作用

(1)以劳动合同作为确立劳动关系的基本形式，有利于改变过去劳动制度存在的弊端，对劳动者来说，有利于保障其合法权益，主要体现在：

1）有利于劳动者选择职业，有了择业的主动权；

2）有利于劳动者增强竞争意识，促进努力学习文化科学知识，全面提高素质；

3）在劳动合同中写入了劳动者的权利，其正当权益受到国家法律保护，有利于劳动者合法权利的实现。

（2）签订劳动合同是对劳动者合法权益的法律保障，劳动合同存在时劳动关系存续期间的其他劳动法律关系都是以劳动合同为中心的。

（3）根据《劳动合同法》第十七条规定，劳动合同应当具备以下条款：

1）用人单位的名称、住所和法定代表人或者主要负责人；

2）劳动者的姓名、住址和居民身份证或者其他有效身份证件号码；

3）劳动合同期限；

4）工作内容和工作地点；

5）工作时间和休息休假；

6）劳动报酬；

7）社会保险；

8）劳动保护、劳动条件和职业危害防护；

9）法律、法规规定应当纳入劳动合同的其他事项。

劳动合同除前款规定的必备条款外，用人单位与劳动者可以约定试用期、培训、保守秘密、补充保险和福利待遇等其他事项。

这些条款的落实是劳动者合法权益的具体化，也是防止纠纷发生和解决纠纷时重要的法律依据。

在合法的前提下，劳动合同的订立必须是劳动者与用人单位双方协商一致的结果，是双方"合意"的表现，不能是单方意思表示的结果。

三、劳务派遣合同和劳动合同的区别

劳务派遣，是指由派遣单位与用人单位签订协议，将与其签订劳动合同的劳动者派遣到用人单位提供劳动。

在劳务派遣中，劳动合同关系存在于派遣单位与被派遣劳动者之间。劳务派遣的最显著特征就是劳动力的雇用和使用相分离。劳动派遣机构已经不同于职业介绍机构，它成为与劳动者签订劳动合同的一方当事人。

劳动者与其工作的单位不是劳动关系，而是与另一人才中介等专门单位形成劳动关系，再由该人才机构派到用人单位劳动，用人单位与人才机构签订派遣协议。

用人单位根据工作实际需要，向劳务派遣公司提出所用人员的标准条件和工资福利待遇等，公司通过查询劳务库资料及各招聘储备人才中心等手段搜索合格人员，经严格筛选，把人员名单送交用人单位，用人单位进行选择并确定。然后用人单位和派遣公司签订劳务租赁（派遣）协议，派遣公司和被聘用人员签订聘用合同。

简单地讲，劳务派遣合同和劳动合同的区别是：

(1)劳动合同制，和 A 公司签订劳动合同后，属于 A 公司员工，在 A 公司上班。

(2)劳务派遣制，和 A 公司签订劳动合同后，属于 A 公司员工，在 B 公司上班。

不管签订哪种合同，签订时一定要明确保险、福利、待遇，避免今后麻烦。

【实践训练——完成任务】分小组完成任务

【病文评析训练】下文是一份有瑕疵的合同，请你指出问题在哪里。

甲方：万达皇冠假日酒店

乙方：陈洁

居民身份证号：＿＿＿＿＿＿＿＿＿＿＿＿＿＿＿＿＿＿＿＿＿＿

户口所在地：湖南省湘潭市

根据《劳动法》、《劳动合同法》及有关规定，甲乙双方遵循平等自愿、协商一致的原则签订本合同。

一、合同期限

第一条　本合同期限为二年。

二、工作内容和工作地点

第二条　甲方招用乙方在酒店客房中心，从事领班工作。

乙方的工作地点为酒店客房中心。

经双方协商一致，可以变更工作岗位(工种)和工作地点。

乙方应认真履行岗位职责，遵守各项规章制度，服从管理，按时完成工作任务。

乙方违反劳动纪律，甲方可依据本单位依法制定的规章制度，给予相应处理。

三、工作时间和休息休假

第三条　甲方保证乙方每月至少休息 2 天。

甲方因工作需要，经乙方同意后，可安排乙方加班。延长工时、休息日加班无法安排补休、法定节假日加班的，甲方按《劳动法》第四十四条规定支付加班工资。

四、劳动报酬

第四条　甲方采用以下形式向乙方支付工资：

月工资 3300 元，试用期间工资 1500 元。甲方每月 8 日前向乙方支付工资。

五、社会保险

第五条　甲乙双方按国家规定参加社会保险。甲方为乙方办理有关社会保险手续，并承担相应的社会保险义务。乙方应缴的社会保险费由甲方代扣代缴。

乙方患病或非因工负伤的医疗待遇按国家有关规定执行。

乙方因工负伤或患职业病的待遇按国家有关规定执行。

乙方在孕期、产期、哺乳期等各项待遇，按国家有关生育保险政策规定执行。

六、劳动保护和劳动条件

第六条　甲方应当在乙方上岗前进行培训，甲方根据岗位的需要，按照国家劳动安全卫生的有关规定为乙方配备必要的安全防护设施，发放必要的劳动保护用品。

甲方依法建立安全生产制度。乙方严格遵守甲方依法制定的各项规章制度，不违章作业，防止劳动过程中的事故，减少职业危害。

乙方有权拒绝甲方的违章指挥，对甲方及其管理人员漠视乙方安全健康的行为，有权提出批评并向有关部门检举控告。

七、解除和终止

第七条　本劳动合同的解除或终止，依《劳动合同法》规定执行。

八、劳动争议处理

第八条　甲乙双方发生劳动争议，可以协商解决，也可以依照《劳动争议调解仲裁法》的规定通过申请调解、仲裁和提起诉讼解决。

甲方(公章)　　　　　　　　　　　　　乙方(签字或盖章)

法定代表人或委托代理人

(签字或盖章)

签订日期：　　　年　月　日

【情景拟写训练】小孙通过劳务中介襄阳东兴公司进了武汉神龙公司上班，他该与哪个公司签订劳动合同？请你为他起草一份劳动合同书。

项目六　经济文书

第一节　招　标　书

【任务呈现】　××市政府拟为市区 120 所学校采购 3120 台计算机，其中教师用机 320 台，学生用机 2800 台，对计算机的配置要求高，机型要求为当前最先进配置。

××市政府拟根据上述内容在网站上发布招标公告进行公开招标，请帮助××市政府采购处拟一份招标书。

【案例赏析】

案例 1　　　　　　　　智晨通信广告招标书

一、为了更好地塑造智晨通信的"酷炫"品牌，更好地开展产品的市场推广和终端建设工作，智晨计算机通信科技(襄阳)有限公司拟对公司的以下广告业务，采用公开招标的方式选择合适的承担单位。

1. 广告策划：为招标人安排的广告项目提供优秀可行的广告策划，或协助策划。

2. 平面广告创意与设计：为招标人的广告项目提供最佳的内容创意和设计表现，设计包括户外、杂志、报纸等形式的广告。

3. 终端建设物料设计：为招标人的产品设计适宜的终端陈列物料。

4. 品牌规划与广告策略：配合招标人对品牌建设工作长远规划，制定阶段性的具体执行方案，结合招标人的实际情况协作制定最优化的广告策略。

5. 规范广告投放：为招标人规范户外、杂志、室内等形式的广告投放。

6. 其他协作：协助招标人策划、制作影视、3D 等形式的广告；协助招标人策划、实施市场活动；协助招标人进行市场调研、整理、分析等。

二、本次招标原则上面对已经筛选出来的几家具备候选资格的广告单位，也欢迎对本次招标感兴趣的湖北地区优秀广告单位参加投标。有兴趣的投标人可在 2015 年 6 月 12 日前到下述地址向相关人员咨询详情和索取相关资料。

襄阳市樊城区现代数码城创新科技广场 B 座 6 层

智晨计算机通信科技(襄阳)有限公司

市场部：谢忠生　　联系电话：63436104　　电邮地址：*xiezhongsheng@zhichen.com*

采购部：王秋月　　联系电话：63301177-154　　电邮地址：wangqiuyue@zhichen.com

三、投标人应在 2015 年 6 月 27 日之前递交广告投标方案。广告投标方案递交地址与相关联系人及其联系方式同上。

【评析】这例招标书规范、完整，内容集中、明确。这样可以让潜在的投标者在短时间内对招标情况有一个清晰的了解，从而确定投标意向。

案例 2　　　　　　　　　**××大学修建图书馆楼的招标书**

××大学经上级主管部门批准，拟修建一座图书馆楼，从××××年××月××日起开始建筑招标。现将具体事宜告知如下：

1. 工程名称：××大学图书馆楼。

2. 建筑面积：××××平方米。

3. 施工地址：××市××路××号。

4. 设计及要求见附件。（略）

5. 材料中钢材、木材、水泥由招标单位供应，其余由投标人自行解决。所需材料见附表。（略）

6. 交工日期：××××年××月。

7. 凡愿投标的国有、集体、私有建筑企业，只要有主管部门和开户行认可，具有相应建筑施工能力者均可投标。

8. 投标人可来函或来人索取投标文件。

9. 投标人请将报价单、施工能力说明书、原材料来源说明书以及上级主管部门的有关签证等密封投寄或派人直送我校基建处招标办公室。

10. 招标截至××××年××月××日（寄信以邮戳为准）。××月××日在我校办公楼会议室、在××市公证处公证下启封开标。

××大学基建处（印章）

××××年××月××日

【评析】这例招标书标题由单位名称、招标项目名称和文种三部分组成。正文将建设单位名称、工程项目、建筑地点、建筑面积、建筑工期、设计和质量要求等事项和要求逐条列出，简明扼要，符合一般工程项目招标书的要求。

【知识链接】

一、概念

招标和投标是一种必须依照《中华人民共和国招标投标法》的法律规定而进行的竞争性经济活动，是当今国际上广泛流行的一种经济活动方式。

招标和投标具有以下特点：

(1)公开性。即招标条件、投标条件的公开性和竞争的公开性。

(2)保密性。即标底在开标之前要保密，不能泄露。此外，投标书开标之前也要保密。

(3)竞争性。招标、投标过程就是一个优胜劣汰的竞争过程，充满了竞争。

招标书又称招标通告、招标启事、招标广告，它是将招标主要事项和要求公告于众，使众多投资者前来投标。一般都通过报刊、广播、电视等公开传播媒介发表。在整个招标过程中，它是属于首次使用的公开性文件，也是唯一具有周知性的文件。

招标按招标形式可分为公开招标和有限招标两种形式。公开招标是招标方通过报刊发布招标通告，公开招请投标商。有限招标是预先选择有限的承包商，发出通知邀请他们参加投标竞争。

按招标的性质和内容分，有工程建设招标书、大宗商品交易招标书、选聘企业经营者招标书、企业承包招标书、企业租赁招标书、劳务招标书、科研课题招标书、技术引进或转让招标书等。

二、书写格式

招标书一般由标题、正文、结尾三部分组成。

三、招标书的写作方法

(1)标题。写在第一行的中间。招标书的标题一般由招标单位名称、招标项目名称和文种构成。文种可用招标书、招标通知、招标公告等。如"××建筑公司××工程建设项目招标书"；或者直接写文种名称，如"招标书"；还有一种广告性标题，用广告的形式宣传招标项目和内容，以吸引投标人，如"谁来承包××工厂"。

(2)正文。正文由引言、主体部分组成。

引言部分要求写清楚招标依据、原因、范围等。

主体部分要翔实交代招标项目、招标内容的具体要求和招标步骤。招标项目包括项目基本情况、对招标方的要求。招标内容的具体要求包括双方签订合同的原则、招标过程中的权利和义务、组织领导、其他注意事项等。招标步骤包括对招标工作所作的安排，包括招标的起止时间，招标文件的发送时间、地点、方式、价格、开标时间和地点等。

(3)结尾。招标书的结尾，应签具招标单位的名称、地址、电话等，以便投标者参与。

四、招标书写作注意事项

(1)周密严谨。招标书是签订合同的依据，是一种具有法律效应的文件，内容和措辞都要周密严谨。

(2)简洁清晰。招标书没有必要长篇大论，只要把所要讲的内容简要介绍，突出重点即可，切忌没完没了地胡乱罗列、堆砌。

(3)注意礼貌。招标书涉及的是交易贸易活动，要遵守平等、诚恳的原则，切忌盛气凌人，更反对低声下气。

【实践训练——完成任务】分小组完成任务。

【病文评析训练】请按照招标书的写作要求，指出下文缺少什么内容。

××集团公司修建计算中心大楼招标书

本集团公司将修建一栋计算中心大楼，由××市城市建设委员会批准，建筑工程实行公开招标，现将招标有关事项公告如下：

一、工程名称：××集团公司计算中心大楼。

二、建筑面积：××××平方米。

三、设计及要求见附件。

四、承包方式：实行全部包工包料。

五、索标书时间：投标人请于××××年××月××日来人或来函索取招标文件，逾期不予办理。

投标人请将投标文书及上级主管部门的有关签证等，密封投寄或派人直接送本集团公司基建处。收件至××××年××月××日止。开标日期定于××××年××月××日在××市公证处公证下启封开标。地点在本集团公司仁智楼第二会议室。

电话：××××××××   联系人：×××

××集团公司招标处
××××年××月××日

【情景拟写训练】

情景1：××职业技术学院拟通过招标的形式邀请建筑商为学院修建一座职工宿舍楼，请以××职业技术学院基建处的名义拟写一份招标书。

情景2：××职业技术学院对南校区学生公寓物业管理权进行公开招标，选定物业管理单位对南校区学生公寓物业进行管理。管理范围包括：学生公寓(3—14层)28776.5平方米，周边道路、运动场6704平方米，绿化面积1171平方米。招标内容依据招标单位提供的"招标文件"。凡达到××市物业管理三级以上资质的物业管理公司或高校后勤服务公司(集团)均可参加投标。

第二节　投　标　书

【任务呈现】以下是襄阳市××房地产公司公开发布的招标书，龙腾房地产设计公司得知消息后，准备参与投标竞争。请根据以下招标书内容为龙腾房地产设计公司拟定一份投标书。

襄阳市××房地产发展公司蓝天住宅小区工程总体规划设计方案招标书

本项目是经济适用房项目，位于襄阳市襄城区尹集村，总占地近88亩。本项目进行总体规划设计招标，中标单位将签订合同，完成全套方案设计。

一、项目概况

1. 项目位置：该项目(规划编号为大石坝组团E区2号地块、大石坝组团E标准分区1—8号地块)，位于襄城区尹集村(见附件一"规划红线图")。

2. 项目性质：商住。

3. 项目的立项批号为：襄城计委投〔2015〕296号。

4. 规划选址意见书文号为：鄂规选〔2015〕襄字第0143号。

二、招标方式

本项目采用邀请招标方式，邀请四家设计单位参加。

三、投标单位资质要求

1. 具有甲级建筑设计资质，技术力量雄厚。

2. 具有设计大型住宅小区的实践经验。

四、报名时应提供的资料

1. 单位营业执照、资质证书复印件。

2. 项目负责人简介和相关证书。

五、规划控制条件(详见附件二"××市建筑工程设计条件、要求通知书")

六、规划设计及质量要求

七、规划设计按有关规定执行，户型80—150m²，质量要求较高。

八、投标文件编制要求

投标文件使用中文，纸张A4，图纸：3号图幅，字号：仿宋体4号字。

主要内容包含：

1. 规划方案设计综合说明书(含主要经济技术指标)。

2. 规划方案设计图纸(总体布置图、立面图、效果图)。

3. 工程投资概算。

4. 设计进度和设计报价。

九、评标方法

襄阳市××房地产发展公司拆迁还房项目部对投标方案进行评选，从中选出1种设计方案，中标方案的设计单位为中标单位。

十、拟签订合同的主要条款

1. 主要事项：深化完成规划方案设计(深度做到初设)。

2. 工作时间：自中标之日起20日内。

3. 设计价格：按建筑面积计算，1.5元/平方米。

4. 方案阶段免费设计。

十一、其他

在收到各参与投标单位的图纸及相关文件后，由专家评审，中标的单位将继续参与该项目的规划设计工作，凡未被选中的方案，委托方不再退还设计方案、图纸及配套文件，委托方有权对图中合理的相关内容进行吸纳、综合。

十二、招标日程安排

1. 报名时间：2015 年××月××日下午 1:30，在襄阳市××房地产发展公司会议室。

2. 招标文件答疑、踏勘现场的时间和地点：2015 年××月××日(星期一)上午 9:00，在襄阳市××房地产发展公司会议室举行答疑和踏勘现场。

3. 投标文件送达的截止时间：2015 年××月××日下午 5:00。

4. 开标时间和地点：2015 年××月××日上午在襄阳市××房地产发展公司会议室举行开标会。

十三、报名地点及联系人

襄阳市襄城区檀溪路 1 号××房地产发展公司　　邮编：441000

联系人：曾健　　　手机：12234567890　　电话：888888888　　传真：333333333

附件：

1. 规划红线图

2. ××市建设工程设计条件、要求通知书

××房地产发展公司

2015 年××月××日

【案例赏析】

案例 1　　　　　　　　　培训楼工程施工投标书

××××××：

根据××铜矿兴建培训楼工程施工招标书和设计图的要求，作为建筑行业的×级企业，我公司完全具备承包施工的能力与条件，决定对此项工程投标，具体说明如下：

一、综合说明

工程简况(工程名称、面积、结构类型、跨度、高度、层数、设备)：培训楼一幢，建筑面积 10700 平方米，主体 6 层，局部 2 层。框架结构：楼全长 80 米，宽 40 米，主楼高 28 米，二层部分高 9 米。基础系打桩水泥浇筑，现浇梁柱板。外粉全部，玻璃马赛克贴面，内粉混合砂浆采面涂料，个别房间贴壁纸。全部水磨石地面，教室呈阶梯形，个别房间设空调。

二、标价(略)

三、主要材料耗用指标(略)

四、总标价

总标价 3408395.20 元，每平方米造价 370.23 元。

五、工期

开工日期：××××年 2 月 5 日

竣工日期：×××× 年 8 月 20 日

施工日历天数：547 天。

六、工程计划进度（略）

七、质量保证

全面加强质量管理，严格操作规程；加强各分项目工程的检查验收，上道工序不验收，下道工序决不上马；加强现场领导，认真保管各种设计、施工、试验资料，确保工程质量达到全优。

八、主要施工方法和安全措施

安装塔吊一台、机吊一台，解决垂直和水平运输；采取平面流水和立体交叉施工；关键工序采取连班作业，坚持文明施工，保障施工安全。

九、对招标单位的要求

招标单位提供临时设施占地及临时设施 40 间，我们将合理使用。

十、坚持勤俭节约原则，尽可能杜绝浪费现象。

附件：本公司基本情况介绍。

投标单位：×× 建筑工程总公司（盖章）

法定代表人或委托代理人：王××（盖章）

电话：××××××　　　　　传真：××××××

×××× 年 ×× 月 ×× 日

【评析】这是一篇工程建设项目投标书。正文先介绍了工程简况，然后说明了标价、耗材指标、工期、计划进度等，对招标书作出了明确的回答。这可以说是投标单位的正式报价单，是评标决标的依据。本投标书还包括了保证工程质量的措施和达到的等级、主要施工方法、安全措施和对招标单位的要求等。文末附上公司基本情况，让他人对己方建立信心。是一份写得较完整、较规范的投标书。

案例 2　　　　　　　　　　投　标　书

×× 航空有限公司

根据贵公司发布的航机杂志合作项目的招标公告及相关文件，我公司决定前来参加投标，签字代表 ×××（姓名、职务）经正式授权并代表我公司提交下述文件正本一份和副本一式 × 份。

（1）投标书

（2）开标一览表

（3）投标报价表

（4）资格证明文件

据此函，我公司宣布同意如下：

1. 投标单位决定投标：航机杂志，月交纳广告费（目前 8 架飞机）×××× 元，投标合作期限×年，留存××航空公司广告部版面××页，留存××航空公司集团宣传版面××页；机队到 10 架飞机，每架飞机交纳广告费提增××元；每增加 5 架，每架飞机交纳广告费提增××××元。

2. 投标单位已详细审查全部招标文件并对本项目有关问题与贵公司进行了充分沟通，并基于自身独立理解和判断参加投标，我们自行承担所有投标费用和支出，并完全理解并同意放弃因任何招标活动而针对招标单位的索赔权利。

3. 投标单位将按招标文件规定履行合同责任和义务。

4. 本投标书相关承诺自开标日起有效期 60 个工作日。

5. 如果我公司虚构、变造或伪造有关资质文件参加投标；或在规定的开标时间后，投标单位在投标有效期内撤回投标；或者投标单位在收到中标通知后，未能按中标通知书规定的时间和地点与贵公司签订合同的，我公司同意贵公司没收已经交纳的投标保证金。

6. 投标单位同意提供按照贵公司可能要求的与其投标有关的一切数据或资料，理解贵方不一定要接受最高价的投标或收到的任何投标。

7. 与本投标有关的一切正式往来通信请寄：地址：_____
邮编：_____ 电话：_____ 传真：_____ E-mail：_____

8. 本公司承诺：如因本次招投标活动而产生任何争议，应先友好协商解决；如未能协商解决的，同意由开标所在地法院依法裁决。

投标单位法人代表：×××　　　　　　签字代表签字：_____

投标单位名称：_____（公章）　投标日期：_____年___月___日

【评析】这则投标书是投标单位在充分领会了招标文件的内容，经过认真考察和研究之后，决定对某项目进行投标，而根据招标单位要求填写，向招标单位递送的书面文件。语言简练严谨，投标意向明确。

【知识链接】

一、概念

投标书又称投标说明书，简称标书，是指投标单位按照招标书的条件和要求，向招标单位提交的承诺文书，目的是以求实现和招标方订立合同。它要求密封后邮寄或派专人送到招标单位，故又称标函。它是投标单位在充分领会招标文件，进行实地考察和调查的基础上所编制的投标文书，是对招标公告提出的要求的响应和承诺，并同时提出具体的标价及有关事项来竞标。

投标书撰写得好坏直接影响中标结果。

二、投标书的书写格式

投标书有表格式、说明式和综合式等写法。一般由标题、主送单位、正文、落款和附件等几个部分组成。

三、投标书各部分的写作方法

（一）标题的写法

一般有公文式写法和论文式写法。

公文式写法标题一般由投标单位名称、投标项目和文种组成，如"××公司承包××学院新校区工程投标书"；也可由投标方的名称与文种两部分组成，如"××建筑工程公司投标书"；更多的是用文种直接作标题，如"投标书"。

论文式写法一般采用双标题，分主题和副题两部分，主标题要突出投标方的优势，以增强中标的可能性，如"有实力，讲信誉——我的投标书"。

（二）主送单位

招标单位名称，即投标书的主送机关。要顶格书写招标单位的全称，与书信的称谓和写法相同。

（三）正文的写法

投标书的正文有的只需用简洁的文字直接表明态度，写明保证事项即可；有的也可根据需要介绍一下本单位的情况，或者写明其他应标条件及要求招标单位提供的配合条件等；必要时也可附上标价明细表。

正文可分为前言、主体和结尾三部分。

(1)前言。又称引言，简明扼要地说明投标方的名称、投标的方针、目标以及中标后的承诺等内容，开宗明义，提纲挈领。

(2)主体。这是投标书的核心部分，要依照招标书的要求，认真细致地写好以下内容：

1)投标的具体指标。不同类型标的的投标项目，需要写明的指标是不同的，若为大宗货物贸易投标，要写明投标方对责任义务所作出的承诺；若为建筑工程项目投标，要写明工程的总报价及对价格组成的分析、计划开工和竣工日期，主要材料指标，施工组织和进度安排，保证达到的工程质量标准，以及拟派出的项目负责人与主要技术人员的简历、业绩和拟用于完成招标项目的机械设备等；若为承包企业投标，要写明生产指标、税金指标、费用率、利润率、周转资金等经济指标。

2)完成指标的措施。要写明实现指标、完成任务的技术组织措施，这是具体指标和任务完成的保障。

3)投标书的有效期限。投标方将按招标文件的要求交纳银行担保书和履约保证金。

(3)结尾。通常以提出建议结束，即对招标单位提出予以支持和配合的要求等，也可说明对招标单位不一定接受最低价和可能接受任何投标书表示理解。

(4)落款。投标书要写明投标单位的名称、地址、电话、传真、邮编等，以便招标单位进行联系。表格式投标书一般是由招标单位编制的，投标方只需按要求填写即可。

(5)附件。投标书一般都有附件。主要附上有利于投标方中标的有关材料等。以建筑工程投标书为例，附件包括工程量清单或单位工程主要部分的标价明细表，单位工程的主要材料、设备标价明细表，重要的大型工程还要附上保证书。

许多投标书都有封面，在封面上要填写招标单位名称、招标项目名称、投标单位名称和负责人姓名或法人代表姓名，在封面的右下角写明标书的投送日期。

四、投标书写作注意事项

(1)情况要了解清楚。起草投标书前一定要了解清楚各方面的情况：一是全面了解招标公告的内容，特别是其所提供的招标项目的有关情况，如招标范围、规定、招标方式等。二是全面了解招标项目的市场情况，要对招标项目进行周密的调查研究和准确分析，掌握市场信息，做到知己知彼。成本核算要合理，报价要适当，这样既能展示自身的竞争能力，又能在中标后获得一定的经济效益。

(2)自我介绍要实在。投标者对自身条件和能力的介绍要实事求是，不虚夸，不溢美。投标书中提出的措施、办法要切实可行。

(3)内容表述要规范。投标书的内容关系到中标机会，要注意与招标书相对应，对招标条件和要求做出明确的回答和说明，数字要精确，单价、合计、总报价均应仔细核对，投标书的体式也要完整无缺。

(4)要堵塞漏洞。要防止投标书中出现漏洞，比如未密封或未加盖公章，或负责人未盖印章，或保证完工的时间与招标的规定不符等问题，看似细枝末节，但若不注意，就可能成为无效投标书。

(5)要遵守法律法规。投标者不得相互串通投标报价，不得与招标者串通投标，也不得以低于成本的报价竞标。

【病文评析训练】请按照投标书的写作要求，指出下文存在的问题。

××××公司投标书

××××公司

诸位先生：

研究了招标文件 IMLRC-LCB9001 号，对集通铁路项目所需货物我们愿意投标，并授权下述签名人××，×××，代表我们提交下列文件正本一份、副本四份。

1)投标报价表。

2)货物清单。

3)技术差异修订表。

4)资格审查文件。

签名人兹宣布同意下列各点：

1)所附投标报价表所列拟供货物的投标总价为×××元。

2)投标人将根据招标文件的规定履行合同的责任和义务。

3)投标人已详细审查了全部招标文件的内容，包括修改条款和所有供参阅的资料及附件，投标人放弃要求对招标文件作进一步解释的权利。

4）本投标书自开标之日起 90 天内有效。

5）如果在开标之后的投标有效期撤标，则投标保证金由贵公司没收。

6）我们理解你们并不限于接受最低价和你们可以接受任何标书。

投标单位名称：中国广州×××公司（公章）

地址：中国广州××区××街××号　　　　　电话：×××××××××

授权代表：×××

　　　　　　　　　　　　　　　　　　　×××××年××月××日

【实践训练——完成任务】分小组完成任务

　　工作任务：学生分小组互为招投标方，按照投标书格式编制招标书和投标书。

【情景拟写训练】龙翔建筑公司得知下面的招标信息后准备投标，请在阅读下面的招标文件后为龙翔建筑公司拟写一份投标书。

鹤壁市特殊教育学校教学楼空调及室外工程招标公告

工程编号：CGZB-2015-001

资金来源：财政资金

1. 招标条件

鹤壁市特殊教育学校教学楼空调及室外工程，项目业主：鹤壁市特殊教育学校，建设资金为财政资金，项目已具备招标条件，现对该项目设备及安装进行公开招标。

2. 项目概况与招标范围

2.1 工程名称：鹤壁市特殊教育学校教学楼空调及室外工程

2.2 招标项目简要说明：鹤壁市特殊教育学校总建筑面积 2974 平方米，本工程为主体工程的配套工程，空调主机按学校总体设计配置，工程内容包括：

(1) 教学楼中央空调末端安装工程；

(2) 空调室外管网及机房工程；

2.3 建设地点：鹤壁市特殊教育学校院内

2.4 资金来源：财政资金

2.5 计划工期：40 天

2.6 工程质量标准：合格

3. 投标人资格要求

3.1 本次招标要求投标人须具备机电设备安装工程专业承包二级及以上资质，人员、设备等方面具有相应的施工能力，其中，投标人拟派建造师须具有机电设备安装专业二级及以上注册执业资格。

3.2 本次招标不接受联合体投标。

3.3 投标申请人应具有独立签订合同的能力；具有良好的配套服务能力和信誉，未处于被责令停业、投标资格被取消或者财产被接管冻结和破产状态；企业没有因骗取中标或者严重违约以及发生重大责任事故等问题，没有被有关部门暂停投标资格并在暂停期内的。

4. 投标须知

4.1 报名要求

凡有意投标者携带资质证书(副本)、安全生产许可证(副本)、营业执照(副本)、法人授权书及委托人身份证、注册建造师资格证及安全考核合格证(B证)、所投产品由质量监督部门颁发的全国工业产品生产许可证，销售代理商需提供厂家生产许可证复印件以及生产厂家针对本项目的授权书原件。进口产品需提供海关证明材料。合资企业须持有效的外资合资证明。公告期间投标企业需出具单位注册地或项目所在地检察机关出具的"行贿犯罪档案查询结果告知函"的结果证明。

(以上证件在报名时，必须提供原件和加盖红章的复印件一套，验原件留复印件。)

4.2 招标时间安排

公告时间：2015 年 8 月 7 日至 2015 年 8 月 13 日(节假日除外)。

报名时间：2015 年 8 月 7 日至 2015 年 8 月 13 日(节假日除外)。

招标文件领取时间：2015 年 8 月 7 日至 2015 年 8 月 13 日。

每日上午 8:30—11:30，下午 15:00—18:00。过时将不予受理。

4.3 报名地点：鹤壁市建设交易中心。

报名联系电话：0392-3338085

5. 发布公告媒介

本次招标公告同时在鹤壁市建设工程交易中心网、中国采购与招标网、河南招标采购综合网、鹤壁市政府采购网上发布。

6. 联系人及联系方式

招标人：鹤壁市特殊教育学校

联系人：王校长   联系电话：13803920535

招标代理机构：河南中建工程管理有限公司

联系人：方 杰   联系电话：0392-3262655

第三节　商品广告

【任务呈现】襄阳市××酒厂生产的××白酒质优价廉，苦于在市场上没有名气，一直打不开销路。请你替××酒厂撰写一份商品广告。

【案例赏析】

案例1　　　　　美国（前）总统布什向英国民众介绍美利坚的广告

在美国这块土地上，你可以看到迥然不同的景色：交叠起伏的绿色田野、平坦的白沙海滩、迪士尼乐园。你可以听到以黑人乐曲谱写的明快而狂热的爵士乐。你可以一睹大湖区和大峡谷的风光——现在你比以往有更多的理由来美国参观游览，没有比现在这个时候更好的了——总统发出邀请，你还等待什么呢？

（转引自姜淮超、刘帆《广告创作艺术》，陕西人民教育出版社）

【评析】这是一则旅游广告，广告以总统的特殊身份、满腔的热情、温馨的语言描绘出美国种种值得游览的地方和值得欣赏的事物，语言以亲切的第二人称道出，很具吸引力。

案例2　　　　　　　贴心服务　美菱快一步

新世纪，新美菱，新生活！

新鲜的美菱向您郑重承诺"新鲜服务，美菱快一步"的新服务理念，理念以新鲜的服务内容和崭新的服务形象让您倍感新鲜美菱的无穷魅力！为此，我们以"更新、更快、更人性化"为服务宗旨，奉献给您的将是一次次优质、快捷、专业的满意服务。

精确每一度　新鲜每一处

新鲜的　美菱的

美菱襄阳经销处，电话：123456，联系人：张三

【评析】这是一则完整的广告文案，包括标题、正文、广告口号和联系方式等内容。

【知识链接】

一、概念

商品广告，是以促进产品的销售为目的，通过向目标受众介绍有关商品消息，突出商品特性，以引起目标受众和潜在消费者关注的广告。它力求产生直接和即时的广告效果，在目标受众的心目中留下美好的产品形象，从而为提高产品的市场占有率、最终实现企业的目标埋下伏笔。

二、广告的构思

一则成功的广告，其重心应放在广告的创意上，即广告的构思上。主要应从内容和形式两个方面着手：

(1)内容方面：注意确定商品个性与广告的主题。

商品的个性是商品在市场上生存的依据和竞争的力量，广告要突出宣传商品的个性，这样才能为商品塑造一定的形象，争得一定的市场地位。因此，确定商品个性的问题，同时也是直接关系广告作品本身在竞争中有无内在力量的问题。

商品的个性要在市场调查的基础上，将商品的原料、加工、性能、构造、外观、

效用、特点、档次、价格、在市场上的竞争地位等情况综合起来，在与同类产品的比较分析中提炼和确定下来。

广告主题，通俗地讲，就是向消费者告知和说明的问题。确定主题要考虑广告目标、商品个性和消费心理三个方面，既要集中突出商品个性，又要有鲜明针对性，从消费者最关心的问题入手来刺激、引发消费者的兴趣。

成功的广告都有鲜明、突出的主题。有的突出经济实惠，有的突出安全可靠，有的突出传统风格，有的突出高效低耗，有的突出舒适高雅等。例如"两面针牙膏"广告的主题，突出该牙膏的药用价值；"五粮液酒"的广告主题，突出其历史悠久，酒味醇香；美国柯达照相机的广告："你只要压一下按钮，其余的事由我负责"，突出其操作简便，这些广告都使自己的产品在众多产品中脱颖而出。

(2)形式方面：注意选择表达方式。

广告的主题是一种理性的观念和认识，主题确定之后，就要运用一定的艺术手段，通过一定的艺术形式把主题表达出来。博览古今中外的广告大千世界，可说是色彩缤纷，千姿百态，表现形式异常丰富。由于所借助的媒介不同，有的诉之于人的听觉，有的诉之于人的视觉，有的既诉之于人的听觉又诉之于人的视觉；有的以文为主，有的以图为主，有的图文并茂；有的是动态，有的是静态；有的还把内容与舞蹈、歌曲、快板、对话、诗歌、动画、雕塑、音乐等艺术形式相结合，以增强对消费者的吸引力。尽管表现手法多种多样，但从总体上分，不外乎两种类型：

理性诉求广告，又称客观报道式广告。主要运用客观、求实、简明的语言向消费者介绍商品的名称、规格、用途、特点、价格等，其作用目标在于人的理智。这类广告诚实朴素，很少主观色彩，无夸饰之词，使人感到真实可信。此类广告宜于生产资料、机电产品、交通工具、家电产品、建筑材料、医药用品等内在技术性能要求严格的商品使用。

情绪诉求广告，又称暗示广告、兴趣广告。这种广告侧重于表现人和商品的关系，其作用目标是消费者的情感。创作这种广告，往往要调动多种艺术手法，通过渲染背景、设置氛围、创造意境等来暗示、诱导、撩拨、启发人们的潜在意识，激起人们的购买欲望。此类广告宜于食物、饮料、服装、玩具、化妆品、饰品等日常生活消费品使用。

当然，这两种类型的表现方式在同一广告中并不矛盾，往往互相并用，互为补充，只是有所侧重罢了。

三、商品广告各部分的写作方法

广告，或是广告的文案部分，结构形式比较灵活，从一般规律看，大致分为标题、正文、广告语、附文四部分。

(1)标题。广告的标题有着揭示主题，传达信息内容，引人注意，诱读正文的作用。但最重要的是要引起消费者的"即刻注意"，听一遍，看一眼就能吸引住人。有了这个"即刻注意"，才能转为"持续注意"，才能唤起消费者的购买欲望。

因而，能否引起人的"即刻注意"是广告标题成败的标准。

为了达到使消费者"即刻注意"的目的，广告设计者有时一语道破主旨，采用直接正面冲击的方式来迫使消费者注意；有时采取含蓄、委婉、渲染、衬托的方式来传达主旨，靠启示、劝导、暗示来间接吸引消费者注意。

直接冲击式标题一般在语言上多采用名称式和陈述式，例如"云南白药膏"、"颈痛灵——颈椎病患者的福音"、"神州热水器"、"西安夏季人才招聘会"等。这种标题直接明快，庄重严肃，但易于落入平庸，若搞得不好，则引不起人的注意。

间接吸引式标题语言表达方式灵活，常见的有：

1) 设问式。这种方式往往结合产品特点和人们潜在的需求愿望，有针对性地提出问题，靠问答的配合来达到推荐商品的目的。例如："你想快速致富吗？请订阅《××信息报》。""你失眠了吗？晚安多邦胶囊为您解决烦恼。"

2) 祈使式。用请求、希望、劝勉、叮咛、忠告等语气向消费者表达厂家和经营者的意愿，意在催促消费者采取相应的购买行动。例如"欢迎订阅《小说月报》"、"别忘了脚下的风采"、"HIIPO（哈埃斯勒）的确与众不同"（运动鞋广告）、"要找好工作，请看《华商报》"、"怕胖的女孩，跟我来"。这种广告应注意语言的谨慎与诚恳，否则容易导致人们的逆反心理。

3) 新闻式。以新闻报道的形式设题，将最新经济消息告知消费者。这种标题多用于新产品上市、新店开张、企业及经销者采取新举措、参评获奖等。例如"××肉联厂隆重推出啤酒火腿、德国红肠"、"2006 特价书展销"。

4) 描写式、渲染式。用文学艺术的描写、渲染手法，创造与商品有联系的意境，在意象的陪衬中宣传商品。如某绢花生产厂的广告"巧手留住春，绢酿满园花"，以百花竞放的满园春色来陪衬绢花之美。这种手法可使人们在了解商品的同时获得美的享受。

在实际生活中，我们所遇到的广告标题并不限于以上几种，还有颂扬式、寓意式、悬念式等。无论采用哪种方式的标题，都以吸引消费者"即刻注意"为其目的。广告的标题犹如新闻的标题一样重要，是全文的"眼睛"，需要下功夫琢磨。好的广告标题，能够作用于消费者的心理，引起消费者的兴趣，进而拨动购买动机，激起购买行动。

(2) 正文。广告的正文由开头、主体和结尾三部分组成。

1) 开头。常见的写法有三种：一是与广告标题相呼应，或承接标题继续叙述，或对标题的设问作出回答，或解释标题含义并进一步强调标题。二是概括全文，以精练的语言点明主旨，此种写法由借鉴新闻导语而来。三是简介企业情况。当然并不限于此三种。

广告正文的开头，语言一定要概括精练，富于衔接性，能很快过渡到广告的主体部分，而且要与标题、主体部分相互配合。例如陕西西凤酒的广告文案，在标题"凤凰展翅，酒香万里"之下，正文的开头写道："中国老牌名酒之一——西凤酒，始于周秦，盛于唐宋，至今已有二千四百多年的历史。"这个开头紧承标题，点出所推销产品的生产厂家、产品名称，强调了其悠久历史的优势，语言概括扼要，既提纲挈领，又便于过渡到主体对该产品的具体介绍。在赞誉中暗含了酒味醇香是其历史悠久的主要原因的道理。

不是所有的广告都需要一个"开头",尤其是篇幅短小、信息集中的广告,常常直言中心内容。

另有一些广告,由于标题已经起到提纲挈领的作用,或主体部分的内容与标题本身衔接紧凑,也就不必专门设立一段"开头"了。

2)主体。这是广告内容的中心,这一部分要对广告标题及开头所提挈、许诺的事项加以说明和证实,是广告主题的具体化。一般多用有力的事实和根据来说明商品的特点、优势及推荐购买的理由。在手法上,要灵活多样,突出个性特色,并与内容有机结合,使它们相得益彰地体现广告的宣传意图。

仍以上面西凤酒广告的文案为例,正文主体写道:"西凤酒醇香典雅,诸味协调,甘润挺爽,尾净悠长,风味独特,在全国第五届评酒会上被列为'凤型'。其不上头、不干喉、回味舒畅,被赞为'三绝'。目前,西凤酒已从传统的65º发展到60º、55º、45º、39º及西凤大曲、雍城、凤灵酒、柳林春五类九种系列产品。西凤酒畅销全国,远销日本、俄罗斯、罗马尼亚、加拿大、美国、西班牙、厄瓜多尔、东南亚诸国及中国港澳地区,深受中外用户青睐。"主体突出介绍了西凤酒的酒味特色、品种类型和市场销售优势,融进了较多的广告信息。

3)结尾。广告的结尾要干净利落,或公布服务的宗旨,或强调广告的信息焦点,或呼应标题、照应开头。例如以宣传意大利旅游消费价廉为主题的意大利航空公司广告的结尾:"比你梦想到的享受要多,比你所想到的花费要少。"

当然,简短的广告也可不要结尾。

(3)广告语。又称"广告标语"、"广告口号",指在广告中用来概括服务宗旨、强化信息的文字,常使用简明扼要的标语口号式语句来表达。广告语一般简明易记,特点突出,体现广告主较长时间的宣传宗旨,所以广告正文的内容尽管多变,而广告语常常是相对稳定的。广告语的反复出现,使广告宣传系列化,具有增强印象、强化特点的作用。广告标语的位置比较自由,它可以灵活出现于广告的任何位置,既可与广告标题合一,代作标题,也可放在广告的结尾处,也可出现于广告正文的中间。

广告语的内容多样,常以宣传企业形象、商品优势、服务特点和精神文化多见。如:"平板电视专家"(厦华广告);"无微不至,无所不在"(国美广告);"联想笔记本——让世界一起联想"(联想笔记本广告);"趣味相投,N多快乐"(网易广告);"超越平凡生活"(卓越广告);"真诚到永远"(海尔电器广告);"让我们做得更好"(飞利浦广告);"三星技术,为生命服务"(韩国三星集团广告);"学好英语,当然'好记星'"(好记星学习机广告);"人头马一开,好事自然来"(人头马XO广告)。

(4)附文。又称随文,指在广告结尾之后出现的附属内容,主要标明企业或经营者名称、地址、购买商品或接受服务的方法、通信联络方式、联系人、银行账号等,以方便销售。

四、商品广告写作注意事项

(1)立意新颖，重点突出，简明易记。

能否引起消费者注意，是广告是否有效的最朴素、最基本的标准。现在的许多广告之所以使人听而不闻、视而不见，就是因为过于平庸、空泛、陈旧，缺乏重点和特色，语言也冗长乏味。

当今社会是信息社会，信息数量之多和传递速度之快是前所未有的。据有关资料统计，美国人平均每天受到 1500 条广告的冲击，而能引起注意的仅有 76 条；中国人平均每天受到 300 条广告的冲击，能引起注意的仅有 7 条，比例很小。信息超载，使人们在接受信息时自觉不自觉地有所选择。如果一则广告宗旨不集中，特点不鲜明，冗长难记，势必淹没在广告的汪洋大海中，难以达到预期目的。而好的广告，则注意选择优于其他商品的长处作重点宣传，以不同凡响的立意吸引消费者。

例如《知识文库》的推销广告："96 页版面提供 384 条知识资料。"主旨突出其内容丰富的特色，给人以花钱不多、受益匪浅、十分划算的感觉。

又如美国"艾略特博士小书架"的书刊广告："读，每天读十五分钟的伟大文字作品，五年您就大学文科毕业。读，会使您不断进步，不断提高；要读，就读艾略特博士小书架上的书。现在，书架上有……"这项广告立意新颖，突出了"艾略特博士小书架"善于引导、长于推荐的特点，并把坚持读其推荐的书将会取得的效果亲切而自信地道出。其中"十五分钟"——"五年"——"大学文科毕业"几个连续性因素十分引人注意。像这样立意新颖、特色突出、简明易记的广告就容易拨动人的购买欲，其效果远比那些看去振振有词，实则空泛无物的"选料上乘，制作精良"、"驰名中外，誉满全球"的"八股"广告好得多。

(2)要实事求是。

广告是优质商品的"伯乐"，但广告却不允许弄虚作假，搞脱离实情、耸人听闻的"牛皮广告"。真实是消费者购买商品的依据，是广告写作的基础，是广告的力量所在。它关系到企业信誉和社会公德。一则失实的广告，可能会得逞于一时，但一旦败露，失去信誉，所受的损失即便付出几倍、几十倍的努力也无法挽回。所以广告宣传一定要实事求是，不得以任何形式欺骗顾客。广告的信息要真实准确，内容要有科学根据，数据应确凿。介绍商品性能和评价商品时，用语要讲究分寸，合乎实际。

一些价格昂贵又需要一定使用知识的商品，在介绍商品的性能、长处和使用方法时，应将商品的缺陷、注意事项等也介绍给消费者，这样才能提高消费者对其广告的信任程度。

与同类产品进行对比说明时，也应注意实事求是原则。对比要公正，不恶意攻击、不贬低对比对象，对比的资料要有权威性，如国家有关产品的评比鉴定资料、产品检测部门和科研部门的鉴定意见、国际上的获奖等，让消费者感到你的评价、介绍是可以衡量和测量的。

广告的语言风格和内容要相互配合，也要体现实事求是原则。

(3)形式生动活泼，讲究艺术性。

广告是说服艺术，形式是否生动活泼、是否具有艺术性，直接关系到广告的实际效果。因此在形式美上，广告设计者应独具匠心，发挥超凡脱俗的创造力和表现力，使自己的广告脱颖而出。例如《文化与生活》的广告："如果你不读改版后的《文化与生活》，本刊将失掉一个读者，而你将失掉一个世界。"运用对比的手法，将刊物"失掉一个读者"和读者"失掉一个世界"相对比，使读者感到不订此刊物将损失惨重。

创作广告，还应注意所用的媒介，不同的媒介有不同的特点。电视广告，融多种艺术形式于一体，有声有形，富于动态，设计者应力求在几秒钟之内"既见物又见人"，把人对物的评价、赞赏及使用后的效果等表现出来，还可动用音乐、舞蹈、动画等艺术手段，充分运用电视的"蒙太奇"手法，把广告做得生动新颖而吸引人。

广播广告，有声无形，转瞬即逝，因此用语要简洁明了，通俗易懂，还可采用对话、快板、相声、歌唱等形式，增强艺术感染力。

报刊广告，不仅要求立意新颖，语言优美，而且应注意图文相辅。

广告的形式要在求"新"、求"异"上下功夫，要使人感到生动别致，饶有趣味。例如，"蜜蜂"牌保险箱的广告，利用谐音，婉转揭示产品"密封"的性能。鞋油广告"红鸟牌鞋油愿为足下增光"，利用"足下"一词的双关含义，既指鞋，又指人，含蓄而俏皮。日本丰田车的广告，利用中国的俗语加工而成，"车到山前必有路，有路必有丰田车"，简明生动，妙语生辉。

只要善于发掘，充分调动各种艺术表现手段，并注意满足人们的审美需要和审美习惯，就可获得良好的宣传效果。

(4)注意消费者心理。

广告是通过启发、诱导、说服的方式来向消费者推荐商品的。能否准确地把握消费者的心理进行宣传，是广告成效有无和大小的重要因素。消费者购买商品的动机十分复杂，存在着自尊、求实、求新、求美、求廉、求乐、求荣、求名、求速等各种心理。所以制作广告，一定要掌握各种心理，注意站在广告对象的角度去考虑广告的内容。说话的口吻也要注意能否使其乐意接受，切不可盛气凌人，指手画脚；也不可自吹自擂，强加于人。措辞要准确、生动、感人。例如，上海三菱电梯有限公司的广告语："我们推销电梯产品，增加的不仅是利润，更多的是朋友。"在广告宣传中融进了浓郁的互相信任、互相理解的情感，用户就乐意接受。现在有些广告，溢美之词过多，反倒使人产生逆反心理。然而有人却十分巧妙地利用消费者对溢美广告的这种逆反情绪，写出了"揭短广告"。例如《电子报》的征订广告："《电子报》的主要缺点：印刷质量较差，文字排校和技术性差错间或出现(今年以来虽有显著改善，但仍未杜绝)；版面有限，无力刊登系统性基础理论教材和系统性科普文章。"这则广告看似"揭短"，实际上透过文字人们会感到，此报重视印刷质量，差错较少，内容也丰富生动。广告设计者以谦恭的口吻介绍情况，却使订数上升 20%。广告要视目的及消费者心理进行设计。美国一则推销牛奶的广告写道："只要你连续 1200 个月里每天都喝上一杯牛奶，您准能活上 100 岁。"有意将 100 年折算成 1200 个月，旨在劝告消费者长期饮用他们的牛奶，并将其与消费者讲究营养、追求长寿的心理相联系。

广告要准确把握消费者心理，有针对性地介绍消费者最关心的问题。用名牌、豪华商品，能满足有些人的"身价感"；物美价廉的商品，又可以使购买者获得求实的快意感；女青年购买化妆品时往往有"爱美不怕花钱多"的心理，如果对她们宣传价格低廉，就会产生"便宜没好货"的想法而不愿购买。

【实践训练——完成任务】分小组完成任务

【案例评析训练】分析下列广告的写作方法和特点。

1. 台湾一则压力锅的广告：

广告画面上是一微笑着双手合十的年轻主妇，边上附有图解文字，标题是："给太太一份安全感"。这则广告把人们购买压力锅时最关心的安全问题作为主旨，介绍了这种产品在安全方面的优势，包括特殊安全阀、防爆装置、投保使用年等。

2. "诺亚舟"学习机的广告标题是："放心选择诺亚舟'新状元'的十大理由"，正文列出："1. 权威认可；2. 技术领先；3. 专业品质；4. 质量可靠；5. 售后无忧；6. 英语五大同步；7. 九门功课名师教；8. 海量课件下载；9. 精英教育资源；10. 功能强、内存大。"

3. 某药店的宣传广告："但愿人间人无病，何愁架上药生尘。"

4. 法国的印刷广告："除了您省下的钞票外，承印一切。"

5. 某鞋厂广告："穿上××牌皮鞋，使您更精神、更潇洒。"

【情景拟写训练】为××职业技术学院学报或你所熟悉的刊物写一则征订广告。

第四节　说　明　书

【任务呈现】某种专门催猪生长的饲料，其产品说明书上本应为"切忌烫煮"，结果变成了"切记烫煮"。一字之差，众多猪的嘴巴被烫出了大泡、破皮。于是，养殖户在消协据理力争，索回了 800 元钱的赔偿费。

安徽省歙县一农机公司曾经因为销售的产品说明书夸大其词，吃了一场官司。某年 5 月，汪百寅与歙县农机有限公司签订了一份买卖榨油机的协议。合同签订次日，机器送到汪百寅的家中，在汪百寅新购的机器说明书中有这样的介绍：本机出油率高，比一般榨油机提高 3%；节约能耗，比一般榨油机节约电量 26%。然而汪试用后发现该机出油率并不高，和说明书所称存有差距，在与销售方联系并且调试后依然没有达到预期效果。歙县人民法院审理认为，被告应当提供证明其榨油机使用说明书所称出油率及电耗的证据，但被告无正当理由拒不提供，可以推定该机并不优于其他机型。法院据此判令被告返还汪百寅全部购机款并赔偿损失 3020 元。

在以上两个案例中，我们该如何正确撰写说明书，以避免上述纠纷呢？

【案例赏析】

案例 1　　　　　　　　　复方板蓝根颗粒说明书

[药品名称]

品名：复方板蓝根颗粒　　　　　　汉语拼音：Fufang Banlangen Keli

[成分]板蓝根、大青叶

[性状]本品为棕色的颗粒；味甜、微苦。

[功能主治]清热解毒，凉血。用于湿病发热，出斑，风热感冒，咽喉肿烂，流行性乙脑炎，肝炎，腮腺炎。

[用法用量]口服，一次 15g(一袋)，一日 3 次，重症加倍；小儿酌减。预防流感、乙脑，一日 15g(一袋)，连服 5 日。

[规格]每袋装 15g(相当于原生药 15g)

[有效期]2 年　　　　　　[产品批号]见包装盒　　　　　　[生产日期]见包装盒

[批准文号]国药准字 Z32020475　　　　[生产企业]名称：南京厚生药业有限公司

公司地址：南京经济技术开发区新港大道 86 号 3 楼

生产地址：江苏省句容市石山头

电话：0511-7706306　7706356　　　传真：0511-7706345　　　邮编：212423

【评析】复方板蓝根颗粒是比较常见的药品，这则说明书根据药品的使用特点，把消费者需要和应该知晓的有关内容，如适应症、用法、用量、有效期等清楚规范地表达了出来。有些药品还必须交代清楚不良反应、注意事项、禁忌等问题。

案例 2　　　　　　　　　(××剃须刀)使用说明书

本说明适用于各类充电式剃须刀。

充电：将电源插头插入 AC220V 电源之中，视充电指示灯亮、充电 12—16 小时。注意：充电时间不要过长，以免影响电池寿命。

剃须：将开关键上推至开启(ON)位置，即可剃须。为求最佳之刮须效果，请将皮肤拉紧，使胡子成直立状，然后以逆胡子生长的方向缓慢移动。

修剪刀：如有修剪刀功能的剃须刀，请在剃须前，先将修剪刀推出，修短胡须后再用网刀剃净。

清洁：剃须刀要经常清洁。清洁前应先关上开关。旋下网刀，用毛刷将胡须屑刷净。清洁后轻轻放回刀头架，且到位。清洁时应轻拿轻放，避免损坏任何部件。

保修条例：保修服务只限于一般正常使用下有效。一切人为损坏，例如接入不适当电源，使用不适当配件，不依说明书使用；因运输及其他意外而造成之损坏；非经本公司认可的维修和改造，错误使用或疏忽而造成损坏；不适当之安装等，保修服务立即失效。此保修服务并不包括运输费及维修人员上门服务费。

保修期外享受终身维修，维修仅收元器件成本费。

剃须刀中内、外刃属消耗品不在保修范围内。

保修期：正常使用六个月。

注意事项：充电时间 12—16 小时。

换刀网刀头时一定要选用原厂配件。

【评析】这是一篇剃须刀的使用说明书。该使用说明书还附上了"保修条例"部分，严格来讲，"保修条例"不属于使用范围内的东西，可以略去。就其使用说明来讲，该文谈到三个主要的步骤：一是充电；二是剃须；三是清洁。这类剃须刀属于充电式的，由于刚打开的产品尚未充电，故要求先充电。该部分介绍了所接用的充电电压、充电时间及注意事项等。剃须部分将剃须的具体方法、剃刀走动的方向等都介绍得很清楚。除此而外，还指出有"修剪刀"的剃刀可在剃须前先将长须修短，再用剃须刀剃净。清洁是剃须后必做的工作，这里详细地介绍了剃须刀的保养清洁工作。为延长剃须刀的寿命这都是很有必要的。

【知识链接】

一、概念

说明书是介绍说明物品的性能、规格、用途、使用方法或影视剧情节介绍、图书简介等实用性的说明文体。目的是使消费者、读者和观众对某种产品、影视剧、书籍等有所了解，并能正确掌握和使用、阅读欣赏。

说明书具有以下特点：

(1)实用性。最基本、最重要的特点。说明书必须从实用性的角度考虑说明书的内容重点和表述要求。

(2)科学性。主要指内容上的确凿无误和表达上的准确，不能模棱两可，即概念准确，使用程序准确，用词准确。

(3)简明性。通俗易懂、简明扼要，专业说明书和影视剧的说明书则可以稍长些。

(4)示象性。增强形象性、直观性。

二、书写格式

说明书有两种形式：

(1)条款式。一般多用于程序性的内容说明。它的优点是醒目、突出、条理清楚；

缺点是偏于罗列条目，易零碎而不连贯。

(2)短文式。多用于介绍性的内容说明，如电影节和书籍的内容介绍说明。它的优点是简明、连贯、完整；缺点是不醒目，不易突出重点。

采用哪一种书写格式，要由说明的对象、目的来决定。

三、商品说明书的写作步骤

商品说明书也叫"产品说明书"，或"使用说明"，是关于商品的构造、性能、规格、用途及使用方法等的文字说明。一般分为标题、正文和落款三部分。

(一)标题

商品说明书标题有以下几种形式：

(1)由商品名称和文种组成，如"××六味地黄软胶囊说明书"。

(2)直接由商品名称或"说明书"三个字构成，如"××牌小柴胡冲剂"。

(3)修饰性标题或散文式标题，概括商品的主要特点，如"康乐摇摇椅"。

(二)正文

条款式和文章式有不同的写法。

(1)条款式。对商品的性能、成分、用途、使用、保养、维修等注意事项逐条陈述，解释得比较清楚、明确，便于阅读。

(2)文章式。将说明的内容归总起来，一贯到底，适用于简单的说明书。

(三)落款

写明生产厂家、电话号码、联系人、邮政编码等。

四、说明书写作注意事项

(1)要实事求是。有一说一，有二说二，不可为达到某种目的而夸大产品作用和性能。说明书要全面地说明事物，不仅介绍其优点，同时还要清楚地说明应注意的事项和可能产生的问题。

(2)要突出特点。抓重点，在说明特征上下功夫。

张力的爸爸买了一台微波炉，虽然货很平常，但说明书却厚厚一本，仅"烹调指南"就有十几页。因为是头一次摆弄现代化厨具，张力的爸爸耐着性子读了大半夜，反反复复地操作了好多次，微波炉就是没反应。他不得不拿起电话向厂家请教，两分钟交谈后，再来试用，微波炉就顺利地工作了。原来，微波炉的说明书重点不突出，步骤的介绍琐碎冗长，反而让张力的爸爸茫然不知所措，不知要阅读什么了。

(3)语言简洁通俗。切忌雕饰卖弄，尽量选用普通词语，多用短语，多用短句，语言使用便于接受和理解。

李梅半夜发烧，需要吃退烧药。李梅妈妈匆匆忙忙到药店买了退烧药，回到家却犯了愁，该给李梅吃多少呢？原来，药品说明书没有明确标出用法、用量，只是指出每片药含有效成分 0.125g，人体每千克服 30—50mg。李梅妈妈花了好半天时间也没弄清楚该给李梅服用几片，心急如焚的她只得出门再去药店询问。

【实践训练——完成任务】分小组完成任务

【病文评析训练1】阅读以下说明书，你认为问题何在，应如何改进？

××口服胶囊是最新出产的广谱抗菌药。本产品疗效好，使用方便，无毒副作用。

使用方法：成人口服每次150mg，每日两次。

20—40kg的儿童，每次100mg，每日两次。

12—20kg的儿童，每次50mg，每日两次。

产品规格：150mg每粒。　　　　　　产品有效期：有效期暂定一年半。

生产厂家：××制药厂。

地址：××市××街××号　　　　　　电话：×××××××

【病文评析训练 2】下面是一篇病文，在语言等方面均存在毛病，请按产品说明书的写作要求，写出修改稿。

热力牌电热杯说明书

我厂电热杯生产历史悠久，式样新颖，美观大方，质量优良，安全可靠，经济实惠，誉满全球，世界一流。该杯可煮沸各种食物，立等可取。特别适用于热牛奶、烧开水、泡饭等。

一、本电热杯电源电压一般为220V交流，消耗电力300W。

二、使用时首先插上电源插头，将电源线座一端插入杯子插座处，用完后先拔掉插头，以免触电。

三、电热杯容量1000g，灌得太满煮沸时会溢出杯外。

四、煮沸饮料倒出后，杯中应加入少量冷水(因杯底余热较高)，否则会影响杯子寿命。

五、不能随意打开底中加热部件，以免损坏。

六、自售出之日起，一年内如损坏，本厂负责退换，或免费修理。但不包括使用不当而损坏。

七、本产品经中国家用电器工业标准化质量测试中心站鉴定合格。

编号：92-1-HC-78

欢迎您提供宝贵意见。我们对提出好建议者实行抽奖。

我厂宗旨：质量第一　用户至上　销往全球　永久服务

本厂地址：中国云南昆明市××路××号

【情景拟写训练】请就你所熟悉的家用电器或药品等，写一份说明书。

项目七　司法文书

第一节　起诉状

【任务呈现】王晓伟是某高校在读大学生，其就读学校大门口的人行横道未设置交通信号灯，近日王晓伟在校门口过马路时不慎被一辆疾驰而来的大货车撞倒，请你替王晓伟撰写一份民事起诉状。

【案例赏析】

案例1

民事起诉状

原告：×××，女，1990年××月出生，××族，××××机械发展有限公司职工，住××××机械发展有限公司××栋110室

被告：××××机械发展有限公司

法定代表人：×××，经理，住××市××小区×栋×室，电话：×××××××

诉讼请求

1. 被告安排原告合适工作；

2. 被告支付原告一次性伤残补助金×××万元；

3. 被告为原告补缴养老保险金等"五险一金"；

4. 被告补发其克扣原告的工伤津贴及伤残待遇；

5. 被告承担本案诉讼费。

事实与理由

2012年7月原告与被告签订劳动合同，在被告经营的××××机械发展有限公司从事机械制造工作。原告在与被告建立劳动关系期间曾三次受工伤。2012年9月，原告在开铲车时被货物砸伤，致左侧第7根肋骨骨折；2013年5月，在开机床时致右腕骨骨裂；2014年7月，在搬运加工材料时被材料所伤致左髋骨骨折。鉴于原告伤势严重无法从事工作，被告安排原告居家休养。2014年8月30日，被告为原告进行伤残鉴定，原告构成五级伤残；2014年9月30日，被告在××××机械发展有限公司附属医院对原告的伤残进行了复检，2014年10月10日通知原告复检结果为六级伤残。2014年11月10日原告领取工资时，被告称从2014年1月起不再支付原告工伤待遇。

2014 年 11 月 17 日，原告到××市劳动争议仲裁委员会申请仲裁。2014 年 12 月 25 日，××市劳动争议仲裁委员会给原告送达了〔2014〕×劳裁字第××号判决书。

综上所述，原告与被告劳动法律关系已经成立，原告在工作中造成的人身损伤属于工伤，被告不能解除与原告的劳动合同，原告依法应享受伤残待遇。为此，依据《中华人民共和国劳动法》之规定，特请求贵院对原告上述诉讼请求依法判处。

证据和证据来源、证人姓名和住址

××××机械发展有限公司附属医院伤残鉴定复印件 1 份，系××××机械发展有限公司附属医院提供。〔2014〕×劳裁字第××号判决书复印件 1 份，系××市劳动争议仲裁委员会提供。

此致
××市××区人民法院
　　附：1. 本诉状副本 1 份；
　　　　2. 书证 2 份。

起诉人：×××
2014 年 12 月 30 日

【评析】此民事起诉状格式规范，首部内容完整，当事人情况要素完备，诉讼请求明确合理，事实与理由论述清楚、层次分明，突出了当事双方争执的焦点，适当援引法律条文，有理有据。

案例 2　　　　　　　　　　　　民事起诉书
　　原告：××市××集团有限公司
　　地址：××市××区××大道×号
　　电话：×××××××××
　　法定代表人：李大，职务：总裁
　　被告：××市××商贸公司
　　地址：××市××区××路××号
　　电话：×××××××××
　　法定代表人：李二，职务：经理
　　诉讼请求：
　　1. 请求法院责令被告偿还贷款××万元。
　　2. 请求法院责令被告赔偿原告拖欠贷款 12 个月引起的利息损失。
　　3. 请求法院责令被告赔偿原告提起诉讼而产生的一切损失，包括诉讼费、律师代理费等。
　　诉讼事实和理由：
　　被告与原告在 2013 年 8 月 1 日商定，被告从原告处购进×××高档礼品 300 件，价值××万元。原告于当年10月9日将×××高档礼品300件用车送至被告处，被告立即开出××万元的转账支票交付原告，原告在收到支票的第三天去银行转账时，被告开户银行告知原告，被告账户存款余额只有1200元，不足清偿货款。由于被告透支，支票被银行退回。当原告再次找被告索要货款时，被告无理由拒付。原告后续多次找被告交涉，均被被告属下员工以经理出差为由拒之门外。

根据《中华人民共和国民法通则》第106条第一款和第134条第一款第七项的规定，被告应当承担民事责任，原告有权要求被告偿付货款，并赔偿因被告拖欠货款而给原告带来的一切经济损失。

证据：

1. 被告收到货后签收的收条；
2. 银行退回的被告所开支票；
3. 法院和律师事务所的收费票据。

此致

××市××区人民法院

起诉人：（签字及公章）

2014年8月1日

【评析】这是一份较为规范的民事诉讼起诉书，各项内容填写得较为完备；诉讼请求明确，条目清晰；事实清楚，理由充分；行文简洁明了，流畅干净。

【知识链接】

一、概念

广义的起诉状是原告及他人向法院提起诉讼的书面形式，也称"诉状"，民间俗称"状纸"、"状子"等。大体来说，人民检察院代表国家提起公诉的文件称为起诉书，公民个人及机关、团体、企(事)业单位作为原告向法院提起的诉讼文件叫起诉状。因此，概括来说，起诉状是案件当事人向人民法院提起诉讼，要求追究对方当事人的法律责任以保护自身合法权益的书面请求。

依据诉讼的性质与目的，起诉状可分为民事起诉状、行政起诉状、刑事自诉状、刑事附带民事诉状等。

民事起诉状是指民事诉讼原告或其法定代理人因自己的或依法由自己保护的民事权益受到侵害或发生争议时，为维护民事权益而向人民法院提起诉讼，要求依法裁判的书面请求。民事诉讼状内容一般包括婚姻、抚养、继承、买卖、租赁、赔偿等方面。

行政起诉状是指行政诉讼原告对行政机关的处理或处罚决定不服，或对上一级行政机关复议决定不服，依法向人民法院提起诉讼以保护其合法权益的书面请求。

刑事自诉状、刑事附带民事诉状也称刑事诉状，是指被害人或其法定代理人直接向人民法院起诉，要求追究被告人的刑事责任或者附带民事责任的书面请求。刑事起诉状包括虐待、侮辱、诽谤、暴力干涉婚姻自由等诉讼案件，以及其他不需要侦查的轻微刑事案件。

二、书写格式

民事起诉状、行政起诉状、刑事自诉状、刑事附带民事诉状等起诉状的格式基本相同。因生活中最常见的起诉状为民事起诉状，故在此以民事起诉状为例介绍起诉状的书写格式。一般来说，起诉状由首部、正文、尾部三部分组成。

三、起诉状的写作步骤

《民事诉讼法》第110条规定：起诉状应记明以下事项：(1)当事人的姓名、性别、年龄、民族、职业、工作单位和住址，法人或其他组织的名称、住所和法定代表人或主要负责人的姓名、职务；(2)诉讼请求和所根据的事实和理由；(3)证据和证据来源，证人姓名和住所。据此要求，民事起诉状的写作步骤如下。

(一)首部

首部包括标题和当事人基本情况。

(1)标题要居中书写。在诉状的第一行居中写明"民事起诉状"或"民事诉状"。

(2)当事人基本情况书写应包括当事人在民事诉讼中的地位和自然状况。顺序为原告、被告和第三人，并分段写明姓名、性别、年龄、民族、籍贯、职业、工作单位和住址等事项。当事人如系企(事)业单位、机关、团体的，需在原告被告项内写明单位名称和所在地，并另起一行交代该单位的法定代表人或主要负责人姓名、职务、电话、单位性质、工商登记核准号、经营范围和方式、开户银行和账号。当事人为多人时，应按享受权益和应尽义务大小多少顺序依次列出，即享受权利大者和应尽义务多者排于首位。若有第三人参与诉讼的，应将其列写当事人之后写明第三人的姓名及其他基本情况，并依据诉讼需要，明确指出第三人与原、被告的关系。

(二)正文

正文包括诉讼请求、事实与理由、证据。

(1)诉讼请求要写明请求解决争议的权益和争议事物。这是原告诉讼的目的和要求，书写时要明确、翔实地反映出原告要求人民法院通过行使审判权保护自己的什么权益。诉讼请求有多项时，应分项写明。例如离婚起诉状中应先写明请判决与被告离婚，随后明确提出子女抚养及财产分割的解决方案。

(2)事实与事由。事实与事由是民事诉讼的主体。事实是当事双方争议的具体问题，要写明当事双方的法律关系，全面反映原告与被告之间权益之争的真实情况和具体内容，写明发生纠纷的时间、地点、原因、经过、结果，并指出有关证据。理由是针对事实进行的分析，包括三项内容：列举证据、分析说明证据价值、援引相关法律条款论证当事双方的是非曲直。理由的书写可根据案情事实的繁简程度采用不同的方式，既可以先全面列举证据，再分析证据价值，然后论证理由；也可以夹叙夹议，边列举证据边分析论证。

(3)证据包括证据及其来源、证人姓名和住址。我国民事诉讼法第 63 条第 1 款中规定,证据主要包括书证、物证、视听资料、证人证言、当事人的陈述、鉴定结论、勘验笔录。

(三)尾部

尾部包括起诉状致送法院名称、附项、具状人姓名及举证日期。

(1)起诉状致送机关名称写作格式是在正文下起一行空两格写"此致",然后另起一行顶格写"××人民法院"。

(2)附项是民事诉状的附加部分,包括诉状副本的份数和证据的种类与数量。其写法是在法院名称之后,另起一行空两格写诉状副本数(按原告人数提交)、物证数、书证数。

(3)尾部最后一项为原告在附项右下方签名、盖章(或按指印),同时写年月日。倘若上诉状为律师代写,应写明代书人的姓名、职务。

四、起诉状写作注意事项

(1)诉讼请求合理、合法。所有的起诉状都要有理有据、真实有效。例如婚姻法规定,"女方在怀孕期间和分娩一年内,男方不得提出离婚",如果男方在此期间提出离婚诉求,就不符合法律规定,也不合乎人伦常情,起诉不能被批准。如果女方在此期间因受虐待等原因提出离婚起诉,则可批准。为避免无效起诉,节约社会资源,人们在起诉前可先行查阅相关法律文献。

(2)诉讼请求要内容具体,指向明确,避免模棱两可。

(3)叙事清楚,材料确凿,实事求是,不得因个人意愿而随意夸大渲染,更不能虚构捏造。

(4)起诉一般向被告人所在地的人民法院提出。如果被告人尚在被监禁或劳动教养期间,应向被告人住地的人民法院提出。被告人数在两人及以上,则需按被告在该案中所处地位依次排列(即应尽义务多者排首位,随后依据应尽义务的大小多少依序排列),向第一个被告所在地的人民法院提出。

【**实践训练——完成任务**】分小组完成任务

【**病文评析训练**】下文是一份夫妻间离婚起诉状,文中有多处毛病,请找出来。

民事起诉状

原告:小松子,女,25 岁,×族,自由职业者,家住××市××县××村,联系电话:×××××××

被告:小圆子,男,26 岁,家住××市××区××小区××室,联系电话:××××××××

案由:离婚纠纷

诉讼请求:

1. 判决与被告离婚；

2. 女儿由被告抚养；

3. 平均分配共同财产(详见财产清单)；

4. 案件受理费有被告承担。

事实和理由：

原告和被告经介绍人介绍于××××年××月××日相识，翌年××月××日登记结婚，并于××××年××月××日生育一女。

结婚后夫妻感情不和，所以要求离婚。婚后所生子女及诉讼费由被告抚养，财产均分。

××市××区人民法院

具状人：小松子

××××年××月××日

【情景拟写训练】某日报社记者在乘坐出租车时与出租车司机发生了纠纷并受到伤害，事后，该记者找到出租车司机所属公司要求解决问题却遭到拒绝，该记者决定诉诸法律，请帮忙撰写起诉状。

第二节　上诉状

【任务呈现】××市农产品种植基地就自己与××种子公司之间的高粱种子购销纠纷向法院起诉，法院审理后作出一审判决。但是原告对一审判决不服，需向上一级法院提出上诉，请帮忙撰写一份上诉状。

【案例赏析】

案例1

上诉状

上诉人：××××创意家具制造公司(被告)

法定代表人：李××，厂长

委托代理人：杨三，女，30岁，××创意家具制造公司业务经理，住址为××市××区××街××号

被上诉人：××局办公室(原告)

法定代表人：王××，办公室主任

案由：

上诉人因合同纠纷一案，不服××市××区人民法院〔××〕民字134号民事判决书判决，请上级复议重审改判。

上诉事实及理由如下：

一、原判决第一款："将100套沙发床及100张板式写字台退回被告。"上诉人不同意退货，并要求被上诉人赔偿损失。因上述家具已被上诉人验收达一年之久，家具损坏只是由于被上诉人保管不善造成。经核查，100套沙发床中，已有50套床帮变形，100张板式写字台中已被使用60张，其中10张的抽屉严重坏损。对于上述用过且破损的部分沙发床和写字台不应退还，如果被上诉人一定要退还，应付给上诉人家具折旧费和破损费。

二、原判决第二款："付给被告50个床头柜和5套沙发床的货款8050元。"上诉人不同意被上诉人付给上列款项。因被上诉人如果提出产品质量不合格，理应全部退货，不应只留部分家具。

三、原判决第四款："赔偿经济损失45000元。"上诉人认为，法院将被上诉人延期开业91天所造成的全部经济损失都由上诉人承担是不公平的。因为，被上诉人延期开业原因众多：当时银行开业账号批复尚未到位，厂房建设尚未竣工，水电改造尚未完工。上诉人的交货时间，比合同规定时间虽推迟了2天，但距离被上诉人开业时间还有36天，并未影响开业。所以，被上诉人延期开业有其自身原因，上诉人不负直接责任，更不应承担全部经济损失。

四、原判决内容中："以稻草代替树棕、桦木代替硬杂木……延期3天交货。"按合同规定，上诉人延期2天交货是事实。但延期原因为不可抗力因素——海啸导致的市区供电量不足，上诉人在当时已向被上诉人单位做了解释，并得到负责人李××的应允。至于"以稻草代替树棕"乃是因为树棕原料未到货的不得已行为，制作过程中已将稻草代替一事告诉了被上诉人，经双方商定，每张沙发床货价降低40元，此商定意见李××和杨三同意。上诉人还对桦木代替硬杂木一事，曾积极提出过换货或减价的几种措施，并由厂长出面进行联系，但因被上诉单位内部矛盾重重，既不予研究作出答复，对质量不合格的家具又不及时退货，而是有意采取拖延态度。所以，上述情况事出有因。总之，被上诉人对已验收的家具，事隔半年之久才提出质量问题，既不及时退货，又不妥善保管，以致造成陈旧、损坏，并且将延期开业的全部经济损失由上诉人承担，这是很不公平的。上诉人对此不服，特提出上诉，请求上级人民法院予以重新审理，依法改判。

此致
××省××市中级人民法院

上诉人：××××创意家具制造公司

法定代表人：李××

委托代理人：杨三

××××年××月××日

【评析】此上诉状是一篇不服原判决的经济纠纷上诉状。案由中写明不服某字号民事判决书的判决，请求上级法院重审改判。随后，引出原判决书的四项条款并进行理论辩驳。该状语言简洁，思路清晰，事理兼备，逻辑较为严密。

案例 2　　　　　　　　　　　　**民事上诉书**

上诉人(原审被告)：××市运输集团经理李一

被上诉人(原审原告)：老 A，男，27 岁，×族，××市××教育集团工勤人员，住本市××区××小区×栋×号

　　上诉人因车祸一案，不服××市××区人民法院 201×年××月××日×字×号民事判决，特提出上诉。现将上诉理由和请求陈述如下：

　　原审判决认定：老 A 之子小 A，7 岁，因扒乘市运输集团 10 吨解放牌汽车，司机王××知晓后照开快车而不停车制止，致使小 A 摔断肋骨，判令被告赔偿老 A 全部医疗费用。

　　上诉人认为上述认定与事实真相不符。详情如下：

　　一、小 A 在×日×时×分的确曾扒乘原审报告的 10 吨解放牌汽车。司机王××察觉后，曾停车劝其停止扒车，小 A 当即下车。后小 A 乘车子再次开动时偷偷在后车厢铁杆上吊爬汽车。司机王××再次发现后准备刹车，严令小 A 不要吊爬汽车。不料小 A 因害怕受训斥，慌乱中从车上掉下，摔倒在地。此时正逢一男同志骑摩托急驰而过，来不及刹车，撞在小 A 身上，致其肋骨折断。而该男同志飞车逃逸。此事现场目击证人——居委会王××大妈可以证实，因为此时王××大妈曾高声呼喊："摩托车撞人了！摩托车撞人了！"

　　二、依据市第××人民医院检察证明，小 A 的肋骨折断是外物严重撞击所致，而非从货车上摔倒在地导致。

　　三、为顾惜和同情被上诉人的不幸遭遇，在小 A 住院期间，上诉人一方司机王××曾携带价值贰佰元的营养品慰问小 A。上诉人也派代表到医院捐助人民币贰仟元，用以缓解和减轻被上诉人的医药费负担。而被上诉人竟将此认定为上诉人做贼心虚，投诉到××市××区人民法院，控告上诉人，请求法院判令上诉人赔偿全部医药费。上诉人认为原审原告的请求和原审法院判决是不合理的。基于上诉事实和理由，恳请××市中级人民法院深入调查，勘验事实真相，做出公正合理的判决。

　　此致

××市××区人民法院转致

××市中级人民法院

　　　　　　　　　　　　　　　　上诉人：××市运输集团法定代表人

　　　　　　　　　　　　　　　　　　李一(签字盖章)

　　　　　　　　　　　　　　　　　　2014 年××月××日

【附】人证：王××，女，60 岁，本地退休居民，住本市××小区×栋 103 室。

【评析】这份民事上诉状叙述了事情发生的经过，陈述理由充分，列举了人证物证，用以佐证原审人民法院的判决有存疑之处。条理清晰，格式完备。

【知识链接】

一、概念

上诉状，是诉讼当事人或者依照法律规定有权提出上诉的其他人不服人民法院的第一审判决、裁定，在法定期限内依照法定程序向上一级人民法院提出上诉，请求撤销、变更原裁判或重新审理的文书。它既是诉讼当事人不服一审判决的"声明"，也是二审法院开始第二审程序的依据。

根据有关法律规定，一审宣判时或判决书、裁定书送达时，当事人口头表达上诉的，人民法院应当告知其必须在法定上诉期间内提出上诉状。未在法定上诉期间内递交上诉状的，视为放弃上诉。上诉期届满不递交上诉状的，一审判决即发生法律效力。

上诉状分为民事上诉状、行政上诉状和刑事上诉状三类。

二、书写格式

上诉状由首部、正文和尾部三部分构成。

三、上诉状的写作步骤

（一）首部

首部包括标题、上诉人与被上诉人基本情况、上诉事由。

（1）标题。在状纸顶端居中书写"上诉状"，也可根据案情，写明"民事上诉状"、"行政上诉状"、"刑事上诉状"等。

（2）上诉人、被上诉人基本情况。按照先上诉人、后被上诉人的顺序写，书写项目与次序同起诉状基本相同。在"上诉人"和"被上诉人"之后，用圆括号注明他们各自在原审中的诉讼地位，如"原审原告"、"原审被告"。需要注意的是：如果公诉案件无被上诉人，不能把人民检察院说成是被上诉人。

（3）上诉事由。写明原审人民法院名称、案件的编号和案由以及上诉请求。通用的格式为"上诉人因××一案，不服××人民法院于××××年××月××日×字第××号×事判决（或裁定），现提出上诉。上诉的请求和理由如下。"

（二）正文

正文是上诉状的核心内容，其内容因案情不同而各有差异，但基本都需包括上诉请求、上诉理由、相关证据材料等。

（1）上诉请求是指上诉人所要达到的目的，也就是上诉人对第二审人民法院审理提出的要求。上诉请求要写明上诉人不服原审裁判的具体内容，提出上诉解决何种问题的具体要求。遇有多项上诉请求的，要使用序码，分项陈述。

（2）上诉理由。上诉理由是论证上诉人的上诉请求，主要写明上诉人不服一审判决而提出上诉的依据。在整个上诉程序中，上诉理由是上诉状的重点内容，也是二审取胜的关键所在，所以上诉理由要有的放矢，运用反驳法，要依据事实和法律，针对原判决、裁定中的不当之处，从以下方面入手：

第一，对原判决或裁定认定事实有错误的，应提出正确的事实和证据，并予以纠正或否定。

第二，对原判决或裁定在法律使用方面的错误，应提出自己的理由和适用的法律依据。

第三，对原判决或裁定在违反诉讼程序方面的错误，应具体指出是在哪个程序上发生了错误，并提出纠正的法律依据。

第四，对原判决或裁定在案件定性和处分尺度方面有错误的，应明确指出其定性不当、处分尺度不准的原因所在，表明应该如何定性，如何处分。

（三）尾部

尾部包括三个方面的内容：

(1)写明上诉状致送的人民法院名称。写法与起诉状相同。

(2)写明上诉人的全称，加盖上诉人公章、法定代表人或主要负责人签名或公章，注明上诉日期。

(3)附项列清上诉状副本及相关证据材料的份数。

四、上诉状写作注意事项

(1)要讲究时效性。根据法律规定，对判决不服的上诉期限为15日，对裁定不服的上诉期限为10日，从判决书裁定送达当事人之日算起，超过时限则无效。

(2)要有针对性。上诉状是不服一审法院判决而向二审法院提出的诉状，所以在写作中，要摆事实，讲道理，援引法律，紧密围绕上诉人所不服的原裁判中的问题，避免盲目或不着边际地陈述无关事实与理由。

(3)要合法，要实事求是。上诉人或上诉对象必须符合法律的规定。只有享受上诉权的诉讼当事人才能成为上诉人。上诉人提出的事实和证据必须实事求是，真实可靠，经得起二审人民法院的调查核实。

(4)要论证充分完整。上诉人在一审中未能完全阐明的事实要进行全面论证，避免由于论述不完整而承担不利的法律后果。所以上诉书的事实要充分，阐述要完整。

(5)措辞得体。上诉状虽然是针对一审判决或裁定不服之处进行申辩，但绝不能因此感情用事，言辞激烈。要以事实为依据，以法律为准绳，正确使用词语，还原案件真相，冷静陈述与一审法院判决裁定分歧之处。语言平实质朴，有理有据，文明上诉。

【实践训练——完成任务】分小组完成任务，组与组之间互相评价

【病文评析训练】下文是一份刑事上诉状，文中有多处毛病，请找出来。

刑事上诉状

上诉人：上官影子，男，62岁，×族，××纺织厂退休职工，家住本市××路××村142号，系被告父亲

我是被告人上官××的父亲，我孩子没有挪用公款不还，她只是为支付我的医药费先行借用由她保管的单位经费。她想以后赚钱后退还回去，反正这些钱单位暂时也不使用。她没说不还。她的确是没有办法才这样的。因为她没有借到钱，也不忍心不给我看病。你们不能这么狠心，请法院看清她的孝心，我们情愿卖房子给单位还钱。请重新判决她无罪。

此致

××市人民法院

上诉人：上官影子

××××年××月××日

【情景拟写训练】

张三与李四同为某单位职工，两人因单位分房一事形成嫌隙。××××年××月××日两人发生口角，进而发生肢体接触，扭打中李四摔倒在地造成右手骨折，经三个月住院治疗后痊愈。经李四申请，医疗部门鉴定其为轻伤。李四向张三提出赔偿要求未果，于××××年××月××日向所在辖区人民法院提起刑事附带民事诉讼，请求法院依法追究张三的刑事责任并赔偿李四住院及因此造成的务工损失××××元。法院受理此案后，依法向张三送达了传票和其诉状副本。

××市××区人民法院以××法刑字第×号刑事判决张三伤害罪成立，判处张三1年有期徒刑，缓期3年执行。张三不服判决，准备上诉，请代张三起草一份上诉状。

第三节　答　辩　状

【任务呈现】顾客柳××在××饭店用餐，出现食物中毒现象，于是，柳××将××饭店告上法庭，要求其承担所有相应民事责任。请为该饭店制作一份答辩状。

【案例赏析】

案例1 <center>民事答辩状</center>

答辩人：××房地产集团代表向××，市场部部长。

案由：上诉人吕××因房屋拆迁一案，不服××市××区×民字第×号判决，提出上诉。现答辩如下：

答辩理由：为适应地区商贸服务产业发展，我集团于201×年××月向市城建局提

出申请报告，要求拓宽新建商业综合体门前场地 150 平方米。市城建局于××月××日以市城建字××号批文同意该工程。在拓宽工程中，需要拆迁租住户吕××的一间 30 平方米的住房，因吕××的要求过于严苛，几经协商未果。答辩人不得已于 201×年××月××日向我市××区人民法院投诉，法院于 201×年××月××日民字第×号判决书判决吕××应于本年××月底完成房屋搬迁，并由××房地产集团提供不少于原住房面积的房屋给吕××租住，但吕××仍无理取闹。据此，答辩人认为吕××的上诉理由是不能成立的。

一、吕××讲我集团拓宽新建商业综合体门前场地是未经批准的。理由不充足。一审法庭曾审查过我集团要求拓宽新建商业综合体场地的报告、市城建局城建字×号批文，并当庭概述了××房地产集团报告内容并全文宣读了市城建局的批文。这些均有案可查。吕××不能因要求查阅市城建局的批文未经获准，而否认拓宽工程的合法性。

二、吕××说我集团未征得他本人同意，与房屋主人张××订立房屋拆迁协议是非法的。这是无法成立的。吕××租住此房，只有租住权，并无房屋所有权。所有权理当归属房主张××。我们拓宽场地，拆毁妨碍交通和营业的房屋，理当找产权人处理，吕××在法律上无权干涉和过问。

应当指出，对于吕××拆迁房屋一事，我方已尽到很大的让步与宽容。我方答应他在房屋拆迁时提供离现租住房屋 1000 米的××新竣工宿舍大楼一楼×室，计 30 平方米，租金 1 元/平方米。而吕××仍纠缠不清，漫天要价，扬言不达目的，绝不搬迁。

综上所述，答辩人认为××市××区人民法院的原判决是正确的，合法、合情、合理，应予维持。

此致
××市中级人民法院

答辩人：××房地产集团
代表　向××
二○一×年××月××日

【评析】这份民事答辩状是被上诉人的答辩，属于"被上诉答辩状"，内容针对性强，逻辑清楚，文字流畅，可供借鉴。

案例 2　　　　　　　　　离婚答辩状

答辩人：佘××，男，汉族，19××年××月××日出生，住××市××区××花园小区××栋 101 室。

答辩请求：

一、同意解除与原告王××的婚姻关系。

二、请求判令婚生子佘××由答辩人抚养，原告每月支付答辩人 600 元抚养费。

三、如法院判决孩子由原告抚养，那么答辩人可以承担的抚养费为每月 600 元至孩子成年，原告诉求的抚养费 1500 元数额过高，超过答辩人的经济负担能力。

四、共有房产为答辩人与原告王××婚前购置，因答辩人的出资比例占主要部分，请求判令答辩人应占 70%产权。

五、请求判令涉案房屋屋内的家私、家电全部归答辩人所有。

因原告王××诉答辩人离婚一案，案号为〔2010〕×民一初字第×××号，提出如下答辩意见：

一、答辩人与原告王××的感情确已破裂，无和好的可能，同意解除与原告王××的婚姻关系。

1. 答辩人与王××虽自愿结婚，但婚后性格不合，共同生活期间又未能做到互谅互助，致使夫妻感情日益淡薄，产生矛盾，现原告坚持要求离婚，答辩人表示同意。

2. 原告在诉状中称答辩人"抛妻弃子"，对家庭不负责任，又"恶言辱骂"、"殴打、伤害"原告及"与他人有不正当的男女关系"的事实与实际情况不符。

实际上，答辩人从 2008 年 12 月开始，便患有精神障碍，就诊于××大学附属第三医院，治疗期间答辩人的病情一直处于不稳定状态，精神也容易受外界刺激，且由于生活所迫，答辩人一直未接受住院治疗，本来身患疾病是需要家人的关心与体谅的，但原告不仅没能从生活及精神上给予帮助，反而经常责怪答辩人，并为一些家庭琐事与答辩人争吵，不断地刺激答辩人，以致答辩人的病情一直未有好转，精神压力也不断增大；同时，因答辩人经常出差，双方缺少沟通，原告便多加猜疑，并对答辩人施加种种限制，因此，原告所述的事实与实际情况不符。

二、婚生子佘××由答辩人抚养，原告每月支付答辩人 600 元抚养费。

本案中，原告称将来的经济收入不稳定，自身无经济能力抚养小孩，考虑到原告由于工作原因无法与小孩共同生活，而答辩人目前有固定收入，工作较稳定，答辩人父母也愿协助抚养小孩，因此，请法院判令婚生子佘××由答辩人抚养。

三、如法院判决孩子由原告抚养，那么答辩人可以承担的抚养费为每月 600 元至孩子成年，原告诉求的抚养费 1500 元数额过高，超过答辩人的经济负担能力，理由为：

1. 孩子尚年幼，一直在保康县与原告的父母共同生活，从当地的实际生活水平来看，小孩每月的抚养费在 1500 元显然过高，也与小孩目前的实际花销不符，并且孩子的抚养费是双方均应承担的义务，原告不应将抚养的义务全部推给答辩人。

2. 答辩人目前也没有太多的经济能力支付儿子的抚养费。

答辩人自 2008 年 12 月开始至今，每月所支付的医疗费约在 2000 元左右，而答辩人现每月的固定工资收入约在 2600 元(考核工资是不固定的)，答辩人除了日常的生活支出外，因小孩在保康县生活，答辩人仍需支付每次行使探望权的长途费用，因此，支付儿子 600 元的抚养费已超出答辩人的经济能力范围，请法庭慎重考虑答辩人自身的负担能力。

四、原告要求将婚前共有房产归原告所有并不得向其追讨房款没有法律依据。

本案涉案房产系答辩人与王××以两人名义在婚前购买取得，且已经国家房地产权利登记部门登记确认，属于共有房产，由于该房产在购置时，答辩人的出资占主要部分，并且房产的内部装修费用均由答辩人承担，因此，在共有关系终止时，对共有财产的分割，应根据法律有关规定，按双方的出资比例分割，现原告将诉求的房产归其所有没有任何法律依据。

五、涉案房屋屋内的家私、家电全部应归答辩人所有。

本案涉案房屋屋内的全部家私、家电，均由答辩人婚前购买，该财产应属于答辩人婚前个人财产，根据法律有关规定，该财产应归答辩人个人财产，因此，请求法院判令该财产归答辩人所有。

上述答辩意见，请法院采纳。

此致

××区人民法院

答辩人：×××

2010 年××月××日

（http://www.lawtime.cn/lawyer/casecont346298351392oo1820）

【评析】这是一份较规范的离婚答辩状。答辩目的明确，文字表达清楚，内容简要，格式正确。

【知识链接】

一、概念

答辩状是民事、行政、刑事案件审理过程中处于应诉地位的被告、被上诉人，针对起诉状、上诉状和申诉状的诉讼请求，根据事实和法律进行回答和辩驳的书状。它是与起诉状、上诉状相对应的文书。

答辩状的主要作用有两个方面：第一，体现诉讼当事人的权利和义务一律平等的原则。被告和被上诉人通过答辩状，可以针对原告或上诉人所提出的起诉或上诉事实、理由和根据及请求等事项进行有的放矢的回答与辩解，阐明自己的理由和诉求，并提出事实和证据证实自己的观点，以保护自身的合法权益。第二，有利于人民法院全面了解案情、辨明是非，做出最为正确的判决。通过对起诉状或上诉状、答辩状的详细了解，人民法院可以更翔实地把握诉讼当事人的意见、要求，这对案件的调查、调节、审理大有裨益，为案件合法、合理、合情的判决打好基础。

答辩状根据案件性质，可分为民事答辩状、刑事答辩状、行政答辩状；根据审判的程序不同，答辩状可分为一审程序答辩状、二审程序答辩状。一审程序答辩状指的是被告针对原告的起诉状而做出的答辩，二审程序答辩状是指被上诉人针对上诉人的上诉状而提出的答辩。

二、书写格式

答辩状通常由首部、正文、尾部组成。

三、答辩状的写作步骤

(一)首部

首部由标题、答辩人基本情况和答辩事由三部分组成。

(1)标题。应写明答辩状的类型,如"民事答辩状"、"行政答辩状"、"刑事答辩状"、"民事被上诉答辩状"、"刑事被上诉人答辩状"、"行政被上诉答辩状"。只写答辩状不标明民事、刑事、行政,不标明审级,都是不恰当的。

(2)答辩人的基本情况。这部分内容的写法和要求与诉讼状基本相同。

(3)答辩事由。答辩事由要写明为何人上告何事而提出的答辩。第一审案件答辩状和上诉案件答辩状的事由的写法大相径庭。第一审案件答辩人是被告人,答辩事由的具体行文是:"因××(案由)一案,现提出答辩如下。"上诉案件答辩状的答辩人是被上诉人,答辩状具体行文为:"上诉人××(姓名)因××(案由)一案不服××××人民法院××××年××月××日×字第×号×事判决(或裁定),提起上诉,现提出答辩如下。"

(二)正文

正文写答辩理由和答辩主张。

(1)答辩理由。答辩状的答辩理由,要根据原告的起诉状或上诉人的诉讼状的具体内容而定。除了被告或被上诉人同意原告或上诉人的上诉请求外,必须针对原告或上诉人在起诉状或上诉状中提出的上诉请求及其所依据的事实、理由进行答复和辩驳,把反驳对方的理由和对案件的意见旗帜鲜明地表达出来。一般可从两个角度入手:指出诉讼请求不合理,所依据的事实有误;指出诉讼请求不合法,所依据的法律不当。

(2)答辩主张。在进行充分的答辩之后,要概括提出自己对本案处理的主张和请求。一审答辩状应提出对原告起诉状中的诉讼请求是完全不能接受,还是部分不能接受;上诉答辩状则要求第二审人民法院维持原审的判决或裁定,或提其他请求。答辩请求要明确具体,合乎情理,切实可行。

(三)尾部

尾部包含以下三点内容:

(1)写明自己的答辩状致送的人民法院名称。写法与起诉状相同。

(2)答辩人签名盖章,并注明年、月、日。

(3)附项。注明证物、书证的名称和件数。

四、答辩状写作注意事项

(1)答辩状制作要有很强的针对性。一定要针对原告在诉状中提出的事实和理由,或上诉人在上诉状中提出的上诉请求和理由进行答辩。

(2)坚持实事求是的原则。抓住起诉状和上诉状中的关键问题进行反驳,列举事实，阐明理由，不做无理、偏执的狡辩。

（3）驳论与立论相结合，边批边立。抓住要害，以法律为依据，结合事实，犀利反驳，表明自己答辩的正确性与合法性。

（4）对起诉状的答辩状，要考虑是否有提起反诉的条件。

【实践训练——完成任务】分小组完成任务

【病文评析训练】下文是一份刑事答辩状，文中有多处毛病，请找出来。

刑事答辩状

答辩人：何××，电话：×××××××××。

被答辩人：陈××，电话：×××××××××。

答辩人因陈××指控答辩人犯诽谤罪一案，现答辩如下：

一、答辩人的行为不构成诽谤罪

从本案情况来看，我没有捏造有损陈××名誉和人格的事实。××××年××月××日，陈××在办公室内与他人暧昧，是我单位同事亲眼所见，他还向领导做反映，并非我的捏造；其次，我没有故意损害陈××的名誉和人格。我是在开会时对陈××提出批评，旨在告诉他加以改正，这不是故意损害他人名誉和人格，所以不构成犯罪。

二、陈××的行为应当受到舆论和道德的谴责，人民法院应驳回其诉讼请求

陈××已经犯错误，但他却恶人先告状，向人民法院提起诉讼，请求人民法院追究我的"刑事责任"，并对他给予"精神损失赔偿"。我认为，陈××拒绝善意批评、恶意中伤，因此我请求人民法院查明事实真相，驳回陈××的诉讼请求，并予处罚，以寻求司法公正和对公民合法权益的保护。

此致

××省××市××区人民法院

答辩人：陈××

××××年××月××日

【情景拟写训练】阅读下文材料，完成相关作业。

2013年4月1日、5月3日，××省××市综合贸易公司采购经理石××先后与S市××纺织公司老板朱××签订了两份买卖合同。第一份合同购买某知名品牌幼儿童装壹万套，每套100元，合计人民币壹佰万元；第二份合同购买某指定款童装壹万套，每套200元，合计贰佰万元整。××省××市综合贸易公司于订立合同一周内将两笔货款共计叁佰万元汇至S市××纺织公司银行账户。但是S市××纺织公司不讲信誉，收到第一批货款后36天才发出幼儿童装二百套，其余至今未发货。按照两份合同的规定，款到后10日内不发货，则需赔偿供方货款的30%。至起诉日已过限期50天，但供方仍然不供货、不退款。××省××市综合贸易公司先后6次派人到S市×

×纺织公司追款无果。

双方情况：

原告地址：××省××市××大街××号。邮编：××××××。

法定代表人：李××，男，××岁，经理。

诉讼代理人：张××，男，××岁，业务经理。

被告地址：S市××区××街道××号。邮编：××××××。

法定代理人：朱××，男，××岁，老板。

××市××区人民法院决定受理此案，其后向S市××纺织公司送达了传票和诉讼状副本。请针对××省××市综合贸易公司的起诉状，替S市××纺织公司撰写一份答辩状。

第四节　申 诉 状

【任务呈现】王小军因子女疯闹失控在冲动之下与邻居张一发生斗殴，被××市××区人民法院认定为伤害罪，需服刑一年。面对判决，王小军不服，他认为自己与张一的纠纷为邻里纠纷，自己也有受伤，也有及时表达悔意的行为。请帮王小军写一份申诉状。

【案例赏析】

案例1　　　　　　　　　　　刑事申诉状

申诉人：梁山伯，男，25岁，×族，××厂矿职工，现租住××市××区××路××号。

申诉请求：请求撤销编号××刑字第××号判决。

申诉事实与理由：××××年××月××日，我被本市××区人民法院按照伤害罪，以××刑字第××号判决书判处有期徒刑二年。原审所认定的我于××××年1月1日持管制刀具将江××腿部刺伤的情况是事实，但存在以下两处不当之处：

一、判决书认定的某些事实不清。1月1日中午，因我家父母与江家发生民事纠纷，江家兄弟三人先后两次闯入我家动手伤人，将我打成双眼皮下组织裂伤。这些情节在判决书中未曾提及，不符合"以事实为依据"的审判原则。

二、定性不准，处理不当。我与江××是同栋楼的邻居。梁、江两家的事情是邻里纠纷。双方在扭打中互有伤害，我在事后也主动到辖区派出所坦白认错，并拿出贰仟元赔偿给江家冲抵医药费等开支，也在居委会做了书面检查。案件可以民事调解处理，但却被贵院以故意伤害罪判处有期徒刑二年，不符合"以法律为准绳"的审判原则。

基于上述事实，特请求××市××区人民法院重新审查我的案件，予以纠正。

此致

××市××区人民法院

申诉人：梁山伯

201×年××月 30 日

附：1. 原判决书副本 1 份；

2. 证人刘能、赵四的情况简介

【评析】本刑事申诉状重点突出，篇幅短小，简洁地陈诉事情关键内容并加以澄清，以法律为准绳梳理了案件的性质，条理清楚，用语得体。

案例 2   民事再审申请书

申请人：上海××公司

地址：上海市××大道××号

法定代表人：高波，董事长。

委托代理人：左右，三和律师事务所律师。

申请人因购销合同纠纷一案，对上海市中级人民法院于××××年××月××日作出的(××××)中经终字第××号民事判决不服，提出再审申请。

请求事项

1. 请依法再审，纠正原判不当。

2. 撤销(××××)×经字第××号民事判决和(××××)中经终字第××号民事判决。

3. 驳回原审原告的无理诉讼请求。

事实与理由

一、本案一审、二审判决置真实证据于不顾，在无证据的情况下多处凭空捏造，歪曲事实。判决书认定我公司"收到对方货款后，陆续提供对方建材"，纯系无稽之谈：

1. 我公司迄今为止没有收到对方货款，审计报告可作证据；

2. 我公司非建材生产企业，也未与其他单位发生建材贸易，如何实现建材"供给对方"？

3. 对方将建材货款付给××建筑贸易公司，并从××建筑贸易公司处获得建材，双方建立了两年的事实购销关系，这种关系可以从××建筑贸易公司收款单据、双方建材供应清单中查证，与我公司无关，不能将我公司拉入他们的商贸关系中。

有关证据表明：我公司与这起购销合同纠纷没有任何关系，不应承担原审原告退还货款的责任。原审原告所提诉讼请求实在无理。

二、二审法院裁定本案程序违法

二审法院受理我公司上诉案后，由审判长组织双方当事人到庭谈话一次，谈话仅就本案事实做了调查，其他合议庭组成人员均未到庭，双方诉讼代理人均未分别辩论意见。谈话不足半小时，审判长即宣布开庭时间另行通知。距谈话不到一周，审判长即通知我公司到法院领取二审判决书。二审法院的做法违反了民事诉讼法中关于二审程序的规定，判决是在事实尚未查证的情况下作出的不当判决。

综上所述，本案二审法院认定事实证据不足、审判程序违法，导致作出错误的判决，影响了本案的正确处理。为求得本案的公正处理，特依据《中华人民共和国民事诉讼法》第 199 条、第 201 条规定，向上海市中级人民法院提起民事再审申请。

此致
上海市中级人民法院

申请人：上海××公司

2014 年 8 月 1 日

【评析】这是一份论辩得当的民事再审申请书。该申诉状将请求事项分条明列，事实和理由有理有法，理由陈述有条不紊，切中辩驳要害。

【知识链接】

一、概念

申诉状是诉讼当事人及其法定代理人、被害人及其家属或者其他公民，不服已经生效的判决、裁定，向人民法院或人民检察院提出申请复查纠正的书面请求。

申诉状有法定的申诉人、法定的受诉机关、法定的受诉内容。申诉状的内容包括：申诉人及被申诉人的基本情况；案由；申诉请求；申诉理由；接受申诉机关的名称、日期、申诉人及附项等。根据诉讼法的相关规定，刑事案件、行政案件使用申诉状，民事案件使用再审申请书。

申诉状及再审申请书的撰写需要依据相关的法律。申诉状的法律依据是《刑事诉讼法》及《行政诉讼法》相关规定。《刑事诉讼法》第 241 条规定："当事人及其法定代理人、近亲属，对已经发生法律效力的判决、裁定，可以向人民法院或者人民检察院提出申诉，但是不能停止判决、裁定的执行。"《行政诉讼法》第 90 条规定："当事人对已经发生法律效力的判决、裁定，认为确有错误的，可以向上一级人民法院申请再审，但判决、裁定不停止执行。"

再审申请书的法律依据是《民事诉讼法》相关条款。《民事诉讼法》第 199 条规定："当事人对已经发生法律效力的判决、裁定，认为有错误的，可以向上一级人民法院申请再审；……当事人申请再审的，不停止判决、裁定的执行。"第 201 条规定："当事人对已经发生法律效力的调解书，提出证据证明调解违反自愿原则或者调解协议的内容违反法律的，可以申请再审。"

二、书写格式

申诉书和再审申请书由首部、正文、尾部组成。

三、申诉状的写作步骤

(一)首部

首部包括标题和申请人的基本情况及对方当事人(被申诉人)的基本情况。

(1)标题要居中书写，写明文书名称，如"民事申诉状"、"行政申诉状"等。

(2)写明当事人的基本情况。提出申诉的当事人即是"申诉人"。

(二)正文

正文是申诉状的重点，包含申诉缘由、事实与理由、请求事项等。

(1)申诉缘由。申诉缘由包括原来案件的案由、原处理机关名称、处理时间、处理文书名称及不服处理的表述。一般表述程式是"申诉人因××一案，不服××市××区人民法院于××××年××月××日所做的(××××)×字第×号一审(或二审)判决(或裁定、决定)，提出申诉"。

(2)事实与理由。事实与理由是申诉状的核心，也是能够引起审判监督程序(或复查)的重要依据，主要针对原判决、裁定(或决定)的争议甚至错误之处，从认定事实、适用法律和诉讼程序上存在的问题，分条加以阐述，进而提出有关证据材料和相关法律规定进行论证，以此来论证所提出的请求事项是合理合法的。

(3)请求事项。请求事项要旗帜鲜明地指出请求人民法院予以解决的问题，如何改变处理等，例如请求撤销(或变更)原判决等。

(三)尾部

尾部需写明接受申诉的机构名称，附原审判决或裁定(决定书)复印件及有关证据材料，由申诉人签名盖章，并标注申诉时间等。

四、申诉状写作注意事项

(1)辨清主次，安排好层次。申诉状指出原裁判的错误内容，进行批驳，必须辨清主次，恰当安排先后顺序。通常情况是先主后次，先将主要问题澄清讲明，随后水到渠成地完成次要问题的解决。如果申诉内容较多，一可采用"条文式"、列"小标题"等方法陈述；二可先分别提出论点并批驳，后总结；三可先总括理由，后分别具体申诉。

(2)针对性强，用词严谨。申诉人认为原判决错误或不当，对其"错因"要善加分析，追究其根源，可从事实认定、适用法律、诉讼程序规定等方面进行辨析。针对原判决错误或不当产生的原因，用相应的事实、证据、法律、法规及政策等加以辩驳。需要留意的是原裁判内容有多项时，要明确说明是对全部裁判内容均不服，还是对其中某些项目不服。

(3)让事实、证据、法律"说话"，进行辩驳。申诉理由应针对导致原裁判错误的具体根源，分类据理反驳，或陈述事实真相，或提出确凿有力的证据，或引用相对应的法律条款，或综合运用法律、逻辑及其他专业知识，进行合理、合法、合情、公正的分析。在论证充分后，提出纠正原错误裁判的诉讼请求。

【**实践训练——完成任务**】分小组完成任务，组与组之间互相评判完成质量

【**病文评析训练**】下文是一份刑事申诉状，文中有多处毛病，请帮忙查找，并修改。

刑事申诉状

申诉人：王五，女，34 岁，联系电话：×××××××，邮编：××××××。

申诉人因盗窃、窝赃一案，不服×××市××区人民法院××××年××月××日(××××)法刑初字第×号刑事判决书，特提出申诉。

请求事项：撤销××区人民法院的原审判决。

事实和理由：×××市××区人民法院××××年××月××日以盗窃罪、窝赃罪为由，判决王五有期徒刑四年。王五不服。说王五犯了盗窃罪是不对的。王五只是帮助其他人保管行李箱，并不知情，所以不是盗窃和窝赃。在李三行窃的案发时间，赵四在上班，所以没有犯罪。请求法院再行调查，撤销判决。

此致

申诉人：赵四

××××年××月××日

【**情景拟写训练**】王五因盗窃罪、窝赃罪被×××市××区人民法院在××××年××月××日(××××)法刑初字第×号刑事判决书中判处有期徒刑四年，但王五在案发之时尚在上班，案发后只是受李二的委托看顾赃物。请帮王五写一份刑事上诉状。

项目八　科技文书

第一节　科技报告

【任务呈现】智能视频今天应用于现实生活的诸多领域，你对智能视频知道多少呢？

【案例赏析】

案例1　　　　　　　　　　　　正　文

一、引言部分

1. 描述研究背景和意义

1）多终端、跨平台具有良好兼容性与可扩展性的音视频编码技术及数据封装技术：多媒体终端种类越来越多，各终端采用的操作系统各不相同，各网络电视运营商所采用的网络电视播控模式、媒体数据传输方式也各有不同。这导致不同终端能正确接收和播放的音视频数据格式以及传输协议也各有不同，这就需要电视制作时提供各种不同格式及不同封装的视频内容以适配不同终端。另外，为了保证视频节目内容在未来的良好扩展性，确保在新终端和新系统亦能正确播放，需要在节目制作时考虑视频格式和封装的良好的平台通用性。

2）智能视频内容分析及理解：通过剖析当前视频内容分析中的人工编目和线性浏览及回溯方式已经远远不能满足海量增长电视节目的处理，现有的视频内容分析系统效率低、性能不高、鲁棒性低等不足，在现有较好积累的基础上，提出更高效的识别算法和检索技术解决并完善现有平台的处理。

2. 前期研究基础——国内外现有技术、知识产权和技术标准现状及预期分析

在视频转码方面，传统的视频转码技术根据需求可以分为四大类：比特率转换、分辨率转换、帧率转换和格式转换。为了适应不同播控平台、网络带宽和终端，在实际转码中往往需要综合应用多种视频转码技术。而国内外相关专家的研究工作，往往仅立足于某一种视频转码技术，他们并没有考虑到与其他技术的兼容性问题。因此在实际工程应用中，主流的转码做法采用全解全编的方式，即对原音视频数据完全解码，重建原始音视频数据，然后根据输出码流的参数对音视频数据进行完全的编码。这种方式可以适应各种转码需求，但由于采用了完全编码的方式，其中计算复杂度较高的

模块如运动估计、宏块模式判决等将浪费大量的计算资源，造成转码速度不快。通常一个单核的 CPU 只能实时完成一路标清视频的转码工作。

另一方面，流媒体播控平台在不同的操作系统中所支持的流格式并不完全相同，譬如：iOS 系统不支持 FLV 格式的视频，而 FLV 对 H.264 的支持也不好。为了保证流媒体播控平台的良好兼容性，近年推出了基于 HTML5 的流媒体播控协议，它采用 HTTP 方式进行视频数据传输，用户在 Web 页面中通过调用本地播放器对音视频数据进行播放，不再需要用户安装独立的客户端进行视频浏览，降低了网络电视运营商对平台的维护难度，可以实现播控平台的跨平台业务。同时，MPEG 组织于 2011 年发布了基于 HTTP 的自适应流规范草案（Dynamic Adaptive Streaming of HTTP，DASH）。它将同一内容的多种规格的音视频数据流进行有效的复合封装（如下图所示），可以有效而灵活地在多种数据流间进行传输和控制，良好地解决了用户在观看音视频节目时在屏间无缝切换的需求，可以较好地支持跨平台、多终端适应的网络电视业务。

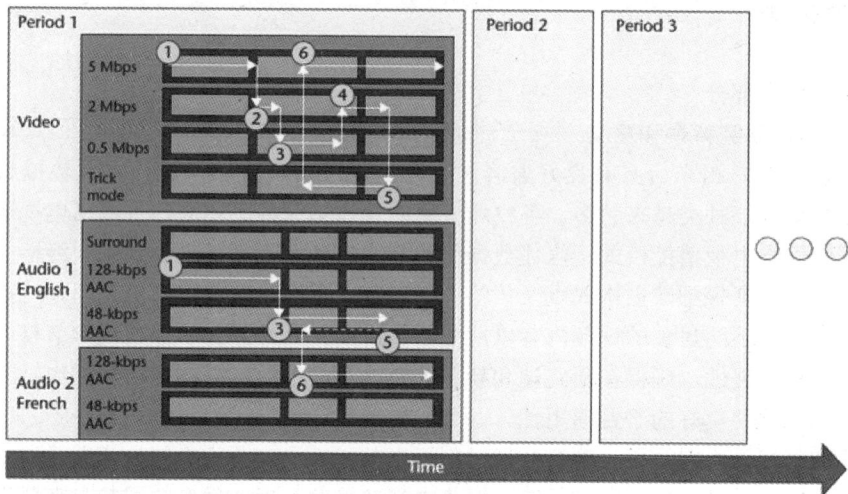

DASH 数据格式结构图

在视频内容分析与理解方面，如何实现智能化的基于内容的视频分析一直是信息检索领域中的研究热点，其最终目标是实现基于语义的视频检索。经过近二十年的努力，视频检索在感知特征的提取和表达、视频结构分析、视频摘要、视频索引建立等多个方面都取得了长足的进步，并出现了 MediaMill、Informedia、Advent、QBIC 等商用的图像/视频检索系统，支持根据多种音视频底层特征、草图、示例图片或视频片段以及关键词来进行视频查询。

值得指出的是，正是由于视频检索在信息检索领域的重要性，从 2003 年开始，美国国家标准技术协会组织了专门针对视频检索的 TRECVID 国际权威测评。测评的任务包括镜头边界检测、摄像机运动检测、语义视频搜索、高层概念检测、新闻视频摘要、重复视频检测和监控视频的事件检测等任务。

目前参与 TRECVID 的大学和研究机构已经达到 119 家之多，分别来自北美、亚洲、欧洲、澳洲。北美的如 IBM Watson 研究中心，AT&T 研究中心，卡耐基·梅隆大学，哥伦比亚大学的 Advent 小组，加州大学的伯克利、圣巴巴拉、圣迭戈分校等；欧洲的诸如荷兰的 MediaMill 小组、英国牛津大学、爱尔兰都柏林大学，以及德国、法国等国的机构；亚洲的诸如日本、新加坡、印度等国，中国的香港和台湾地区，中国大陆的中科院、清华大学、北京邮电大学、华中科技大学、复旦大学、北京交通大学都是多次参与，并取得了很好的成绩。2008 年以来北大、北航、上海交大、西安交大、浙大、天大、山大等也都陆续参加。另外，TRECVID 还吸引了微软亚洲研究院、东芝和雅虎等著名的商业机构，加快了视频检索技术向商业应用的转化。

TRECVID 已成为国际视频检索领域的一个评价基准，基本反映了当今视频检索技术的最高水平，对推动视频检索的研究具有里程碑式的意义。

目前，国内外出现了一些视频检索相关的专利，但都不涉及本项目的海量电视节目的智能分析与处理，目前没有国际和国内相关标准。

3.　课题申请单位及主要参与单位研究基础

本课题的负责单位天脉聚源(北京)传媒科技有限公司自 2008 年以来一直致力于电视资讯云计算平台的开发和相关核心技术的研究，在电视资讯采集、转码、视频模式识别、语音识别和视频内容智能分析、云计算平台建设方面形成了丰富的技术经验积累。同时公司注重与高校、科研机构的产学研结合，深度挖掘学术研究的价值，在语音识别、视频模式识别研究方面形成了一批具有重要应用价值的科研成果。

公司有专业研发工程师超过 200 人，投入到本项目团队 31 人，其中博士 2 名，硕士 3 名，公司员工平均年龄 28 岁，拥有本项目各领域技术的高端人才。公司有超过 2400 平方米的办公室，在北京拥有嘉盛中心和雍和大厦两处办公场所，能够为本项目组提供良好的开发环境。

公司自创立以来已经积累收录了国内外主要电视台四年的数据，拥有超过 600T 的电视数据，目前每天能源源不断地处理近 200 个频道的电视数据，这些日益积累的数据在未来不具备再次获取的可能，是天脉重要的资源积累，也是公司的核心资产，这一点很难超越。

经过长期的技术积累和对大量数据模式识别(语言、画面)长期的训练，天脉当前的智能分析能力已经达到一个较高水平，可以达到最高 75% 的识别准确率，而遍布全国的大规模分布式采集、处理与服务能力需要较长时间的技术磨合和积累，其余竞争对手短期内难以达到。在市场方面天脉已经占据了先机，当前已经服务于网易、搜狐、腾讯、土豆网等几乎所有的主要网络门户，在广电方面，中国教育电视台、北京电视台、上海文广等主要机构也均已采用了本项目的云计算服务。天脉为这些客户提供了高性价比的、稳定优质的服务，并进行了大量的系统对接工作。这一现状将极大地挤压其余竞争对手的市场空间。

在电视资讯智能挖掘分析和自动化处理方面，我们拥有了超过 20 项的专利和 30 多项著作权，并有多项专利正在提交中。

课题参与单位北京邮电大学多媒体通信与模式识别实验室在图像识别、音视频内容分析及检索，以及多媒体通信等方面，取得了一系列的研究成果，承担了国家自然科学基金、国家重大计划、863 计划、国家计委、公安部和国防科工委等支持的重大科研项目，以及一系列与国内外企业合作的项目。

在流媒体系统方面，实验室先后完成 IPTV 播控系统、高效视频转码、3D 流媒体系统、通用监控视频接入和管理平台以及视频图像质量评测等课题。实验室拥有完善的通用视频解码库，可实现现有各种标准音视频压缩流及主流数码设备采集的音视频数据流的正确解码。实验室具备完善的流媒体播控平台，可支持多种流媒体播控和传输协议，并具有良好的 QoS 保障体系，实现音视频的流畅播放。实验室拥有高效实时的视频转码器，可实现码率转换、分辨率转换、帧率转换和格式转换等各种视频转码需求，转码速度比全解全编框架提高近 45%，可有效地生成适合不同终端设备的视频数据流。

在视音频内容分析与检索方面，实验室有着多年的研究积累，参加了国际权威 TREC 视频检索测评(TRECVID)的镜头边界检测、同源视频检测和语义搜索等多项任务，获得了优异的成绩，特别是在与本项目相关的语义视频搜索任务中，2009 年获得第一，2010 年获得第二，2011 年获得第一，充分展现了上述成果在视频检索领域中的先进性。

4. 研究范围和目标

目标 1：音视频编码技术与数据封装技术的技术难点的突破

为了制作适应各种不同终端的音视频数据，往往需要对同一内容的音视频节目进行多次压缩编码与数据封装，以形成多种压缩格式和封装格式的音视频数据流。由于音视频数据量极其庞大，目前的编码算法相对比较复杂，这将占用庞大的服务器资源。尤其是现在，随着网络带宽的飞速发展，网络电视中逐步开始提供更大分辨率的电视节目，如高清电视节目。目前实时编码一路高清电视节目，需要 2—3 核的 CPU 同时工作。因此随着终端设备和网络带宽的发展，节目录制所需要的服务器资源将急速增加。降低音视频节目录制的计算复杂度，成为提高音视频节目录制效率的一个技术难点。

按现行的节目录制方式，音视频节目在各地进行采集之后汇聚到云计算中心进行转码录制。期间音视频节目至少需要经过 2 次以上的编码过程，视频质量将由于二次编码形成更大的质量损失。因此，如何保持转码后的视频图像质量，减少二次编码产生的质量下降也是音视频转码中的一个核心技术。

本课题考虑到了现有系统的各方面需求，重点解决流媒体技术中视频转码的计算复杂度高、二次编码质量损失大、跨平台音视频流封装兼容性低的技术难题，提高海量音视频节目制作的效率和质量，提高音视频节目流对各终端的适应性。

目标 2：智能视频内容分析主要的技术难点的突破

其主要难点在于有效视频语义信息的提取和表达。具体来说，涉及海量视频的结构化描述、视频节目的自动编目、高层语义概念的检测，还包括视频广告与节目的定位与拆条、在视频索引建立的前提下的快速鲁棒的视频搜索等。

二、主体部分

逐一论述各项研究内容的研究方案、研究方法、研究过程、研究结果等信息，提供必要的图、表、实验及观察数据等信息，并对使用到的关键装置、仪表仪器、材料原料等进行描述和说明。

1. 课题研究内容、技术路线和创新点

1）研究内容

本课题将产生一批产品化程度高的专业产品和一个高性能、高效率的生产和运营平台。本课题的主要技术难点也是我们的创新点，是多种高端技术在视频云计算平台上的集成应用。

课题最终形成的产品成果包括：

- TMEncoder 高清视频采集编码器
- iGuide 虚拟播出系统
- iVision 多点控制展示系统
- iSearch 视频资讯搜索系统
- iSee 视频资讯展示系统
- iPai、iPlay、iStudio 等其他产品
- 课题形成的生产和服务平台产品是：电视数据智能采集处理及分析平台

2）课题实施的基本原则

①标准化。遵循国际、国家以及行业标准，能够与采用相同标准的相关系统平台实现平滑对接。方案遵循的协议簇包括：

DVB 国际标准

H.264/MPEG-4 AVC、AAC、MPEG-2、MP3 音视频编码标准

TCP/IP 协议

HTTP 协议

RTMP 协议

SDI-SD/HD 数据接口协议

Restful Web Service 规范

②完整性。要求课题研究和开发内容能够完整解决整个项目所需的技术问题，保障项目正常实施，最终实现的成果能够完整地实现预期目标。

③开放性。遵循开放性设计原则，对内部和外部系统提供规范、简单的接口协议，

能够实现系统间的高效连接。

④先进性。语音识别、图像识别、信息自动标引、文本自动分析、编码、传输和播放实现过程中充分考虑技术的先进性和成熟性，能够代表当前技术的主流和未来技术发展的方向。整个生产和运营平台的架构充分考虑当前主流的技术标准，能够与第三方系统进行平滑对接。

⑤经济性。课题研究充分考虑运行成本，保障技术研究和项目实施具有较高的经济型。

2. 课题的技术路线

本章节将详细描述课题所涉及目标产品和平台的技术方法。

(1)TMEncoder 高清视频采集编码器

TMEncoder 的设计目标是实现高清高性能的电视视频的采集编码。该设备是整个云计算平台的信号输入接口设备，要求在稳定性、适配性和产品化程度上都能达到较高的水平。完成后的产品既可以作为整个系统的一个重要组成组件，也可以作为独立的产品对外销售，遵循国际国内通用编码器的输入输出规范。

TMEncoder 采用 H.264 编码标准，使用国际领先的商用编码器内核。该编码器在视频编码的质量和效率上优于众多免费的开源编码技术和价格昂贵的硬件编码技术，能够以 512Kbps 的码率实现标清视频编码，在 1Mbps—1.5Mbps 的带宽范围内实现高清视频编码。编码器提供超过 100 项的优化编码参数，Two-pass、双向预测、动态 GOP、帧变化智能检测和最高 High Profile/5.1 Level 的 H.264 编码能力，能够保障向您的网络中交付最佳质量的视频内容。

编码器支持多种格式的视频源，包括：1)卫星和有线数字电视信号(DVB)；2)模拟电视信号；3)IP 网络信号；4)SDI/HDMI 高清接口等。支持的输入视频格式包括：MPEG-1/2/4、VC-1、H.264、RAW 等，音频格式包括 MP2/3、AAC、AC-3 等。支持高清编码，画面大小最高支持 1080p，帧率 25fps—50fps。

编码器同时支持 4 路信号采集输入，实时编码。每路信号可同时输出 256Kbps、512Kbps、1Mbps 三种码流，码流可采用 Baseline、Main、High Profile 规格编码。音频采用 AAC-LC 和 AAC-Main 方式编码输出 48Kbps，采用 MPEG-TS 复用后输出。

编码输出支持 TS over HTTP (M3U8 格式)、TS over UDP 和 RTMP over TCP 多种方式。编码器同时设置较大的存储，内置视频播出服务，可以在采集编码的同时提供直播和点播服务，支持 7 天内时间段的视频点播回看，支持 10 秒的视频关键帧截图。

编码器具有便捷简单的 Web 管理方式，能够灵活配置各项编码参数和发布参数，可以动态配置每个采集通道的业务项目。

功能特征：

●顶级商用 H.264 和 AAC 编码器，支持高清、标清、超低码率编码，支持 H.264 Baseline/Main/High Profile 最高 5.1 Level 编码配置。

●携带支持 SDI-HD/SD、HDMI、DVI 多种输入接口的高清数字采集卡。

●内置碎片化和流播出服务，对外提供 RTMP、UDP、HTTP 输出接口。

●同时 3 路信号输入、3 路高清实时编码和 9 路直播流输出。

编码器规格参数表

输入
●1 路 IP 输入，1000M 网卡，接收 DVB-C、DVB-S、MPEG over UDP 信号输入
●3 路 SDI-SD/HD
●可选 HDMI、DVI、AV、S-Video、YUV、VGA
编码格式
●视频：H.264，支持 Baseline、Main、High Profile Level 5.1，支持高清、标清和超低码率编码
●音频：MP3、MP2、AAC、AC3
输出
●9 路 TS over HTTP
●9 路 TS over UDP
●9 路 RTMP over TCP
●TS File
运行环境
●操作系统：64 位 Linux
●处理器：英特尔® 至强® 5600
●网络：1GB ENC382i 多功能双端口
●内存：4GB PC3-10600R RDIMM DDR3
●外形：机架式 2U

（2）iGuide 虚拟播出系统

虚拟播出技术为运营商在互联网上构造全新的播出频道提供了最经济和最灵活的实现方案。该技术实现将视频文件和直播流编排成一路全新的频道对外播出。运营商可以根据需要，将多个传统电视频道上的播出内容和本地文件内容按照新的 EPG 播出安排构造网络电视频道，通过这种应用安排，运营商能够突破传统电视频道播出内容的限制，为终端用户提供更丰富和更好体验的播出内容。

按照用户不同的需求，在无人值守和人工干预两种状态下，网络频道能够实现基于电视信号源的实时采集直播、基于文件源的虚拟直播、文件源和直播信号源的混排直播、即时导播和插播、互动点播等在互联网视频播出的各种业务，并能够跨平台和支持各种浏览器和播放终端。

虚拟播控平台主要由六个部分组成：

●播出素材库管理：对播出的素材(包括文件源和电视直播信号源)进行上传、修改、删除等操作。

●编转码中心：这部分主要将播出的素材(电视直播信号源和文件源)统一地进行转码、碎片化，以适应统一播出格式的需要。

●iCast 管理客户端：主要利用播出素材库中的内容对每日直播的 EPG 进行编排，即时插播和导播等操作控制部分由控制后端播控服务进行工作。

●播控服务平台：主要接收管理客户端的指令，将用户编排好的 EPG 对外播出。

●分发 CDN 平台：主要将播出的直播流对全国各 CDN 站点进行分发，或与 CDN 分发服务商进行对接。功能特征是使用文件源和直播源快速创建全新的播出频道，文件、直播源自由混排播出。

●即时导播功能：可以将直播流中的内容替换成其他感兴趣的内容，如广告插播、广告替换。功能强大的 EPG 编排功能，可方便地创建 1 到 7 天内的 EPG 节目单。

(3) iVision 多点控制展示系统

iVision 多点控制展示系统由前端控制(最多 30 台，兼容不同系统设备)、中转控制主机(一台 MAC)和多台展示设备(MAC 或 PC 台式机或大屏)组成。工作时，前端控制设备(iPad、iPhone、PC 或 MAC)向中转控制主机发送展示数据命令，中转控制主机收到数据后分析数据的来源并对照命令列表将数据转发给指定的展示设备；展示设备收到数据后进行相应的数据展示或读取中转控制主机的存储内容进行内容展示。

本系统的特点是：多点控制，多点展示，工作方式可列队或并发，自由随意切换。

核心的中转控制主机采用 MAC OS X 的苹果台式机，其他终端设备以中转控制主机为核心来进行终端的配置。所有设备以有线或无线形式通过无线路由器组成的局域网互联。

…………

(作者略去了以上节选的科技报告的某些图表，并对原文的结构进行了重新梳理)

【评析】本科技报告，内容详尽，研究透彻，格式规范。

【知识链接】

一、概念

科技报告，是科学技术报告的简称，是用于描述科学或技术研究的过程、进展和结果，或描述一个科学或技术问题状态的文献。

二、科技报告写作总体要求

(1)科技报告由科研项目的主要完成者撰写。

(2)科技报告的内容应完整、真实、准确、易读，有一定的技术含量和保存、利用价值。

(3)科技报告应采用国家正式公布实施的简化汉字和法定计量单位，主要部分为宋体 5 号字。

(4)科技报告的插图、附表、照片等必须完整，确保能够复制或缩微。

(5)科技报告中使用的术语、符号、代号全文必须统一，并符合规范化的要求。

(6)科技报告的用纸一般采用 A4 纸，纸质、用墨、版面设计等应便于科技报告的印刷、装订、阅读、复制和缩微。

(7)电子版科技报告应采用通用文件格式。

三、编写格式

科技报告一般包括以下三个组成部分：

(1)前置部分。封面、题名页、辑要页、序或前言、致谢、摘要、目次、插图和附表清单、符号和缩略语说明。

(2)主体部分。引言部分、主体部分、结论部分、建议部分、参考文献。

(3)结尾部分。附录、索引、发行列表、封底。

四、科技报告(主体部分)编写的具体步骤

第一步：引言——简要说明相关工作的背景、目的、范围、意义、相关领域的前人工作情况、理论基础和分析、研究设想、方法、实验设计、预期结果等，同时，可指明报告的读者对象。

短篇科技报告也可用一段文字作为引言。

第二步：正文——应完整描述相关工作的基本理论、研究假设、研究方法、试(实)验方法、研究过程等，应对使用到的关键装置、仪表仪器、材料原料等进行描述和说明；还应陈述相关工作的结果，对结果的准确性、意义等进行讨论，并提供必要的图、表、实验及观察数据等信息。

主体部分可分若干层级进行论述，涉及的历史回顾、文献综述、理论分析、研究方法、结果和讨论等内容宜独立成章。

第三步：结论部分——可以描述正文中的研究发现，评价或描述研究发现的作用、影响、应用等，可以包括同类研究的结论概述、基于当前研究结果的结论或总体结论等。

如果不能得出结论，应进行必要的讨论。

第四步：建议部分——基于调查研究的结果和结论，可对下一步的工作设想、未来的研究活动、存在的问题及解决方法等提出一系列的行动建议，也可在结论中提出未来的行动建议。

第五步：参考文献——为读者提供足够的查找引证原文的信息，同样具有重要的参考和交流价值。科技报告中所有被引用的文献都要列入参考文献中，未被引用但被阅读或具有补充信息的文献可作为附录列于"参考书目"中。

【实践训练——完成任务】分小组完成任务

【病文评析训练】下文是一份科技查新报告，文中有多处毛病，请找出来。

查新项目名称	中文：我省公立高校负债扩张的风险管理研究			
	英文：Our province public university debt expands risk management research			
查新机构	名　　称	山东省科学技术情报研究所		
	通信地址	济南市高新区新宇路 607 号	邮政编码	250101
	负责人	胡艳苹　电话　0531-82682067	传　真	
	联系人	杨德祥　电话　0531-82682075		
	电子信箱	shenhe@pub.sdsti.net.cn		

一、查新目的

立项查新

二、查新项目的科学技术要点

(1)我省高校负债扩张风险评价指标体系的筛选与对接。以山东省高校负债扩张实际数据为基点，以国内外有关的风险管理指标体系为参照，研究各风险指标的内在联系，对形成高校负债扩张风险的变量进行分析、筛选和集成。

(2)我省公立高校负债扩张风险评价和预警模型的构建。运用模糊灰色综合评价法确定各风险指标权重，以风险管理理论为依据，确定风险状态及控制措施，设计风险评价和预警模型。

(3)我省新型公立高校融资制度安排设计。运用新制度经济学的相关理论，分析公立高校融资制度变迁的轨迹，并通过对国内外高校融资渠道的实证研究，设计符合我省实际情况的高校多元融资制度，彻底解决高校的负债扩张问题。

三、查新点与查新要求

查新点：

(1)建立了包括政府、银行、高校和学生在内的四方动态博弈模型；

(2)克服单纯财务指标局限，在高校负债扩张风险评价模型中引入政策风险、声誉风险、生源风险及资产闲置风险等变量，有针对性地设计提出我省公立高校风险控制模型及负债约束模型。

查新要求：要求检索国内有无与该研究相同的文献报道。

四、文献检索范围及检索策略

国内部分：

中国科技成果数据库(CSTAD)	1985—2011
中国期刊全文数据库(CNKI)	1994—2011
中国优秀博硕士学位论文全文数据库	1999—2011
中国重要会议全文数据库	1999—2011

中国科技经济新闻数据库	1992—2011
中文科技期刊数据库	1989—2011
中国科技文献数据库	1999—
山东省科技成果数据库	1986—2011
山东省成果查新报告数据库	2003—2011
中国专利数据库	1985—2011

检索策略：

负债扩张、风险管理

高校、负债扩张、风险

五、检索结果

密切相关文献 3 篇，相关文献 9 篇。

[1] 高校负债扩张的风险分析及风险管理

曹原，齐鲁珠坛，2009（3）

为了提高中华民族的整体素质，国务院提出了大力发展高等教育。随着高等教育由精英教育向大众教育的转变，高校连续扩大招生规模，在校大学生数量大幅度增加，至 2006 年末研究生教育招生 40 万人，在学研究生 110 万人，毕业生 26 万人；普通高等教育招生 540 万人，在校生 1739 万人，毕业生 377 万人。由此造成学校办学条件不能满足教育发展的矛盾日益突出。高校为了缓解这一矛盾，必须建设新校区，扩大办学规模，但随之又出现了建设新校区与资金需求之间的矛盾，在财政拨款和学校自筹收入不能满足学校基本建设对资金需求的情况下，积极利用银行贷款（以下简称贷款）改善办学条件，解决了事业发展过程中的实际困难，成为学校必然的选择。

但是，在社会主义市场经济中，高校进行贷款建设，其风险是显而易见的。对银行来说，其本质是金融企业，追求的是利润最大化，投资高校是要获得较好的收益。高校也要获得收益才能达到银行投资的目标。基于风险和发展两方面的考虑，高校要生存发展就必须对所面临的贷款风险进行有效的管理。

[2] 公立高校负债办学的现状与风险分析

吴士键，权英，刘新民，聊城大学学报，2009（5）

公立高校作为我国高等教育的主要承担者，其负债扩张为高等教育由精英教育转变为大众化教育、拉动经济增长和延缓就业压力做出了巨大贡献。但高校具有相异于企业和政府的特性，负债过大，不仅可能导致高等教育产品异化，教育质量降低，而且也潜伏着严重的金融风险，并有可能使政府成为高校负债办学风险的最终承担者，加重财政负担。

[3] 高等院校巨额债务的风险规避与偿还对策研究——以山东省高校为例证

帅相志，许家明，科学决策，2009（6）

负债办学是一把"双刃剑",既有利于促进高校的快速发展,也可能给高校带来巨大的财务风险。面对这一问题,政府、高校及金融机构应齐心协力、各尽所能,共同规避贷款风险,采取"双主体、多渠道、多方式、多措施"的还贷途径,尽快化解高校"还贷危机",促进我国高等教育事业的可持续发展。

[4] 高校负债扩张的风险分析及风险管理

董晓青,罗露,卓越管理,2008(8)

近年来,我国的高等教育事业迅速发展,尤其是 1999 年扩招以来,这种发展势头更加强劲。扩招使原本被拒之于高校大门外的学子圆了大学梦,同时也使各高校不得不扩建新校区和改善学校环境。这在一定程度上缓解了教育资源不足所带来的压力,同时也加大了学校的负债。负债扩张是一把双刃剑,它在增强高校的办学实力、缓解资金紧张问题的同时,也给普通高校带来了巨大的财务风险。如何分析和管理高校负债扩张的风险问题就成为目前高校财务管理者所面临的重要问题。

为了提高中华民族的整体素质,国务院提出了大力发展高等教育。随着高等教育由精英教育向大众教育的转变,高校连续扩大招生规模,在校大学生数量大幅度增加,至 2006 年末研究生教育招生 40 万人,在学研究生 110 万人,毕业生 26 万人;普通高等教育招生 540 万人,在校生 1739 万人,毕业生 377 万人。由此造成学校办学条件不能满足教育发展的矛盾日益突出。高校为了缓解这一矛盾,必须建设新校区,扩大办学规模,但随之又出现了建设新校区与资金需求之间的矛盾。

[5] 高校负债扩张及其财务风险研究

孙新章,南京理工大学硕士论文,2006

近年来我国的高等教育快速发展,扩招使得高等教育迅速由"精英"教育走向"大众"教育,但随之而来的就是教育资源的严重不足。由于我国教育经费占 GDP 的比重偏低,而且增加的经费远赶不上高等教育规模增长的需要,因此利用负债方式进行规模扩张,就成为许多高校行之有效的办法。但种种迹象表明,这种大规模举债办学、快速扩张的模式引起了高校的财务风险。如何衡量和规避高等院校的财务风险问题就成为目前教育管理部门和高校财务管理者所要面临的问题。本文通过对高校负债扩张的较详尽的分析、财务风险的成因的探讨,提出了高校负债扩张财务风险衡量和预警指标体系及相应的防范与对策措施,对高校负债扩张财务风险的防范提出了有益的建议。

[6] 关于高校负债扩张及其财务风险控制的思考

季东,沈阳工程学院学报(社会科学版),2008(4)

本文阐述了高校财务风险的含义及其特殊性,对高校负债扩张财务风险及其成因进行分析,进而提出建立财务风险控制和预警系统、完善内部控制制度、加强财务监控等防范与对策措施,提出了高校财务风险管理和控制的思路。

[7] 政府行为视角下的高校负债扩张及风险治理

成立平，李玉民，财政监督，2009.5.15

随着高校招生规模的扩大，负债在增强普通高校办学实力、缓解资金紧张问题的同时也给高校带来了巨大的财务风险，如何衡量和规避普通高校的债务风险问题就成为目前普通高校财务管理者所面临的重要问题。本文从政府行为的视角对高校负债扩张生成机制进行了重新解读，认为完善财政外部资金"输血"机制和提升高校内部自我资金"造血"机制是化解我国目前高校债务危机的基本思路。

[8]　当前高校负债扩张财务风险的防范策略

方伟，高校后勤研究，2010（5）

自1999年高校扩招以来，我国高等教育走上了"大众化"教育的道路，高等教育规模以前所未有的速度取得了超常规扩张，实现了跨越式发展。高等教育的迅速发展需要大量的资金支撑，但政府支持经费远远赶不上高等教育扩张的需要。要尽快使高校扩大规模、改善办学条件、提高综合实力，对外负债无疑是一条重要的筹资渠道。负债办学成为缓解高校资金紧张，充分利用社会资金的有效手段。目前，我国高校负债已成为一种比较普遍的经营现象，其主要形式是银行借贷资本。贷款是有成本和风险的，种种迹象表明，高校大规模建设热潮中出现了盲目扩张、高标准建设的倾向，高校贷款规模急剧扩大，导致过度负债。巨额债务已成为制约高校发展的重要因素，其引发的问题也日益凸显。如果这些问题没有有效解决，将会引发中国高等教育的深刻危机。因此，必须采取有效策略规避和化解高校的贷款风险，积极维护高校财务安全。笔者建议从如下三方面采取措施：……

[9]　我国高校负债风险的成因及化解策略

弭元英，张楚婕，史峰，经济纵横，2008（8）

近年来，我国高校负债风险日益显现，其形成有国家相关政策的负效应、高校膨胀式的扩招、对高校的财政投入严重不足、金融机构对高校贷款准入条件不严格、相关部门对高校贷款使用缺乏有效的管理和监督等不同原因。高校贷款风险既不利于高校的自身发展，又让银行和政府背上了沉重包袱。因此，对高校负债风险进行分析并寻求化解之道具有非常重要的意义。

[10]　高等学校负债办学的成因及风险控制

徐佼，法制与社会，2008（16）

随着高校大规模扩招，教育资金短缺日益成为阻碍高校发展的瓶颈，越来越多的高校选择了负债办学的途径来解决这一问题。负债办学一方面给高校带来了快速发展，另一方面也带来了风险。本文通过对高校负债办学成因及风险分析，对高校负债办学风险控制提出了一些防范措施

[11]　高校负债风险控制体系的构建

黄麟，会计之友，2007（11）

为了顺应高等教育扩大招生的形势和高校自身发展的需要，高校纷纷选择了负债

运营的发展道路。文章首先对我国高校负债风险的规律性进行分析，然后指出现阶段高校负债风险的成因及其危害性，最后提出了构建高校负债风险防范体系的对策。

[12] 高校负债风险的规避与化解探析

彭赛丰，向华，长沙大学学报，2009(3)

高等教育要实现跨越式发展，实现"大众化"教育的目的，需要大量的资金支撑。在政府教育投入和高校自有资本短缺的情况下，高校负债办学成为历史必然选择。目前我国高校负债的现状与特点决定其负债风险的规避与化解离不开政府、高校、银行三维共同参与的风险管理。

【情景拟写训练】请根据上述查新报告所缺成分，进行补全！

第二节　实验报告

【任务呈现】新型传感器技术应用范围非常广泛，应用于物理、化学、甚至生物等诸多领域，从事专业学习的某研究生就聚苯胺复合薄膜气体传感器的制备与测试进行实验，以期达到熟悉工作原理、锻炼动手能力的目的。

【案例赏析】

案例 1　　　　　　　　邻二氮菲分光光度法测定微量铁

一、实验目的

(1) 掌握研究显色反应的一般方法。

(2) 掌握邻二氮菲分光光度法测定铁的原理和方法。

(3) 熟悉绘制吸收曲线的方法，正确选择测定波长。

(4) 学会制作标准曲线的方法。

(5) 通过邻二氮菲分光光度法测定微量铁在未知试样中的含量，掌握 721 型、723 型分光光度计的正确使用方法，并了解此仪器的主要构造。

二、原理

可见分光光度法测定无机离子，通常要经过两个过程，一是显色过程，二是测量过程。

为了使测定结果有较高灵敏度和准确度，必须选择合适的显色条件和测量条件，这些条件主要包括入射波长，显色剂用量，有色溶液稳定性，溶液酸度干扰的排除。

(1) 入射光波长：一般情况下，应选择被测物质的最大吸收波长的光为入射光。

(2) 显色剂用量：显色剂的合适用量可通过实验确定。

(3) 溶液酸度：选择适合的酸度，可以在不同 pH 缓冲溶液中加入等量的被测离子和显色剂，测其吸光度，作 DA-pH 曲线，由曲线上选择合适的 pH 范围。

(4)有色配合物的稳定性：有色配合物的颜色应当稳定足够的时间。

(5)干扰的排除：当被测试液中有其他干扰组分共存时，必须采取一定的措施排除干扰。

邻二氮菲与 Fe^{2+} 在 pH 2.0—9.0 溶液中形成稳定橙红色配合物。配合物的 $\varepsilon=1.1\times10^4$ $L\cdot mol\cdot cm^{-1}$。

配合物配合比为 3∶1，pH 在 2—9(一般维持在 pH 5—6)之间。在还原剂存在下，颜色可保持几个月不变。Fe^{3+} 与邻二氮菲作用形成淡蓝色配合物稳定性较差，因此在实际应用中加入还原剂使 Fe^{3+} 还原为 Fe^{2+} 与显色剂邻二氮菲作用，在加入显色剂之前，用的还原剂是盐酸羟胺。此方法选择性高，Br^{3+}、Ca^{2+}、Hg^{2+}、Zn^{2+} 及 Ag^+ 等离子与邻二氮菲作用生成沉淀，干扰测定，相当于铁量 40 倍的 Sn^{2+}、Al^{3+}、Ca^{2+}、Mg^{2+}、Zn^{2+}、SiO_3^{2-}，20 倍的 Cr^{3+}、Mn^{2+}、VPO 3—45 倍的 Co^{2+}、Ni^{2+}、Cu^{2+} 等离子不干扰测定。

三、仪器与试剂

1. 仪器

721 型、723 型分光光度计，500mL 容量瓶 1 个，50mL 容量瓶 7 个，10mL 移液管 1 支，5mL 移液管 1 支，1 mL 移液管 1 支，滴定管 1 支，玻璃棒 1 支，烧杯 2 个，吸耳球 1 个，天平一台。

2. 试剂

(1)铁标准溶液 $100\mu g\cdot mL^{-1}$，准确称取 0.43107g 铁盐 $NH_4Fe(SO_4)_2\cdot12H_2O$ 置于烧杯中，加入 0.5mL 盐酸羟胺溶液，定量转移入 500mL 容量瓶中，加蒸馏水稀释至刻度，充分摇匀。

(2)铁标准溶液 $10\mu g\cdot mL^{-1}$，用移液管移取上述铁标准溶液 10mL，置于 100mL 容量瓶中，并用蒸馏水稀释至刻度，充分摇匀。

(3)盐酸羟胺溶液 $100g\cdot L^{-1}$(用时配制)。

(4)邻二氮菲溶液 $1.5g\cdot L^{-1}$，先用少量乙醇溶液，再加蒸馏水稀释至所需浓度。

(5)醋酸钠溶液 $1.0mol\cdot L^{-1}\mu$。

四、实验内容与操作步骤

1. 准备工作

(1)清洗容量瓶、移液管及需用的玻璃器皿。

(2)配制铁标准溶液和其他辅助试剂。

(3)开机并试至工作状态，操作步骤见附录。

(4)检查仪器波长的正确性和吸收它的配套性。

2. 铁标准溶液的配制

准确称取 0.3417g 铁盐 $NH_4Fe(SO_4)_2\cdot12H_2O$ 置于烧杯中，加入 10mL HCl，加少量水。溶解入 500mL 容量瓶中加水稀释到容量瓶刻度。

3. 绘制吸收曲线选择测量波长

取两支 50mL 干净容量瓶，移取 100μg·mL^{-1} 铁标准溶液 2.50mL 于容量瓶中，然后在两个容量瓶中各加入 0.5mL 盐酸羟胺溶液，摇匀，放置 2 分钟后各加入 1.0mL 邻二氮菲溶液、2.5mL 醋酸钠溶液，用蒸馏水稀释至刻度线，摇匀，用 2cm 吸收池，试剂空白为参比，在 440—540nm 间，每隔 10nm 测量一次吸光度，以波长为横坐标，吸光度为纵坐标，确定最大吸收波长：

λ(nm)	440	450	460	470	480	490
A	0.29	0.38	0.44	0.485	0.50	0.52
λ(nm)	500	510	520	530	540	
A	0.54	0.57	0.502	0.369	0.257	

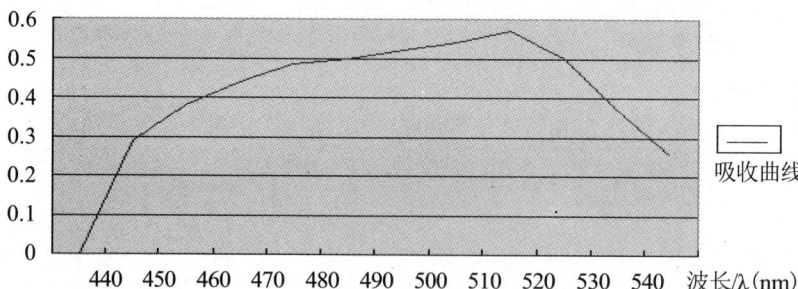

4. 标准曲线的绘制

取 50mL 的容量瓶 7 个，各加入 100.00μg·mL^{-1} 铁标准溶液 0.00、0.20、0.40、0.60、0.80、1.00、1.20mL，然后分别加入 0.5mL 邻二氮菲溶液、2.5mL 醋酸钠溶液，用蒸馏水稀释至刻度线，摇匀，用 2cm 吸收池，以试剂空白为参比溶液，在选定波长下测定并记录各溶液光度，记录格式参考下表：

编号	1#	2#	3#	4#	5#	6#	7#
V(铁溶液)mL	0.00	0.20	0.40	0.60	0.80	1.00	1.20
A	−0.000	0.083	0.169	0.227	0.314	0.395	0.436

5. 铁含量的测定

取 1 支洁净的 50mL 容量瓶，加入 2.5mL 含铁未知试液，按步骤显色，测量吸光度并记录。

编号	1#	2#	3#
V(未知液)mL	2.5	2.5	2.5
A	0.425	0.425	0.421

K=268.1　　　　　　　B=−2.205　　　　　　　R×R=0.9945

CONC. =K×ABS＋B　　　C=44.55mol·mL^{-1}

6. 结束工作

测量完毕，关闭电源插头，取出吸收池，清洗晾干后入盆保存。清理工作台，罩上一仪器防尘罩，填写仪器使用记录。清洗容量瓶和其他所用的玻璃仪器并放回原处。

五、讨论

(1) 在选择波长时，在 440nm—450nm 间每隔 10nm 测量一次吸光度，最后得出的 $\lambda_{mix}=510nm$，可能原因是试剂未摇匀，提供的 $\lambda_{mix}=508nm$，如果再缩减一点进程，试剂充分摇匀，静置时间充分，结果会更理想一些。

(2) 在测定溶液吸光度时，测出了两个 9，实验结果不太理想，可能是在配制溶液过程中的原因：a. 配制好的溶液静置的时间未达到 15 分钟；b. 药剂方面的问题，是否在期限内使用(未知)，因从溶液显色的效果看，颜色有点淡，要求在试剂的使用期限内使用；c. 移取试剂时操作的标准度是否符合要求，要求一个人移取试剂。(张××)

在配制试样时不是一双手自始至终，因而所观察到的结果因人而异，导致最终结果偏差较大，另外还有实验时的温度，也是造成结果偏差的原因。(崔××)

本次实验阶段由于多人操作，因而致使最终结果不精确。(普××)

············

六、结论

(1) 溶液显色，是由于溶液对不同波长的光的选择的结果，为了使测定的结果有较好的灵敏度和准确度，必须选择合适的测量条件，如入射波长、溶液酸度、试剂使用期限。

(2) 吸收波长与溶液浓度相关，不同浓度的溶液吸收都很强烈，吸收程度随浓度的增加而增加，成正比关系，从而可以根据该部分波长的光的吸收的程度来测定溶液的浓度。

(3) 此次试验结果虽不太理想，但让我深有感触，从中找到自己的不足，并且懂得不少试验操作方面的知识。从无知到有知，从不熟练到熟练使用，自己得到了很大的提高。(张××)

附录：

723 型操作步骤

(1) 插上插座，按后面开关开机。

(2) 机器自检吸光度和波长，至显示 500。

(3) 按 $^{A\lambda C}_{OTO}$ 键，输入测定波长数值按回车键。

(4) 将参比溶液(空白溶液)比色皿置于 R 位以消除仪器配对误码率差，拉动试样架拉杆，按 $^{ABS}_{01}$ 键从 R、S1、S2、S3，逐一消除然后再检查 1—2 次看是否显示 0.00。否则重新开始。

(5)按 $\frac{T/A}{RAN}$ 按 3 键，回车，再按 1 键，回车。

(6)逐一输入标准溶液的浓度值，每输一个按回车，全部输完，再按回车。

(7)固定参比溶液比色皿(第一格为参比溶液)，其余三格放标准试样溶液，每测一值，拉杆拉一格，按 START/STOP 全打印完，按回车。

(8)机器会自动打印出标准曲线 K、B 值以及相关系数 R。

(9)固定参比溶液比色皿，其余三格放入待测水样，逐一测定。

(10)完毕后，取出比色皿，从打印机上撕下数据，清扫仪器及台面，关机。

721 型分光度计操作步骤

(1)开机。

(2)定波长 λ=700。

(3)打开盖子调零。

(4)关上盖子，调满刻度至 100。

(5)参比溶液比色皿放入其中，均合 100 调满。

(6)第一格不动，二、三、四格换上标液(共计七个点)，调换标液时先用蒸馏水清洗，再用待测液(标液)清洗，再测其分光度(浓度)。

【评析】该实验报告，图文并茂，实验过程、实验结果真实详尽，较好地完成了实验目的的预设，达到了进行实验的预期目标。

案例 2 　　　　　　　　　　　电子商务实验报告

一、实验目的

掌握在网上使用网上银行、电子钱包、支付宝进行网上支付的操作。

二、实验环境

电子商务模拟系统地点：1 栋 401 实验机房

三、实验内容及步骤

(一)实验内容：在 B2C 网站中使用网上银行、电子钱包、支付宝三种方式各购买一种产品。

(二)实验步骤：

1. 注册为 B2C 网站会员。

步骤一：在实验室平台中点击"B2C"进入 B2C 网站首页，点击"用户注册"，进入用户信息填写页面填写相关内容。注意这里的身份证号要唯一，以后在身份验证中会使用，邮箱要真实，会员名使用学号，完成后点击"提交"。

步骤二：将邮件地址加入邮件列表，方便管理。完成后等待管理员的审批。

2. 用网上银行方式进行网上购物。

步骤一：登录网站，点击"在线购物"，可以看到产品信息。点击需要购买的产品图标，可以查看详细信息，如查看打印机的详细信息。确认需要购买后，点击"购买"。

步骤二：点击"购买"，进入购物车界面。在此界面可以设置购买数量，也可取消购买行为。完成后，如需选择其他产品，点击"继续购物"；如果购买需求结束，点击"订单提交"。

步骤三：提交订单后，进入订单确认页面。首先核对收货人的信息是否正确，如无误，选择付款方式，可以选择网上付款和现金付款两种形式，这里首先选择"去网上银行"。如果采用网上付款形式，则需要输入银行账号；如果没有账号，先去网上银行申请再来完成。填写备注内容后，点击"提交订单"。

步骤四：在订单保留前，需要确认用户身份，这时需要输入用户 CA 证书号和密钥，尚未进行身份认证的用户先去认证中心完成认证。填写相关信息后，点击"登录"，完成订单，等待管理员的审批。

步骤五：返回首页，点击"查询订单"，进入订单查看页面，输入订单号可以看到订单状态，订单已被批准，等待付款。

步骤六：点击"去网上银行"，登录后，自动显示合同结算内容。点击"合同结算"完成付款，此时回到订单查询界面发现状态发生变化。等待供货商发货。

步骤七：供货商发货后，要求用户签收，点击"签收配送单"，进入确认收货页面。如无误，点击"确认配送单并返回主页"，交易完成。

步骤八：如果需要退货，返回订单查询页面可以看到可选择按钮，选择"要求退货？"，在弹出的提示框选择"是"，发出退货请求。状态变化。等供货商退还货款后，交易结束。

3. 用电子钱包方式进行网上购物。

步骤一：前几项步骤同网上银行付款方式，提交订单后，进入订单确认页面，选择"电子钱包"。

步骤二：点击"电子钱包支付"进行付款，跳转入电子钱包登录界面，输入账号密码后，在电子钱包管理页面选择"电子钱包支付"，确认订单真实后，点击"订单付款"。付款完成后其他操作同网上银行付款。

4. 用支付宝进行网上购物。

步骤一：前几项步骤同网上银行付款方式，提交订单后，进入订单确认页面，选择"支付宝"。

步骤二：进入"查询订单"页面，点击"支付宝支付"进行付款，跳转入电子银行登录界面，输入账号密码后，进行合同结算，点击"合同结算"，付款完成。完成后等待发货，其他操作同网上银行付款方式。

四、实验心得

网络购物的主要流程是，注册—登录—选购物品—查看验证商品—选择送货方式—支付。消费者通过网络就可以买到自己想要的商品，方便、快捷。通过模拟实验让我们体验到网络购物的便捷性，但同时也使我们对网络购物中出现的一些问题产生了疑问。网络购物既有自身的优势，也有一些不足。网络购物的优点：第一，可以肯定的是网络购物为广大的消费者带来了很大的方便，消费者足不出户，坐在电脑前就可以买到自己想要的商品。第二，网络购物可以为消费者提供更多样式的产品，使消费者有更多的选择空间。第三，网络购物没有任何时间的限定，顾客可以在任何时间登录网站，挑选自己需要的商品。第四，网络商品的价格相对较低，顾客可以得到更多的实惠。网络购物的弊端：第一，信誉度问题。信誉度问题是网络购物中最突出的问题。作为买家，商家提供的商品信息、商品质量保证、商品的售后服务是否和传统市场一样，购买商品后，是否能如期拿到商品等，都是买家所担忧的问题。第二，网络安全问题。诸如用户个人信息、交易过程中银行账号密码、转账过程中资金的安全问题等。第三，商品信息描述不清。由于消费者只能通过图片和文字描述来了解商品，而有些商品的描述模棱两可，容易使人对商品的认识产生歧义等。那我们还要不要网上购物了呢？那要靠消费者自己把握了。如果我们在进行网络购物的时候，有意去避开那些不足之处，采取一些如购买那些信誉度较高的商家的产品、注意保护自己电脑的网络安全、购买产品时使用私人电脑、保存商品的购买记录及聊天记录等措施，那么网络购物还是可以值得去信任并体验尝试的！

【评析】网上购物，是目前最为时新而时尚的购物方式，本实验通过在 B2C 网站实验购物和使用支付宝、网上钱包进行支付，较好地完成了网上购物的全过程，达到了掌握在网上使用网上银行、电子钱包、支付宝进行网上支付的操作这一实验目的。

【知识链接】

一、概念

实验报告是在科学研究活动中人们为了检验某一种科学理论或假设，通过实验中的观察、分析、综合、判断，如实地把实验的全过程和实验结果用文字形式记录下来的书面材料。实验报告具有情报交流和保留资料的作用。

二、书写格式

实验报告分为实验目的、实验材料、实验方法、实验结果和结果讨论五大部分。

(1) 实验目的

(2) 实验材料——注明名称、厂家和出处

(3) 实验方法

1) 实验原理——用文字或反应方程式表述

2) 试剂——注明试剂的浓度

3) 仪器——主要仪器、装置示意图

4) 操作步骤——用工艺流程图表示

5) 计算公式

(4) 实验结果

1) 实验记录——以三线表格形式，包括表格标题和必要的注解

2) 实验结果——代入数据，得出结果

(5) 实验结果讨论

1) 误差分析

2) 实验现象分析

3) 讨论——实验中出现的问题，探讨问题的来源以及问题的解决办法

三、实验报告写作注意事项

(1) 科学客观性。实验目的以及原理应站在科学客观的角度进行陈述，尽量避免使用"我们"等第一人称。

(2) 简明扼要性。在书写过程中，首先要认真反复研读实验指导书上的实验内容，熟悉实验目的与要求；其次将实验结果进行逻辑性汇总、归类，再进行分析和取舍推敲；然后再通过撰写实验报告，达到能完整、准确、简明扼要地用书面形式表达出实验的全过程。

(3) 抓住中心、突出重点。书写实验报告，不但可以培养学生的操作动手能力，还可以有效地增强学生的整体意识及书写、总结和科研能力。为了达到这些目的，要求学生对实验中掌握的第一手资料认真分析、归纳，围绕以下主要问题思考：选择适当的实验方案；实验仪器简单易得；实验过程快速、安全；实验现象明显；最终用自己的语言将实验的中心与重点反映在实验报告上，杜绝照抄书本。例如，在物理实验"单摆运动的测量"中，摆长测量有三种方法，不少同学只是罗列三种可能的方法，而不是根据实验条件选用合适的测量方法，这会导致以后的数据记录和分析不吻合。

【实践训练——完成任务】分小组完成任务

【病文评析训练】下文是一份实验报告，文中有多处毛病，请找出来。

证券模拟交易实验报告范文

一、实验记录

交易初值：100 万元		终值：105.9294 万元		投资期收益率：5.9%
交易时间	股票名称（代码）	买入价	卖出价	成交数量
10/30—11/6	恒星科技（002132）	10.86	12.05	30000
10/30—11/6	凯乐科技（600260）	6.98	7.55	20000
11/3—11/6	ST 金化（600722）	5.62	5.94	50000
11/5—11/7	ST 金化（600722）	5.88	6.04	42400
11/6—11/7	包钢稀土（600111）	30.51	3069	9600
11/6—11/7	新华百货（600785）	26.72	26.52	13500

二、实验分析

(一)基本面分析

在股票模拟交易中我选择了：1. 凯乐科技(600260)；2. 恒星科技(002132)；3. ST金化(600722)；4. 包钢稀土(600111)；5. 新华百货(600785)。理由如下：

A股市场整体上呈现出震荡中重心上移的趋势，这主要得益于两点：一是中国经济炙热的数据显示出经济复苏的前景，有利于聚集市场人气。二是汇金公司的增持极大地鼓舞着做多热情，尤其是基金等机构资金，它们极度看好拥有业绩与估值优势的品种。

1. 恒星科技(002132)

属于钢铁行业中的细分行业，公司主营业务是镀锌钢丝和镀锌钢绞线，在全国居龙头地位。在宏观经济回暖的背景下，公司受益于汽车行业的复苏；另外国家加大电网的投资建设也给公司经营业绩带来改善。在景气度大幅回升的背景下，公司产品旺销，市场占有率大幅提高至50%，公司行业竞争地位进一步巩固。另一方面，公司新增产能将在2010年释放，产能将增长30%以上，这无疑给景气度回升的行业龙头公司提供了进一步的想象空间。结合二级市场走势来看，该股在10.5元上方搭建平台，进行区间震荡整理，成交大幅萎缩。在二级市场大幅调整之下表现出了良好的抗跌性，主力筹码锁定较好，一旦该股放量突破平台，将进一步向上拓展空间。

2. 凯乐科技(600260)

公司业务格局基本形成：通信管材＋房地产，公司塑料管材、塑料异型材和土工合成材料等业务都难有大发展，网络信息护套料和房地产业务逐步成为公司两大主业。2009年上半年，公司网络信息护套料、房地产业务收入占主营业务收入的比例分别为44.80%和41.16%。

网络信息护套料前景看好。国家大力推广的电信、电视村村通工程，特别是数字电视的推广，为网络信息工程带来非常好的发展契机。目前，3G建设、奥运会召开都在快速推动网络信息工程的发展。预计2009—2010年3G建设将推动光纤光缆行业继续运行在复苏的格局中。根据光纤光缆行业协会的统计数据，3G将带动未来5年光纤需求年增长70%。凯乐科技作为网络信息护套管行业中的龙头企业，2007年网络信息护套料业务增长非常迅速，同比增幅预计可达到80%，未来年平均增速将超过50%。

2008年，公司房地产业务贡献了16583.41万元利润，2009年上半年，房地产业务贡献了9714.53万元利润。我们预计，未来几年，公司房地产业务仍将是公司利润的重要来源之一，并能保持30%左右的增长。预计2009—2010年公司每股收益分别为1.49元和2.10元(注：2009年业绩将主要来自投资收益)。按目前股价计算，公司2009年动态市盈率为28.67倍，与二、三线地产类公司平均动态市盈率基本相当。

3. ST金化(600722)

化工产业链从最初的原油、煤炭等原材料加工到最后直接与人民生活息息相关的日用品，具有广泛的产业关联性。扩大内需的举措，投资涉及面广，由此衍生出来的需求，无疑给化工行业带来了巨大的市场。2009年上半年在经历行业近几年最困难的时刻后，近期化工行业的复苏前景越来越明朗。国家统计局最新公布的数据显示，化学原料及化学制品制造业9月份工业增加值同比增长21.4%，增速创两年来新高；1—9月累计同比增长10.50%，也是今年以来的最高增幅。显然，2009年以来，下游行业景气轮动拉动化工各子行业次第复苏，诸多化工品已经呈价升量增态势。

ST金化的前身为沧州化工，公司是国内第二大的PVC树脂生产基地，市场占有率为9%，具有29万吨/年PVC树脂、8万吨烧碱生产能力。2007年年底，河北金牛能源股份有限公司通过公开拍卖竞得ST金化原控股股东——河北沧州化工实业集团有限公司持有的公司12765.48万股股份和沧化集团所持ST金化股东深圳市贵速实业发展有限公司90%的股权。由此，金牛能源成为ST金化控股股东。

2009年上半年，受全球金融危机影响，ST金化所处PVC行业未见明显好转，PVC产品价格较去年同期下降幅度较大。ST金化半年报显示，今年前6个月公司亏损1174.5万元。面对如此不利的行业形势，公司不断创新管理方法，优化工艺路线，尽最大努力把金融危机带来的不利影响降到最低程度。事实上，由于PVC占公司销售收入90%以上，而相关资料显示，ST金化采用国内上市公司中唯一的混合法工艺，成本介于乙烯法和电石法PVC之间，但品质较好，售价与乙烯法PVC相当，使得ST金化保持国内PVC产品相对的成本优势。随着四万亿投资刺激政策与各行业的产业振兴规划的效果的逐渐显现，化工行业景气度的回暖必将有效提升公司的盈利能力。

更加令人期待的是，ST金化曾于10月14日公告称，其与沧州市土地储备中心签订国有建设用地使用权收购合同，公司有望获得补偿费8661万元。市场预期，8661万元一旦到账，将作为营业外收入计入公司2009年年报当中。显然，土地补偿费这一特大"红包"的从天而降将进一步提升公司的业绩水平。

4. 包钢稀土(600111)

内蒙古包钢稀土高科技股份有限公司是由包钢(集团)公司、香港嘉鑫有限公司、包钢综企(集团)公司于1997年9月共同发起设立的，是中国稀土行业第一家上市公司。"稀土高科"自成立以来，注重发挥上市公司在资本市场融资的优势，先后以资本运营为重点通过联合、合资、合作和收购股权等方式进行具有战略意义的一系列重组工作，进一步扩大了公司稀土产品的市场占有率，增强了对市场的控制力。

5. 新华百货(600785)

业绩能够稳定增长。公司在银川市消费类企业中处于绝对霸主地位，其2008年总销售规模为330477万元，占到银川市社会消费品零售总额的21.22%，在区域性百货中处于领先水平。从西部5省的总体情况来看，银川市消费市场比较活跃，且由于银川市处于西北内陆，以内向型经济为主，在经济危机中受到的冲击较小。公司百货业务处于成熟期，内生增长强劲，在银川市几乎处于垄断地位，公司主要百货门店的营业收入仍能保持 10%—15%的增长；超市业务处于扩张期，公司计划在宁夏地级市加大布局，并已开始筹建 3 个配送中心，预计今年超市业务能达到 40%左右的营收增长；家电业务短期内受到苏宁电器的冲击，但不会影响其全面发展的方向。从长期看，新华百货与物美商业的整合是大势所趋，只是整合方式尚未确定，我认为物美商业吸收合并新华百货回归 A 股的可能性较大，对公司构成实质性利好。

（二）技术分析

技术上看，大盘中期强势趋势较为明朗，未来持续走高的概率较大。短线来看，尚不存在对股市趋势运行有重大影响力的因素，A 股将更多地依据技术面运行。从月线看，股指在 3300 点附近将遭遇重阻力；从周线看，目前股指呈现二阳夹一阴的攻击性 K 线组合形态，显示短线还有上涨潜力，但也将在 3350 点附近遭遇强阻力；从日线看，大盘自本周一见底后已经三连阳，彻底断了前期有人期望的再度深调的念头。目前，大盘中线筑底已经完成，股指短线面临的问题不过是继续逼空上涨，还是震荡上扬。后市展望，目前行情有可能形成跨年度行情。总体来说，目前仍是中线布局好时机。虽然大盘短线可能还需要震荡几天，但新一轮上涨行情还是值得期待的。

1. 凯乐科技（600260）：此股有一定的上升空间，其短期 MA 向上有穿透长期 MA 的趋势，股票还存在上涨空间。

2. 恒星科技（002132）：呈现二阳夹一阴的攻击性 K 线组合形态，显示短线还有上涨潜力，MACD 红柱逐渐放大，KDJ 指标低位金叉，量价配合理想。

3. ST 金化（600722）：经过长期调整，MACD 趋势指标显示该股目前处于上涨趋势中，短期股价呈现强势。该股中期压力 6.40，短期压力 6.26，中期支撑 4.69，短期支撑 5.55。

4. 包钢稀土（600111）：经过一周的调整，技术指标处于低位。ADL 指标呈上升趋势，股价可能回升，可以短线介入。

5. 新华百货（600785）：AR 指标值逐渐回升，人气活跃，近三天大幅放量，说明市场有强主力介入，短线可以参与。

【情景拟写训练】请根据你目前网购的经验，写一篇淘宝网店注册方面的实验报告。

第三节　实习报告

【任务呈现】一名会计专业大学生进入会计实习岗位，完成实习任务后，感悟良多。这是他撰写的一篇实习报告，看看对你有什么启发？

【案例赏析】

案例1　　　　　　　　　　　　实习报告

一、实习目的

进入大学两年，对于会计的基础知识我已有了初步的认识。但在不断的学习和探索中发现了许多问题，对会计工作流程还不是很了解。为了将自己所学到的理论知识真正运用到实践中去，做到学以致用，我来到了北京文泰世纪科技有限公司济南分公司实习。我希望通过实习来增进会计工作的实际经验，为之后能更好、更快地融入工作中去打下扎实的基础。

文泰公司主要从事计算机辅助制造软件（CAD/CAM）的开发。文泰系列产品均拥有自己独立的知识产权，包括多项软件著作权、多项产品专利。文泰公司的软件产品已被广泛应用于标识、装潢装饰、工艺礼品、模具、家具制造、工业制造等行业。文泰的目标是发展成为中国最大的计算机辅助标识和制造软件（CAS/CAM）的研发企业，产品供应中国和国际市场。

二、实习内容

（一）第一天上班，内心忐忑不安，感到既新鲜又紧张。新鲜的是能够接触很多在学校看不到、学不到的东西，能够在实际工作中检验自己两年的所学。紧张的则是，没有经验，万一做错，或做不好事，很容易就会被人讨厌甚至责骂！最重要的是，我不愿因为自己而给别人带来麻烦！我希望能给人一个诚实、端庄、守信、细心的好印象，我觉得这是一个职场新人最起码应该具备的。

公司很大，我被分到了财务分管室。他们虽然人员不多，做的事却不少；办公室虽不大，但学到的知识却不少。后来我才知道，这里并不只有一间公司，而是分租给了其他的几个企业进行经营。物业管理办公室里设有一个财务部长、两个会计人员以及一个出纳。办公室里的时会计负责带我，不知是否因为我与他的姓同音的缘故，他对我特别照顾。他先带领我去熟悉周围的环境，并带我去拜访了承租我们公司厂房的公司。对此，我有些不解其意。但他却乐此不疲地逐一将我介绍给各间公司不同部门的职员。在回到物业办时，他才语重心长地教导我说，人际关系不能只局限于这小小的办公室，就算办公室很大，也要走出去接近外面的人，尤其还是经常会跟自己打交道的人！"认识的人多了，事就好办多了！"刚来的第一天，他就给我上了一课，告诉了我团队的重要性与人际关系的重要性！

虽然没有拿到抽屉、柜子、资料室的钥匙，但我拿到了办公室的钥匙，我决定利用它做些事情。第二天，我早早来到了办公室。开门进去后，便着手对办公室进行清洁。果不其然，在上班时间准时来上班的人员都对我进行了"公开式"的表扬。接着，时会计便拿出了他们以前做的账给我看，说是让我熟悉一下，今天就可以开始接触真正的业务了。这使我很兴奋，突然有种英雄终有所用的感觉。于是，我草草翻过了那些凭证及账目，迫不及待地便想大显身手。然而。很快我就为我的浮躁甚至是自信付出了代价，也得到了教训。我一直以为像公司的普通账目我应该是信手拈来，但是我却做错了。

1. 写错数字就要用红笔划横线，再盖上责任人的章子，这样才能作废。而我们以前在学校模拟实习时，只要用红笔划掉，再写上"作废"两字就可以了。

2. 写错摘要栏，则可以用蓝笔画横线并在旁边写上正确的摘要。平常我们写字总觉得写正中点好看，可摘要却不行，一定要靠左写起不能空格，这样做是为了防止摘要栏被人任意篡改。在学校模拟实习时，对摘要栏很不看重，认为可写可不写，没想到这里还有名堂呢！真是不学不知道啊！

3. 对于数字的书写也有严格的要求，字迹一定要清晰清秀，按格填写，不能东倒西歪的；并且记账时要清楚每一明细分录及总账名称，而不能乱写。所有的账都记好了，接下来就结账，每一账页要结一次，每个月也要结一次，就是所谓的月清月结。结账最麻烦的就是结算期间费用和税费了，一不留神就会出错，要复查两三次才行。

会计师傅说，会计的责任重大，别看只是单纯地动动笔，但关系的内容可广了，责任更是重大，一不小心，可能连自己违法犯纪了都不知道呢。到那时后果才是真的严重！时会计的语重心长，使我犹如醍醐灌顶，不敢再有所懈怠。回到宿舍后，我立即拿起了已被我搁置在旁很久的会计专业的书籍再次翻读，以免自己再犯其他错误。毕竟会计不仅要对自己负责，更要对别人负责。时会计的教导让我认识到会计从业人员的操守甚为重要。要细心、耐心，还要有恒心，具备了这"三心"才有可能成为一个优秀的会计人员。接下来的几天，我跟着会计师傅一直熟悉公司的各个账目。会计师傅说，要先熟悉各个账目，才能更快更好地运用到实际工作中去。我一遇到不懂的问题就向时会计请教，他总是无比耐心、不厌其烦地回答我的问题。

我很庆幸自己遇到了一位好师傅。

(二)她教我如何核对银行日记账，并且带我一起去银行，实地熟练地操作，教我为几个常有业务往来的单位汇款，教我看税率，教我如何计算各种所得税，并教我怎样帮职工派发工资等。我真是受益匪浅，得到的知识良多，最起码比我预期中的多。我为自己刚来时的幼稚想法感到羞愧，还好我已经在时会计的带领下渐入佳境了。到月初的时候，师傅让我跟着她一起来派发公司员工工资。我很认真地看着师傅的每一个步骤，我希望能通过我的努力来证明自己。师傅对于我的认真劲很是赞赏。她告诉我，每个月的月初是非常忙碌的，不仅要派发员工工资，还要和各个客户结算账目。我仔细地听着师傅说的每一句话，生怕漏掉了一点。在接下来的日子里，我所做的工作就是一边学习公司的业务处理，一边试着自己处理业务。师傅对我说，在处理业务时要多核算几遍，你是新手，要有耐心，要有不怕重复的毅力。我很高兴，因为我逐渐融入这个大环境当中了。经过一段时间的实践，我发现，会计其实更讲究的是它的实际操作性和实践性。离开操作和实践，其他一切都为零！离开操作和实践，理论只能成为一种空壳。会计的主要任务就是做账。刚到会计部时我是先看他们以往所制的会计凭证和附在会计凭证上的原始凭证，学习熟悉公司一贯的会计做账方法。由于以前在学校上过会计模拟实验和会计凭证的手工模拟，所以对于会计凭证不是太陌生，但是在实践中，我发现，并不是凭着记忆再加上学校里所学过的理论就可以完全轻轻松松地熟练掌握会计凭证。因为我们很容易疏忽了会计循环的基石——会计分录。会计分录是标明某项经济业务应借、应贷账户的名称及其金额的记录。在各项经济业务登记到账户之前，都要首先根据经济业务的内容，运用借贷记账法的记账规则，确定所涉及的账户及其应借、应贷账户的名称和金额。因为会计分录不够熟悉，在尝试制单的时候，我感觉有点力不从心，除了多问会计师傅相关知识，我还得在晚上加班补课。首先我认真读透公司日常较多使用的会计业务，做好笔记，随身带在身上，有空就看看。虽然有很多会计分录在书本上可以学习，可是现实工作中的一些银行账单、汇票、发票联等就要靠实习时才能真正接触领悟，这时候我对会计实操的印象更加深刻了。除此之外，会计师傅还叮嘱我平时要把所有的单据按月按日分门别类，并把每笔业务的单据整理好、装订好，才能为编制会计凭证做好准备。我开始进入到日常的记账凭证的审核当中。记账凭证的审核必须注意以下三点：

1. 合规性审核：审核人员必须认真审核所记录的经济业务是否合规、合法，对于弄虚作假、涂改或经济业务不合法的凭证，应拒绝受理，并报请上级有关人员处理。

2. 完整性审核：审核原始凭证的内容是否齐全，若填写不全，手续不完备，应退还给经办人员补办完整后，才予以受理。

3. 技术性审核：主要审核原始凭证的摘要和数字及其项目是否填写正确，数量、单价、金额、合计是否填写正确，大、小写金额是否相符。若有差异，应退还给经办人员更正。

根据以上原始凭证所必需的要素，我认认真真审核了原始凭证，开始进入金蝶会计软件的录入记账凭证的界面，先按此笔业务录入简明而清楚的摘要，然后按会计分录选会计科目，并在相应的会计科目的借方和贷方录入金额，最后在检查各个要素准确无误后，按下保存并打印出记账凭证和相应的原始凭证订在一起。刚开始我制作的速度比较慢，而且到了审核凭证时就会发现一些错误的凭证，但是通过几天的练习后在速度和准确度上都提高了不少。一周多的编制记账凭证工作，使我对于各个会计科目有了更加深刻而全面的了解，并且对于我把书本知识和实践结合起到了很大的作用。除了编制记账凭证，我还得熟悉每一种原始凭证的样式和填写方式以及用途，包括记账、打印所需要的账簿以及查询凭证等财务软件的一些常用的操作。从制单到记账的整个过程基本上了解之后，就要认真结合书本的知识总结一下手工做账到底是怎么一回事。所有的账都记好了，接下来就要对账和结账了。

对账的工作一般分三步进行，一是账证核对，二是账账核对，三是账实核对。结账于各会计期末进行，所以，我们有月结、季结和年结。除此之外，结账时每一账页要结一次，所谓月清月结就是这个意思。结账最麻烦的就是结算期间费用和税费了，按计算机都按到手酸，而且一不留神就会出错，要复查两三次才行。所以建议大家可以先用铅笔写数据，确保无误之后才用黑色签字笔填上去。作为一名会计，整天要对着枯燥无味的账目和数字，难免会心生烦闷、厌倦，登账时就更加错漏百出。俗话说得好，愈错愈烦，愈烦愈错。其实，只要你用心地做，就会其乐无穷。工作一段时间之后，不仅会计师傅对我很看好，而且很多见过我工作的人都对我抱有很大的希望。我明白了自己的努力没有白费，我知道了自己是很有前途的。其间，我也犯了好几次不应该犯的错误，虽然同事们都原谅了我，但是我感觉很内疚，毕竟我已经实习很长时间了。我感觉自己可以运用自如的，但是自我看好这个毛病影响了我的发挥。这时我感觉自己像个迷茫的孩子，是会计师傅的鼓励帮助我走出了困境。由于刻苦努力，我得到了第一次工资的上涨。我很庆幸自己能得到这样一次鼓励。

三、实习结果

梁启超说得好："凡职业都是有趣味的，只要你肯继续做下去，趣味自然会发生。"只要爱我所做，自然就会成为做我所爱。出纳也是实习中的一个内容。提起出纳，自然就想到现金和银行。出纳最主要的工作就是跑银行。跑银行不是件容易的事，除了熟知每项业务要怎么和银行打交道，还要有吃苦耐劳的精神。寒冬酷暑，刮风下雨，出纳每隔一两天就要往银行跑，非常辛苦。平时，出纳的业务比较烦琐，还要保管现金、支票和收据等。一名成功的出纳一定要切忌：粗心大意，马虎了事，心浮气躁。做任何事都一样，需要有恒心、细心、毅力！在这次实习中，我不仅收获了很多的实际知识，而且领悟到了很多在学校里学不到的东西，技术水平也提高了很大一个档次。我明白了此次实习的含义，知道了学校为什么要安排实习。

四、实习总结和体会

在这次实习中，会计老师的帮助使我一直在努力地前进。我感谢北京文泰世纪科技有限公司济南分公司，感谢会计师傅李师傅，感谢曾经帮助过我的每一个人。课本上学的知识都是最基本的知识，有时候难免会跟不上时代的变化与发展，但是社会的变革与发展需要理论知识的推动，两者相辅相成。所以，我们在学校时应该努力学习与本专业相关的各种知识，有了这些基本知识做后盾，要想适时地学习各种有关知识也是信手拈来。随着互联网的普及发展及应用，我们应该明白信息的重要性，时刻关注各种信息的发布，否则，我们怎能应付瞬息万变的社会呢？又怎么会洞悉会计的最新发展动向呢？实习虽然就此告一段落了，但再过不久，我就要跟许多大学毕业生一样走向会计岗位了。想到自己大学两年的学习，想到实习期间的所学所感，我觉得我能学有所用，成为社会发展进步必不可少的优秀的会计专业人员！

【评析】这篇会计专业学生的实习报告，虽然表达、逻辑等方面均不尽如人意，但格式规范，内容紧贴会计专业的具体实习工作，内容详尽。

案例 2   实习报告

××××年××月，我在××汽车服务有限公司参加汽车维修实习活动。在一个月的时间里，我对汽车维修服务站的整车销售、零部件供应、售后服务、维修以及信息反馈等有了一定的了解和体会。××汽车服务有限公司是一个中型的汽车维修服务中心，不但拥有一批高素质、高技能的汽车维修技术人员，还拥有举升机、轮胎动平衡机、车身校正架、烤漆房等一流的维修设备，及电脑检测仪、点火测试仪等先进的进口检测仪器和使用于维修业务的计算机网络。宽敞、整洁的业务接待大厅和服务周到的客户休息室为客户提供舒适的环境；宽敞的维修车间设置 4 个标准工位，能充分满足维修作业的需要。

一、实习目的

1. 熟悉汽车修理环境、修理工具，为将来工作打下基础。

2. 通过现场维修实习、与企业员工的交流，理论联系实际，把所学的理论知识加以印证、深化、巩固和充实，培养分析、解决工程实际问题的能力，为后继专业知识的学习、课程设计和毕业设计打下坚实的基础。

3. 维修实习是对学生的一次综合能力的培养和训练。在整个实习过程中充分调动学生的主观能动性，深入细致地观察、实践，提高动手能力。

二、实习内容

1. 汽车保养需要做的几项工作

清洁汽车外表，检查门窗玻璃、刮水器、室内镜、后视镜、门锁与升降器手摇柄是否齐全有效。检查散热器的水量、曲轴箱内的机油量、油箱内的燃油储量、蓄电池内的电解液液面高度是否符合要求。检查喇叭、灯光是否齐全、有效，安装是否牢固。检查转向机构各连接部位是否松旷，安装是否牢固。检查轮胎气压是否充足，并清除胎纹间杂物。检查转向盘的游动间隙是否符合标准，轮毂轴承、转向节主销是否松动。检查离合器和制动踏板的自由行程是否符合规定。

检查轮胎螺母、半轴螺栓是否牢固可靠。起动发动机后，察看仪表工作是否正常，倾听发动机有无异响。检查车辆有无漏水、漏油、漏气、漏电等"四漏"现象。检查拖挂装置工作是否可靠。

机油的作用主要是对发动机进行润滑、冷却、密封、清洁、防锈、防腐，若没有机油，汽车的心脏就不能正常运转。使用矿物油，一般 5000 千米换一次机油。正确的换油标准是以"引擎运转时间"来计算的：换油千米数＝自估平均时速(千米/小时)×100(小时)(矿物油)或 200(小时)(合成油)。

汽车制动液检查与更换：制动液使用一定时间后，会出现沸点降低、污染及不同程度的氧化变质，所以应根据气候、环境条件、季节变化及工况等及时检查其质量性能，做到及时更换。普通工况下，制动液在使用 2 年或 5 万千米后就应更换。原则上，不同型号的制动液不能混用，以免相互间产生化学反应，影响制动效果。不同车型，使用的制动液也往往不同。制动液有矿物油型制动液、合成型制动液等类型。合成型制动液具备很多优点，使用普遍。在更换制动液时应使用专业更换设备，以保证制动液更换彻底，不残留杂质，避免出现气阻，并能有效避免人工更换制动液常出现的问题，如制动发软、放液(气)阀损坏等。

2. 发动机火花塞的更换

更换火花塞虽说在时间和行驶里程上没有更换机油要求严格，但如果长时间不更换，也会影响发动机工作及寿命。火花塞一般分为两种，一种是普通型，这种火花塞使用寿命是 2 年或 4.8 万千米。另一种铂金火花塞，这种火花塞由于使用了铂金材料，因此寿命可达 12 万千米或 5 年。大多数汽车的火花塞可以自己更换，尤其是四缸发动机更为容易。全世界的家用小汽车火花塞只有两种尺寸，你如果想自己更换火花塞，可到指定汽车零部件商店，报上汽车的年代及型号，购买和你汽车匹配的火花塞，然后向服务生借用更换火花塞的工具便可自己更换。

3. 汽车雨刷器常见故障诊断以及挑选方法

每一片雨刷器平均每年要在汽车玻璃上刮 100 万次以上。国际驾驶安全调查显示，雨天驾车，由老化雨刷引起的交通事故率比平常高出大约 5 倍！

这不，眼看着天气暖和了，雨季就要来了。如果雨刷器有什么故障，得赶紧想办法修复。我们特地利用周日的休息时间，走访了几家汽车修理厂的师傅们，得到的答案就是：对症下药——根据雨刷不同的病症给以不同的诊断方法。

雨刷硬化：更换雨刷或橡胶片。不知您注意到没有？雨下得很大时使用雨刷感觉不错，可是当下小雨启动雨刷时，就会发现雨刷会在玻璃面上留下擦拭不匀的痕迹；有的时候还会卡在玻璃上造成视线不良。这种情况表明雨刷已硬化。若排除此故障，应先了解一下雨刷的工作原理。原来，雨刷是借马达的转动作用，靠连接棒转变成一来一往的运动，并将此作用力传达至雨刷臂及雨刷本身。当雨刷的橡胶部分硬化时，雨刷便无法与玻璃面紧密贴合，或者雨刷一有了伤痕便会造成擦拭上的不均匀，形成残留污垢。

雨刷或雨刷橡胶片的更换很简单，但在更换时应注意，车型及年份不同，雨刷的安装方法及长度不同。有的雨刷只需要更换橡胶片即可。

(1)雨刷臂如果是可立式的就立起来，如果是不可立的屏蔽式，先将玻璃面弄湿，当雨刷在较易更换的位置时将马达开关定在 OFF。

(2)雨刷的安装方法有钩型、螺丝锁定型。钩型者只要将钩子拉起来雨刷即可拔下。

(3)取下来的雨刷最好与新装的雨刷的长度比一比，看看是否相同，再观察一下安装方法是否相同。

(4)将雨刷尽量按原来的方式插入，使其固定。

(5)将挡风玻璃弄湿，观察雨刷的动作是否正常。

雨刷臂的故障，更换雨刷臂。雨刷借助雨刷臂弹簧的力量而与挡风玻璃紧密接触。

当弹簧的张力变弱时，会由于高速行驶时带给挡风玻璃的强大风压而使雨刷浮起或挂在挡风玻璃上。为了彻底排除此故障，最好整组更新雨刷臂。

(1)将雨刷臂安装部分的套子拆下来。

(2)将固定用的螺帽转松后拆下。

(3)将雨刷臂放于直立的状态，然后稍稍动一下就会脱落。

(4)在新的雨刷臂上换上雨刷本体。

(5)在雨刷的停止位置将螺帽转紧，最后将盖子装上就好了。

三、实习总结

虽然我在这家公司实习的时间很短，但却学到了很多知识，同时培养了吃苦耐劳的精神，对汽车行业也有了更进一步的了解。我知道自己在学校里学到的东西很少，因此在实习期间，我认真向师傅们学习汽车方面的知识，了解汽车的构造，积极动手，完成了汽车拆装的过程，达到了实习的要求。实习的同时，我还积极了解企业文化和企业管理方面的内容，使自己不仅在专业上有了突破，也学到了许多有关企业管理方面的知识。总体来说，我成功地完成了这次实习，这对我以后的学习和工作将有很重要的作用。

【评析】这篇汽车修理专业学生的实习报告，文字贴近实习生活实际，理论与实践相结合，全面剖析了自我实习过程的综合感受，取得了非常好的实习效果。

【知识链接】

一、概念

实习报告，是指各种人员实习期间需要撰写的对实习期间的工作学习经历进行描述的文本。

二、书写格式

一般来说，分为前言、实习目的、实习时间、实习地点、实习单位和部门、实习内容、实习总结等七大部分。

三、实习报告的写作步骤

报告结构安排：

第一部分：以实习时间、地点、任务作为引子，或把实习过程的感受、结果，用高度概括的语言概括出来以引出报告的内容。

第二部分：实习过程(实习内容、环节、做法)

(1)将学校里学到的理论、方式方法变成实践的行为。

(2)观察体验在学校没有接触的东西，它们是以什么样的面目、方式方法，以怎样的形态或面貌出现的。比如，部门职能，原先你不了解，之后从工作中由什么样的问题引发了你对职能部门的了解。再比如人际协调方法，工作中的人际协调和你学的公关理论与实务有什么样的差异，你怎样体会公关理论等。

第三部分：实习体会、经验教训、今后努力的方向等。

文章也可以以实习体会、经验为条目来构建全文。如在实践中发现自己的优势，团队协作意识强，善于根据自己的知识、能力挑战新工作，事后善于总结等；从实践中看到的缺陷：政治触觉不够敏感、专业知识欠扎实、动手能力差等。用这些，把自己实践的过程内容串起来。不过，这样的报告相对来说需要较高的写作能力。

四、实习报告写作注意事项

(1)报告必须写自己的实习经历，可参考别人的资料，但不能抄袭。所以，从开始实习的那天起就要注意广泛收集资料，并以各种形式记录下来(如写工作日记等)。丰富的资料是写好实习报告的基础。

主要收集这样一些资料：

1)在社会实践工作中党的路线方针政策是如何在工作中贯彻执行的。比如单位组织学习，内容是什么、什么学习方式、学习后的效果如何，对自己和同志们的思想有否提高。

2)专业知识在工作中如何灵活运用。比如法律专业，注意法官或法律工作者在执法过程中是如何灵活运用法律条款，深入了解优秀法官是如何运用法律以外的手段解决民事纠纷，提高结案率的；秘书专业的学生可以直接将秘书实务、应用写作等科目中的问题带到实践中去，在实践中寻求理论与实践的结合点等。

3)观察周围同事是如何处理问题、解决矛盾的。实习是观察体验社会生活，将学习到的理论转化为实践技能的过程，所以既要体验还要观察。从同事、前辈的言行中去学习、观察别人的成绩和缺点，以此作为自己行为的参照。观察别人来启发自己也是实习的一种收获。

4)实习单位的工作作风如何。单位的工作作风对你将来开展工作、发展自己、提高自己有什么启发；某些同事的工作作风、办事效率哪些值得你学习、哪些要引以为戒，对工作对事业会有怎样的影响。

5)实习单位的部门职能发挥如何。对不同职能部门的工作作风、履行职能的情况有什么看法和认识。

(2)如有引用或从别处摘录的内容要标明出处，参考文献的标注方法一律采用文后注释。

(3)文章开头有内容摘要和关键词。

(4)语言要求简练，符合公务文书的要求。不要过多地说"我"如何如何，在第一段介绍了自己的实习时间、地点和分配到的任务后，下面的文字尽量少出现人称。字数要在3000字以上。

【实践训练——完成任务】分小组完成任务
【病文评析训练】下文是一份某高校学生实习归来写的实习报告，文中有多处缺憾，请找出来，并尝试补充完整。

　　阳春三月，风和日丽。我们酒店管理班的 20 名同学从武汉坐车，在 15 日中午到达宜昌市。美丽的宜昌，因为有三峡，我们一直对你梦寐以求，要来领略你的风采，今天终于如愿以偿了。但是，这次我们到××酒店，开始为期一个月的实习。因此，尽管大家都想借此痛快地玩一玩，但是想到这是实习，必须把学习任务放在首位。这样，在实习老师的带领下，到达宜昌的当天，听完酒店经理对情况的介绍后，我们下午就分为两个小组奔赴实习岗位了。

　　【情景拟写训练】你是一名大三的学生，即将毕业，已经实习完毕，请为你的实习工作写一篇实习报告，全面回顾你的实习工作生活。

第四节　专利说明书

　　【任务呈现】随着户外运动和体育健身的广泛普及，一年四季都可适用的人造草坪成为人们的共同需求。以下是一种芳香人造草坪纤维的制备方法的专利说明书，让我们全面了解新的芳香人造草坪纤维的发明技术和优势所在。

　　【案例赏析】

案例 1　　　　　　　　　一种芳香人造草坪纤维及其制备方法

　　【技术领域】

　　本发明涉及人造草坪制造技术领域，具体地说，是一种芳香人造草坪纤维及其制备方法。

　　【背景技术】

　　出于种种原因，人们喜欢在草坪上运动和休闲，而由于受生态环境的影响，天然草的利用有很大的局限性，使用成本也非常高，维护有难度，因此，对人造运动草坪的利用为人们所关注。人造运动草坪采用仿生学原理制造，具有良好的仿真性，其运动性能、弹性、脚感、球的反弹速度等均与天然草坪相似，而且受环境、天气、地域的影响非常小，能在高寒、高温、高原等极端气候地区使用。20 世纪 60 年代，欧美发达国家就开始了在室内运动场地使用人造运动草坪，经过 30 多年的发展，目前，人造运动草坪已广泛应用于各种体育运动场所和休闲场所。有报道，国际足联已决定在 2010 年南非世界杯上采用人造运动草坪，这一决定肯定会对人造运动草坪的推广应用起到非常大的促进作用。

　　据权威部门统计和预测，目前全世界人造运动草坪的使用量已经达到 2 亿平方米，今后每年将会有 1000 块以上的体育场地铺装人造运动草坪，这一数字还不包括更多的非标准场地和休闲场所，因此，人造运动草坪的应用已形成了一个巨大的市场。

在人造运动草坪的制造中，人造草坪纤维是其核心材料，人造草坪纤维的性能决定了运动草坪的运动力学性能、安全性能和舒适性能。从专利文献检索的情况来看，目前人造运动草坪的研究大多集中在人造草丝外形——如美国专利 USP 5462778，编织、铺装方法——如美国专利 USP 4381805、USP 6491991、USP 6815059、USP 6955841，性能测试仪器设计——如美国专利 USP 6854316、USP 6962073，以及制备工艺上——如欧洲专利 EP 1672020，而对人造运动草坪材料的研究还不多，带有芳香气息的人造草坪纤维的研究还未见报道。

微胶囊技术是一种利用成膜材料将固体、液体或气体物质包裹于囊中，形成一个个直径几微米至毫米的微小容器的技术。微胶囊具有保护囊中物质免受环境条件的影响，屏蔽味道、颜色和气味的作用，能降低毒性，改变物质的性质或性能，延长挥发性物质储存时间、持续释放进入外界，还有将不可混合的化合物隔离的功能等。目前，微胶囊技术广泛应用于生物医药、食品、涂料、油墨、纺织品、化妆品、农牧业等多个领域。

【发明内容】

本发明的目的在于克服现有人造运动草坪的不足，提供一种利用微胶囊技术开发的、制造人造运动草坪的芳香人造草坪纤维，以满足市场对仿真运动草坪的需求；本发明的另一个目的是，提供所述的芳香人造草坪纤维的一种制备方法；本发明的再一目的是，提出了微胶囊技术在芳香人造草坪纤维制备中的应用。

【技术方案】

为实现以上目的，本发明是通过以下技术方案来实现的：

一种芳香人造草坪纤维，由香精微胶囊、基体树脂、色母粒和助剂组成，其按质量百分比构成的组分为：

基体树脂：70%—95%　　　　色母粒：1%—25%

香精微胶囊：0.1%—10%　　　助剂：0.1%—10%

所述的香精微胶囊由香精、乳化剂和壁材组成，其按质量百分比构成的组分为：

壁材：30%—80%　　香精：10%—60%　　乳化剂：0.01%—10%

所述组成香精微胶囊的壁材为氨基树脂、环氧树脂、脲醛树脂、聚氨酯、明胶、阿拉伯树胶、苯乙烯马来酸酐共聚物、环糊精中的一种或几种；所述组成香精微胶囊的香精为草香型、玫瑰香型、森林浴香型、茉莉香型、薰衣草香型、水果香型中的任意一种；所述组成香精微胶囊的乳化剂为十二烷基苯磺酸钠、聚氧乙烯山梨糖醇酐脂肪酸酯、脱水山梨糖醇脂肪酸酯、丙烯酸类均聚物或共聚物、马来酸酐类均聚物或共聚物中的一种或几种。

所述的基体树脂为聚烯烃类。

所述的助剂为加工助剂和光稳定剂、抗氧剂、抗静电剂、分散剂、增塑剂中的一种或几种。

为实现以上发明目的，本发明一种芳香人造草坪纤维的制备方法为：通过单层或多层造壁法制备成香精微胶囊后，再利用共混法将其制备成芳香人造草坪纤维。共混法制备方法包含两个步骤：步骤一、香精微胶囊的制备；步骤二、芳香人造草坪纤维的制备。其具体制备工序为：

步骤一

(1) 将香精、乳化剂和水按照一定比例混合后在高速乳化机作用下乳化成香精乳液，其按质量百分比构成的组分为：壁材为 30%—80%，香精为 10%—60%，乳化剂为 0.01%—10%；

(2) 然后采用单层或多层造壁法把香精乳液包裹于壁材中制备香精微胶囊，其形态为球形，粒径为 0.1—100μm；

(3) 在高速乳化机中以转速为 100—20000 转/分高速乳化 1—100 分钟制备香精乳液；

(4) 通过单层或多层造壁法按照如下条件制备香精微胶囊，反应温度为 10℃—90℃，pH 值为 1—6，时间 0.1—100 小时；

步骤二

把香精微胶囊、基体树脂、色母粒和助剂等共混挤出成型从而制备芳香人造草坪纤维，其按质量百分比构成的组分为：基体树脂为 70%—95%，色母粒为 1%—25%，香精微胶囊为 0.1%—10%，助剂为 0.1%—10%；其中，挤出成型时的控制温度为 100℃—260℃，总拉伸比为 3—12，烘箱温度为 50℃—150℃。

为实现以上发明目的，本发明一种芳香人造草坪纤维的制备方法为：通过单层或多层造壁法制备成香精微胶囊后，再利用后整理法将其制备成芳香人造草坪纤维。其具体制备工序为：

(1) 将香精微胶囊、胶粘剂和水按照一定质量配比混合制成整理剂，其按质量百分比构成的组分为：水 20%—80%，香精微胶囊 10%—50%，胶粘剂 5%—30%；

(2) 采用涂抹或浸压法将其黏附在人造草丝纤维表面制备成芳香人造草丝纤维。

为实现以上目的，本发明一种芳香人造草坪纤维的制备方法的特征为，微胶囊技术在芳香人造草坪纤维制备中的应用。

【积极效果】

本发明的积极效果是：用本发明的芳香人造草坪纤维所制造的人造运动草坪可以具有天然草坪的芳香气息，也可以根据需求调整香型，并且具有芳香释放均匀、留香时间长的特点。

【具体实施方式】

以下提供本发明一种芳香人造草坪纤维及其制备方法的具体实施方式，共提供 2 个实施例，但本发明不限于所提供的实施例。

实施例1

1. 原料

（1）草香型香精 20kg，十二烷基苯磺酸钠 1kg，脲醛树脂预聚体 20kg；

（2）香精微胶囊 5kg，聚丙烯树脂 100kg，色母粒 5kg，抗氧剂 0.5kg，加工助剂 1kg。

2. 制备方法

（1）香精微胶囊的制备：

1）将草香型香精、十二烷基苯磺酸钠和 100kg 的水混合后在高速乳化机作用下乳化成香精乳液；

2）然后采用单层或多层造壁法把香精乳液包裹于脲醛树脂预聚体中制备香精微胶囊，其形态为球形，平均粒径为 10μm；

3）在高速乳化机中以转速为 3000 转/分高速乳化 30 分钟制备香精乳液；

4）通过单层或多层造壁法按照如下条件制备香精微胶囊，反应温度为 50℃，pH 值为 4.5，时间 30 分钟。

（2）芳香人造草坪纤维的制备：

把香精微胶囊、基体树脂、色母粒和助剂等共混挤出成型从而制备芳香人造草坪纤维，其中，挤出成型时的控制温度为 190℃，总拉伸比为 5，烘箱温度为 50℃。

所制备出的芳香人造草坪纤维留香时间可达到 3 年以上。

实施例 2

1. 原料

1）玫瑰型香精 20kg，吐温 80 1.5kg，脲醛树脂预聚体 20kg；

2）香精微胶囊 5kg，聚乙烯树脂 100kg，色母粒 5kg，抗氧剂 0.5kg，加工助剂 1kg。

2. 制备方法

（1）香精微胶囊的制备：

1）将玫瑰型香精、吐温 80 和 120kg 的水混合后在高速乳化机作用下乳化成香精乳液；

2）然后采用单层或多层造壁法把香精乳液包裹于脲醛树脂预聚体中制备香精微胶囊，其形态为球形，平均粒径为 15μm；

3）在高速乳化机中以转速为 3000 转/分高速乳化 15 分钟制备香精乳液；

4）并通过单层或多层造壁法按照如下条件制备香精微胶囊，反应温度为 70℃，pH 值为 4.5，时间 60 分钟；

（2）芳香人造草坪纤维的制备：

把香精微胶囊、基体树脂、色母粒和助剂等共混挤出成型从而制备芳香人造草坪纤维，其中，挤出成型时的控制温度为 190℃，总拉伸比为 5，烘箱温度为 50℃。

所制备出的芳香人造草坪纤维留香时间可达到 3 年以上。

【评析】这篇芳香人造草坪纤维的制备专利说明书，格式规范，内容严整。

案例 2   试 电 笔

【所属技术领域】

本实用新型涉及一种指示电压存在的试电装置，尤其是能识别安全和危险电压的试电笔。

【背景技术】

目前，公知的试电笔构造是由测试触头、限流电阻、氖管、金属弹簧和手触电极串联而成。将测试触头与被测物接触，人手接触手触电极，当被测物相对大地具有较高电压时，氖管启辉，表示被测物带电。但是，很多电器的金属外壳不带有对人体有危险的触电电压，仅表示分布电容和/或正常的电阻感应产生电势，使氖管启辉。一般试电笔不能区分有危险的触电电压和无危险的感应电势，给检测漏电造成困难，容易造成错误判断。

【发明内容】

为了克服现有的试电笔不能区分有危险的触电电压和无危险的感应电势的不足，本实用新型提供一种试电笔。该试电笔不仅能测出被测物是否带电，而且能方便地区分是危险的触电电压还是无危险的感应电势。

【技术方案】

本实用新型解决其技术问题所采用的技术方案是：在绝缘外壳中，测试触头、限流电阻、氖管和手触电极电连接，设置一分流电阻支路，使测试触头与一个分流电阻一端电连接，分流电阻另一端与一个人体可接触的识别电极电连接。当人手同时接触识别电极和手触电极时，使分流电阻并联在测试触头、限流电阻、氖管、手触电极电路测试时，人手只和手触电极接触，氖管启辉，表示被测物带电。当人手同时接触手触电极和识别电极时，若被测物带有无危险高电势时，由于电势源内阻很大，从而大大降低了被测物的带电电位，则氖管不启辉；若被测物带有危险触电电压，因其内阻小，接入分流电阻几乎不降低被测物带电电位，则氖管保持启辉，达到能够区别安危电压的目的。

【有益效果】

本实用新型的有益效果是，可以在测试被测物是否带电的同时，方便地区分安危电压，分流支路中仅采用电阻元件，结构简单。

【附图说明】（略）

【评析】这份试电笔专利说明书，撰写格式比较规范，撰写内容比较清楚明晰。

【知识链接】

一、概念

专利说明书是对发明或者实用新型的结构、技术要点、使用方法作出清楚、完整的介绍，它应当包含技术领域、背景技术、发明内容、附图说明、具体实施方法等项目。

专利说明书有广义和狭义两种解释。就广义而言，是各国工业产权局、专利局及国际(地区)性专利组织(以下简称各工业产权局)出版的各种类型专利说明书的统称，包括授予发明专利、发明人证书、医药专利、植物专利、工业品外观设计专利、实用证书、实用新型专利、补充专利或补充发明人证书、补充保护证书、补充实用证书的授权说明书及其相应的申请说明书。就狭义而言，是指授予专利权的专利说明书。

专利说明书的主要作用：一是清楚、完整地公开新的发明创造；二是请求或确定法律保护的范围。

二、书写格式

一般包括发明或实用新型的名称，发明或实用新型的技术领域，现有技术或背景技术，发明或实用新型的目的，发明或实用新型的技术方案，发明或实用新型与现有技术相比具有的优点、特点或积极效果，对附图的说明，实施例或者具体的实施方式等八大部分。

三、专利说明书的具体写作步骤

(1)发明或实用新型的名称。名称应当与请求书中名称一致，简洁、明确地表达发明或实用新型的主题。名称应表明或反映发明是产品还是方法，如"集成电路气密封方法"、"一种电池充电装置"。名称还应尽量反映出发明或实用新型对象的用途或应用领域，如"汽车发电机"、"紧急或备用电源装置"。对于符合单一性的两项或两项以上的发明或实用新型申请，应当将它们在名称中同时反映出来，如"半导体激光器及其生产方法和其生产所用的装置"。不能使用与发明创造技术无关的词来命名，字数控制在25个以内。名称应写在说明书首页的顶部居中位置，下空一行写说明书正文。

(2)发明或实用新型所属的技术领域。所属技术领域是正文的第一自然段落，一般用一句话说明该发明或实用新型所属的技术领域，或所应用的技术领域。值得注意的是，这里所指的技术领域是特定的技术领域，如"半导体制造"、"碳氢化合物"，而不是"物理"、"化学"等广义的技术领域。所属技术领域的书写可采用"本发明涉及一种……"或"本实用新型是关于……"的形式。

(3)现有技术和背景技术。申请人在这一部分应写明就其所知，对发明或实用新型的理解、检索、审查有参考作用的现有技术，并且引证反映这些背景技术的文件。引证的如果是专利文件，应注明授权国家、公布或公告的日期、专利号及名称；如果是书刊类的现有技术，应写明该书籍或期刊的名称、著者、出版者、出版年月及被引用的章节或页码。这些现有技术中应包括相近和最接近的已有技术方案，即与申请专利的技术方案的用途相同，技术实质和使用效果接近的已有技术方案。这里特别应当突出最相近的技术方案，详细分析它的技术特征，客观指出存在的问题或不足，可能时说明这些问题或不足的原因。在这一部分也可写本技术的历史背景和现状。

(4)发明或实用新型的目的。这一部分要针对现有技术的缺陷，说明该发明或实用新型要解决的技术课题。语言应尽可能简洁，不能用广告式宣传语言，也不能采用言过其实的语言。所提出的目的应是所提出的技术方案实际上能达到的直接结果，而不应是发明人的主观愿望。一般采用"本发明(实用新型)的目的在于避免(克服)论述……中的不足(缺点)而提供一种……产品(方法)"的描述形式。

(5)发明或实用新型的技术方案。这一部分应清楚、简明地写出发明或实用新型的技术方案，使所属技术领域的普通技术人员能够理解该技术方案，并能够利用该技术方案解决所提出的技术课题，达到发明或实用新型的目的。写法可采用"本发明(实用新型)的目的是通过如下措施来达到……"语句开始，紧接着用与独立权利要求相一致的措辞，将发明或实用新型的全部必要技术特征写出。然后，用诸个自然段，采用不肯定的语气记载与诸从属权利要求附加特征相一致的技术特征。在发明或实用新型简单的情况下，后一部分可不写，而在实施例中或图面说明中进行说明，但与独立权利要求一一对应的一段是必要的。

(6)发明或实用新型与现有技术相比具有的优点、特点或积极效果。这一部分应清楚而有根据地说明发明或实用新型与现有技术相比，所具有的优点和积极效果，说明现有技术的缺陷、不足或存在的主要弊端。可以从方法或者产品的性能、成本、效率、使用寿命以及方便安全可靠等诸方面进行比较。评价时应当客观公正，不能以贬低现有技术来抬高自己的发明。

(7)对附图的说明。如果必须用图来帮助说明发明创造技术内容时，应有附图并对每一幅图作介绍性说明，首先简要说明附图的编号和名称，例如，"图1是本发明(实用新型)的俯视图"、"图2是本发明(实用新型)A—A的剖视图"，接着可以逐一说明附图中的每个标注的符号，或结合附图对发明或实用新型的技术特征作进一步阐述。

(8)实施例或者具体的实施方式。这一部分应详细描述申请人认为实施发明或实用新型的最好方式，并将其作为一件典型实例，列出与发明要点相关的参数与条件。必要时，可以列举多个典型、实例，有附图的应对照附图加以说明，关键要支持权利要求，而且要详细、具体。

(9)如果是涉及微生物方面的申请，文件中还应当写明该微生物的特征和分类命名，并注明拉丁文名称。

四、专利发明书写作注意事项

(1)应清楚、完整地写明发明或实用新型的内容，使所属技术领域的普通专业人员能够根据此内容实施发明创造。说明书中不能隐瞒任何实质性的技术要求。

(2)说明书中各部分内容，一般以单独段落进行阐述为好。

(3)说明书中要保持用词的一致性。要使用该技术领域通用的名词和术语，不要使用行话，但是其以特定意义作为定义使用时，不在此限。

(4)使用国家计量部门规定的国际通用计量单位。

(5)说明书中可以有化学式、数学式。说明书附图，应附在说明书之后。

(6)在说明书的题目和正文中，不能使用商业性宣传用语，例如，"最新式的……"、

"世界名牌……"；不能使用不确切的语言，例如："相当轻的……"、"……左右"等；也不允许使用以地点、人名等命名的名词，例如"陆氏工具"、"孝感麻糖"。商标、产品广告、服务标志等也不允许在说明书中出现。说明书中不允许有对他人或他人的发明创造加以诽谤或有意贬低的内容。

(7)涉及外文技术文献或无统一译名的技术名词时，要在译文后注明原文。

五、专利说明书撰写中的常见错误

(1)没有按要求的 8 个部分来撰写。一般初学者在没有掌握正确的写法之前，容易把自己原来的职业习惯带到撰写专利文件中来。如有人用写论文的方法撰写说明书。写论文一般以理论为主，以实验装置和产品为辅，重点说明一种理论的成立，而专利说明书是以具体的技术方案为主，理论说明可有可无。有些人采用撰写产品说明书的方法来撰写专利说明书也是不对的。

(2)没有充分公开。说明书对发明创造进行充分的公开，是为了说明申请的内容具有新颖性、创造性和实用性。专利局可以根据说明书给出的内容决定是否授予专利权。因此，说明书公开的内容应当给权利要求以支持，否则，就不会授予专利权。有些说明书通常说明产品和方法的功能，对实质性技术内容，如产品的结构和方法的步骤没有公开，这是不允许的，也是不能够获得专利权的。

(3)说明书内容不支持权利要求。权利要求书中使用的措辞和对特征的描述应与说明书完全一致。有的申请人撰写说明书时随心所欲，将一特征使用多种措辞，势必造成说明书不支持权利要求。

(4)发明的任务和内容不符合单一性原则。申请人往往忽略"一发明一申请"的原则，容易把一项科研全过程的成果写入一份申请中，这也是常见错误之一。

(5)使用广告性宣传用语，不适当地贬低现有技术，无根据地夸大自己的发明。另外写入很多与发明内容无关的文字，也是不允许的。

【实践训练——完成任务】分小组完成任务

【病文评析训练】下文是一份专利说明书，文中有多处毛病，请找出来。

防雨型楼宇对讲室外机

【技术领域】

本实用新型涉及楼宇对讲系统，主要是针对楼宇对讲系统中室外机防雨功能设计。

【背景技术】

随着城市化进程的加快和人们对生活质量(尤其是安全)要求的提升，国家和政府对于民生问题越来越重视，楼宇对讲系统具有越来越重要的现实意义。目前，北京、上海等大中城市中绝大多建筑都要求配置安保设施，要求安装对讲系统；在我国一些中小城市，安保设施和楼宇对讲系统也逐渐被强制要求安装，使得楼宇对讲系统获得越来越广泛的应用。

目前，最简单的楼宇对讲系统一般由室外机(也称门口机)、室内机、电源、电锁等组成，复杂的对讲系统还有管理机、联网器、信息发布设备、三表信号远抄设备等设施，使得人们居家生活更加方便、舒适、安全。

在楼宇对讲系统中，位于室外的室外机是最关键的设备，是居住安全保障的第一道门户，是体现厂家设计实力和形象的第一道门户，各生产设计厂家都十分注重室外机的设计。但是，各厂家关心的多是室外机的外观的设计和操作使用功能的加强，目前还没见有考虑南方多阴雨、配有防雨措施设计的室外机的可查报道。

【实用新型内容】

本实用新型要解决的是使得楼宇对讲系统室外机具有一定的防雨功能。即，如果下雨，室外机应该能不被雨水直接浇淋，能够防止雨水直接浇淋在室外机表面。

为了使室外机具备防雨功能，本实用新型的做法如下：

在室外机中上部开一小的沟槽，里面嵌埋一根钢件(钢丝)，钢丝上套有可折叠、具有一定使用寿命的防水型塑料布。

如果室外下雨，或者室外湿度过大(大于设定值)，湿度传感器输出较强的信号，驱动电机正转，驱使嵌埋在室外机周边小槽里面的钢丝和塑料布打开，当塑料布张开到最大位置时，位置开关使得电机停止旋转，塑料布和钢丝保持在最大的张开状态，就能像伞一样为室外机遮挡风雨，防止雨水直接浇淋在室外机表面。

如果室外湿度不大(小于设定值)，受控电机反转驱动钢丝，使得钢丝和塑料布逐渐收缩，最终嵌埋在室外机表面周边开设的小沟槽里面，当钢丝和塑料布嵌埋好后，位置开关使得电机停转，钢丝和塑料布处于收藏状态，不致影响室外机的外观外貌。

为了防止嵌埋钢丝和塑料布的小槽里积水和室内机内盒进水，在室外机按键面板和内盒之间不但装有橡胶垫圈，还在面板内侧和嵌埋钢丝下方加设雨水导流槽。

本改进型的具有防雨功能的室外机不需要对原来的室外机做很大的改动，只需要在面板上再打一小孔，加装湿度传感器，在室外机盒里面，加装一块装有湿度信号处理与比较电路、电机驱动电路的小电路板，电路板的电源可从室外机原来的电路里获取。由于本实用新型室外机所用驱动电机功率很小，所需要驱动电流不大，对改进前的室外机原来的电路几乎没有影响。

申请人：上海××学院　陈××

2009 年 9 月

【情景拟写训练】请你试着补全上述"防雨型楼宇对讲室外机"专利说明书所欠缺的部分。

第五节 毕业论文

【任务呈现】"白衣天使"是许多人梦寐以求的职业，护理专业毕业生经过三年的理论学习，乍一进入实习岗位，会有诸多不适应。实习护士的心理健康成了目前普遍存在的问题。

【案例赏析】

案例 1   **护理学专业本科生实习期心理健康状况调查**

【摘要】目的：了解护理专业本科生在临床实习期间的心理健康状况，以便更有效地对即将走向工作岗位的护士进行科学的心理指导。方法：用症状自评量表（SCL90）对 52 名护理本科生（以下简称护生）进行心理测量，并与全国青年常模（常模组）进行比较。结果：护生组 SCL90 的 7 个因子得分均较常模组高，差异有显著性（t=2.24—6.50，P<0.05、0.01）。护理本科生进入临床实习后，所出现的主要心理问题为抑郁、躯体化、强迫、焦虑、人际关系敏感。结论：护理本科生在进入临床实习阶段，心理健康状况较差。这与学生从社会关系较为简单的学校环境向关系复杂的社会环境过渡有关，同时也与实习生面对择业压力有关。

【关键词】 教育，医学，本科；护理；临床实习；心理学试验

[ABSTRACT] Investigated the mental health status of undergraduate nurses in order to give them psychological guidance for a new job. Methods: Self-rating scales（SCL90）were sent to 52 nursing undergraduates and compared with nationwide youth nom. Results: The score was higher in the students than that of the nom group in seven factors in SCL90（t=2.24—6.50；p<0.05, 0.01）. The main psychological problems in students during their clinical training were depression, somatization, compulsion, anxiety and sensitivity in interpersonal relationship. Conclusion: The mental health status is relatively weak in undergraduate nurses at clinical rotation, which is related to the transition from relatively simple school environment to the complicated society, and also due to facing employment pressure.

[KEY WORDS] education, medical, undergraduate；nursing care；clinical rotation training；psychological test

护理学专业本科生经过四年的理论学习进入临床实习，不仅是将理论应用于实践的学习过程，同时也是步入社会这一复杂环境的过渡阶段。大学校园的生活环境和社会关系较为简单，步入社会后，竞争激烈的就业市场和社会环境将对大学生产生很大的冲击，从而使大学生产生一定的心理困惑。护理实习生即将走向工作岗位，因此，调查此时期护生的心理健康状况，对护生从学生到一名工作者的角色转变进行科学的

心理指导，对护生更能胜任将来的工作有很大意义。

1. 资料与方法

1.1 一般资料

本次调查的对象为在我院实习护理学专业本科生 52 名，年龄 22—25 岁，均已修满全部护理学专业课程的学分，并圆满结束实习任务。

1.2 方法

1.2.1 研究工具及评分标准　采用国际上常用的症状自评量表(SCL90)[1，2]作为评定心理健康水平的工具。本量表共 90 个条目，分为 5 级评分。1=从无，2=轻度，3=中度，4=相当严重，5=严重。采取统一指导语，要求被试者根据自身情况选择每个条目影响自己的程度。选取常用的躯体化、强迫症状、人际关系敏感、抑郁、焦虑、敌对、偏执等 7 个因子。因子分越高，说明该项心理症状越明显，因子分在 2—5 分的说明该项有程度不同的心理问题。

1.2.2 调查方法　向受试者说明调查的目的和方法，采用不记名方式进行问卷调查并收集资料。发出问卷 52 份，剔除 2 份填写不完整问卷，收回有效问卷 50 份，回收率 96.15%。

1.2.3 统计学处理　将 50 份问卷整理计算，得出数据后进行 t 检验。

2. 结果

2.1 两组心理健康状况比较

护生组各因子分均高于常模组，差异有显著性(t=2.24—6.50，p<0.05, 0.01)。见表 1(略)。

2.2 护生组 SCL90 因子分≥2 分人数分布

主要心理问题按人数多少依次为抑郁、人际关系和强迫、躯体化、焦虑等，共 19 人，其中抑郁 9 人(18%)、人际关系和强迫 5 人(10%)、躯体化 3 人(6%)、焦虑 2 人(4%)。

3. 讨论

本次调查结果显示，护理本科生在实习期间 SCL90 中躯体化、强迫、人际关系、抑郁、焦虑、敌对性、偏执 7 个因子分均显著高于全国青年常模，差异有统计学意义。因子分≥2 分者 19 人，说明护理本科生在临床实习期间的心理健康总体水平较差，且有 19 人存在着 7 个因子项中轻重不同的心理问题。

3.1 分析原因

3.1.1 自身特有的原因　作为新时期高等院校大学生，正处于情绪波动的高峰期和自我意识发展的新时期，而身心发展的快速变化易带给人心理上的困惑和不适。护理专业学生处在一个几乎纯女性的生活环境，社会、学校和家庭环境往往对女生关心和保护偏多，导致了女性感情细腻、谨小慎微且胆小、敏感、内向的性格特点。女生又多爱面子、羞涩腼腆，有些人在出现心理问题时不爱向老师咨询或向同学倾诉。自身特有的生理和心理特点在一定程度上影响了护生们的心理健康。

3.1.2 环境改变的影响 实习生从学校走向医院，是向将来社会角色转换的过渡期，学校生活较为单一，走向医院后，密切接触病人及家属，工作繁重，节奏紧张，责任重大。由于其还处于学习阶段，技术操作不熟练，经验不足，理论尚不能很好地应用于实践，所以在实习工作中普遍存在紧张、害怕出错等心理问题，这就导致护生出现身心疲劳，出现紧张、焦虑的心理状态。

3.1.3 就业压力 在实习期间，职业选择是一个迫切需要解决的现实问题。过去大学生就业由国家统一分配，只要进了大学就等于进了保险箱，而现在则是自主择业、双向选择。我国高等护理教育虽然起步晚，但最近几年得到飞速发展，各医学院校大都设置了高护专业，毕业生的大幅度增加无疑给学生就业带来了竞争压力。护生对毕业后前途担心而焦虑，求职中面试失败、考研成绩不理想等情况更加促进了护生心理问题的激化，如不能很好适应和不断地调节自己，心理平衡就无法维持。

3.1.4 人际关系 协调和处理护理实践中的人际关系是护理人员必须具备的基本技能之一。实习护生经过三年的大学生活，已经能很好地处理人与人之间的关系。但是学校里的社会关系较为简单，容易处理，进入临床实习后，人际关系变得复杂起来，护生需要密切接触病人及家属、医生、护士及其他医院工作人员，刚刚进入医院环境时，面对病人不知该说些什么，因此在实习操作中一言不发的现象十分常见，这些都会带来心理上的困惑与不适。

3.1.5 专业心理矛盾 专业心理矛盾是指大学生对自己所学的专业持不喜爱态度的心理冲突。受传统观念的影响，护理工作一直被认为是低学历、低技能、简单而烦琐的服务性工作，因此常得不到他人的理解和尊重，这在客观上影响了护生的专业态度。在校期间与医学生一起学习医学知识，一同进入医院实习后，由于分工的不同，与医学生相比，护生往往缺乏成就感，这在某种程度上加重了护生心理上的失落。

3.2 应对措施

3.2.1 保持健康的情绪为自己的心理减压

可以通过自我宣泄、请人疏导、情绪转移、爱好冲消等方法为自己的心理减轻压力。①自我宣泄：当自己遇到困惑、心中郁闷时，可以通过一种方式发泄出来，比如大哭一场、写日记倾诉自己的苦恼等。②请人疏导：在有心理上的痛苦时，应该与老师、同学、亲朋好友多交流，从而缓解自己的情绪。这样不但可以找到解决问题的办法，还可以得到心理压力转移的机会。③情绪转移：可以通过看书、看电影、参加体育活动与社交活动等转移注意力。④爱好冲消：根据自己的爱好去找事情干，比如研究问题、画画、写作等，这样可以使人变得开朗。

3.2.2 学会去爱，建立良好的人际关系

爱有着十分丰富的内涵，除了通常意义上所指的爱情之外，它还包含着惦念、安慰、帮助、理解、支持、关心、鼓励等，而这些都有助于自己建立良好而真诚的人际

关系。而且关心他人，理解他人，拥有博大的胸怀，可以增加自己生活、学习、工作中的信心和力量。在建立良好的人际关系的同时也能使自己得到更多的关爱，遇到困难时也能得到更多的帮助。这些都能最大限度地减少心理应激和心理危机感。

3.2.3 积极培养自己的兴趣和爱好

人不可能总是在工作和学习，在业余时间应该积极参加娱乐活动及体育锻炼。为自己做一次放松和休整，才能得到真正的身心保健，也能使自己更有效地从事工作与学习。当感到寂寞孤独、忧郁焦虑时，通过自我娱乐来缓解情绪也是一种很好的方法。

综上所述，护理学专业本科生在临床实习期间心理健康水平较差。分析其原因，除了大学生常见的学习问题、人际交往问题、情感问题、经济及连带问题外，还有女性特有的心理生理特点、专业心理矛盾、求职和考研带来的压力、学习环境的改变等因素。当有心理问题产生时，应及时向老师、学院及学校心理咨询机构寻求帮助。另外作为新时期的大学生，尤其是将走向社会、走向工作岗位时，更应该加强自我调节能力，对心理健康做自我维护，以便为将来更好地学习、工作和生活做好充分的准备。

【参考文献】

[1]金华，吴文源，张明园. 中国正常人 SCL90 评定结果初步分析[J]. 中国精神神经疾病杂志，1986，12(5)：260.

[2]李斌，刘革新. 高等护理专业学生职业态度及相关因素的调查[J]. 青岛大学医学院学报，2007，43(4)：351-353.

[3]王思婕，苏勇. 临床护士心理压力增大的原因及解压对策探讨[J]. 西南军医，2008，10(1)：164-165.

[4]汪向东，王希林，马弘. 心理卫生评定量表手册(增订版)[M]. 北京：中国心理卫生杂志社，1999：31-35，122-124，127-131.

[5]尤佳，丁亚萍. 本科实习护生压力的相关研究及展望[J]. 护理学报，2008，15(6)：29-31.

[6]周彩云，袁俊. 护理本科生心理健康状况与应对方式、社会支持的相关性研究[J]. 卫生职业教育，2008，26(1)：118-120.

【评析】这份毕业论文出自医学护理专业的大学本科毕业生，格式规范，研究方向切中现实迫切需要关注的热点，很有研究和现实价值。

案例 2 新会计准则对企业纳税的影响

【摘要】随着新的会计准则体系的建立与实施，我国已进入一个新的会计时代。新会计准则的颁布，标志着与国际惯例趋同的中国会计准则体系的正式建立。新的会计准则由于诸多的会计政策、计量模式、收益确认方法、会计处理方法的改变，其实施自然会对企业生产经营和财务状况等产生重大影响，进而影响企业的税收。

新会计准则对企业所得税引入资产负债表债务法，要求企业采用纳税影响会计法进行所得税会计核算，而且必须使用资产负债表债务法进行账务处理。企业所得税核算采用资产负债表债务法将暂时性差异对所得税的影响金额递延到以后各期。如果企业存在较多的可抵扣暂时性差异，按照资产负债表债务法，其影响金额计入递延所得税资产或负债，导致暂时性差异发生当期利润和权益的增加，以及差异转回时利润和权益减少。如果企业存在较多的应纳税暂时性差异，采用资产负债表税务法会导致差异发生当期利润和权益的减少，而差异转回时利润和权益的增加。

新企业会计准则规定，对于企业合并之外的交易或事项，如果该项交易或事项发生时既不影响会计利润也不影响应纳税所得额，则所产生的资产、负债的初始确认金额与计税基础不同而形成暂时性差异的，会计上并不确认相应的递延所得税资产和递延所得税负债。该规定主要是考虑到如果确认该类暂时性差异的所得税影响需要调整资产的入账价值，有违历史成本原则，进而影响到会计信息的可靠性。目前这方面的交易或事项并不多见，但随着会计计量属性的多元化以及公允价值适用范围的拓展，而在税法又没有跟进或调整的情况下，这种差异的存在就会明显增多。例如同一控制下企业合并形成的长期股权投资，其入账价值并不是投资成本(计税基础)，而是按持股比例计算所拥有的被投资方所有者权益的份额；企业进行公司制改制以及被完全控股合并的公司，其资产负债账面价值可以根据评估后的公允价值加以调整入账等。以上都有可能造成相关暂时性差异，因此在实务中应加以注意和区分。

对于按照权益法核算的长期股权投资，在投资持有期间，长期股权投资随着被投资方实现净利润或净损失而按照持股比例计算应享有的部分，相应调整长期股权投资的账面价值，同时确认为各期损益。而税法中并没有权益法的概念，长期股权投资的计税基础通常并不发生改变。单纯就长期股权投资这项资产而言，的确存在一种暂时性差异，权且把它当作一种"疑似"，需留待进一步观察。首先，对于在可预见的未来期间内可以转回的长期股权投资，如果企业准备长期持有，则该投资成本的调整所产生的暂时性差异在可预计的未来期间不大可能转回，因而也不会产生未来期间的所得税影响。因此，在长期持有的情况下，对于长期股权投资账面价值与计税基础之间的差异一般不确认相关的所得税影响。其次，新税法规定，对于居民企业直接投资于其他居民企业取得的投资收益免税。对于符合免税条件的投资企业而言，在实际分取现金股利或利润时，权益法下要冲减长期股权投资的账面价值，而不再确认投资收益，同时也不用缴纳所得税。从整体上看，根据权益法予以调整的这部分投资差额在持续持有的较长期间内不会产生纳税影响，因此在会计上可以不确认递延所得税的影响。

新企业会计准则特别强调，企业应当以很可能取得用来抵扣可抵扣暂时性差异的应纳税所得额为限，确认由可抵扣暂时性差异产生的递延所得税资产。换言之，如果企业在可预见的未来期间内不大可能取得足够的应纳税所得额，意味着企业今后未必能够享受到该暂时性差异所带来的未来抵减税的"好处"，如果仍据以确认递延所得税资产，则因其所代表的经济利益无法实现，丧失了资产应有之义，列示于资产负债表也不过是形同虚设，因此本着谨慎性原则，在会计上不应确认这部分可抵扣暂时性差异的所得税影响。即便递延所得税资产在一开始被确认，随后在各个资产负债表中，企业也应当对递延所得税资产的账面价值进行复核，如果未来期间很可能无法像原预计的那样获得足够的应纳税所得额，就应当减记原有的递延所得税资产的账面价值。

本文将从新企业会计准则相关条款变化导入，阐述新企业会计准则在对会计要素的计量、资产减值准备、存货方法等方面的变化，这些变化直接对企业税务处理产生深远的影响，主要为长期股权投资、资产减值准备、存货计价方法、债务重组、借款费用资本化、固定资产折旧、无形资产摊销、非货币性交换、收入的确认、建造合同收入和成本的确认的影响。

引 言

我国企业会计准则体系从 2007 年 1 月 1 日起在上市公司执行，随后在不长时间内也将在所有大中型企业执行。新会计准则的实施标志着与国际惯例趋同的中国会计准则体系的正式建立。随着新的会计准则体系的建立与实施，我国已进入一个新的会计时代。新会计准则历史性的变革，标志着我国适应市场经济发展需要与国际惯例趋同的中国会计准则体系的正式建立。新会计准则对中国经济的影响是深远的，改革程度之深是前所未有的，它对于完善我国社会主义市场经济体制，提高对外开放水平，推动资本市场发展和加速中国融入全球经济都有着重要的意义。新准则的变化影响的不仅仅是企业会计和它的财务报告方面，它对税收以及企业纳税带来的影响也将引起人们的关注。本文通过对我国新会计准则体系下某些会计政策等方面变化的分析，初步探讨了对企业纳税的影响，以期对企业科学运用新会计准则进行纳税筹划的理论研究和实践有所帮助。

一、受新会计准则影响的主要税种

我国现行的税制体系由 20 多个税种组成，从计征方式看，这些税种可以分为从价计征、从量计征和从租计征、从税计征等多种形式。有的税种实行单一计征方式，有的则实行复合计征方式。受新会计准则影响较大的主要集中在实行从价计征和从租计征征收方式的税种上，如增值税、消费税、营业税、企业所得税(包括外商投资企业和外国企业所得税)、土地增值税、房产税、个人所得税等。新会计准则对主要税种的影响具体表现在三个方面：一是影响计税依据。由于新会计准则采用了多种计量属性，加上一些会计要素的定义不同于税法，使各主要税种计税依据的确定变得较为复杂。二是影响纳税调整。由于新会计准则在确认、计量方式和标志等方面与税法规定有相当大的差别，企业在纳税申报时需要作大量的纳税调整，尤其是对一些跨期项目需要做连续性的多期调整。三是影响税收负担。实行新会计准则后，因会计上的确认、计量有了新的要求，相应会阐述一些计入当期损益的新会计事项。现行税法对这些事项是否征税尚无明确的规定。

二、新会计准则的变化及优点

(一)新会计准则的主要变化

会计是税收的基础,在会计实践中,某会计事项是否应该确认为收入或费用,何时被确认为收入或费用,要依据会计准则来规范,进行会计的账务处理。而企业的纳税实践是以会计账务处理为基础依据税法规定来展开的,不同的账务处理会直接影响当期的损益乃至税收意义上的所得。因此,新会计准则的变化必然对税收带来诸多的影响,研究这种影响无疑对企业选择最优的纳税方案是很有意义的。

1. 会计政策选择空间的变化

新会计准则对某项业务提出了多种可选择的会计政策,选择不同的会计政策处理会计事项会产生不同的经济后果,而对纳税产生影响。例如,存货计价方法的变化。新准则取消了存货计价的后进先出法,取消的原因是后进先出法不能真实反映存货流转的情况。但从理论上分析,若企业将原采用的后进先出法转向其他的计价方法(先进先出法、加权平均法等)时,对于存货较多、存货周转率较低的企业会引起毛利率和利润的不正常波动。而且如果是处在一个通货膨胀的市场环境下,会使当期利润偏高,对税收带来影响。另外新准则对固定资产折旧也作了重大改革,要求折旧年限、预计净残值等指标至少每年复核一次,当其预期使用寿命和净残值与原估计有差异时,允许调整其折旧年限与净残值。

2. 计量基础运用的多样化

新会计准则全面引入历史成本,重置成本,可变现净值、现值、公允价值五种计量属性,实现计量基础的多元化。多元化计量模式势必会影响各期的损益结果。其中公允价值的引入是新会计准则体系的一大亮点,而且新准则中新增加的金融工具、投资性房地产,非共同控制下的企业合并和非货币性资产交换等都允许采用公允价值计量。

3. 所得税会计处理方法的改变

新的所得税会计准则废除了原来的应付税款法和纳税影响会计法,全面采用国际通行的资产负债表债务法。这种所得税处理方法与原方法相比要引入暂时性差异的概念(原来方法考虑永久性和时间性差异),而且要求在每一会计期末应核定各资产、负债项目的暂时性差异(比时间性差异范围更广泛)并以适应税率计量来确认一项递延所得税费用,再加上当期应纳税所得额便构成当期的所得税费用。可见,由此确认的所得税费用包括当期所得税费用和递延所得税费用。这种方法所贯彻的是通过计算暂时性差异来全面确认递延所得税资产或负债,将每一会计期间递延所得税资产或负债余额变化确认为收益,无疑会对税收意义上的所得产生影响,而且随着新会计准则体系的实施以及企业合并、债务重组等核算业务的增加,由此产生的暂时性差异会越来越多。

4. 收益计量方法的变化

新的债务重组准则,改变了过去将债务重组产生的收益计入资本公积金的做法,而允许将债务重组过程中由于债权人让步而导致债务人豁免或者少偿还负债而产生的收益确认为债务重组利得，计入当期损益（营业外收入），即作为利润进入利润表。根据目前上市公司债务重组的现状，债权人一般都会根据债务人的实际偿债能力给予一定的豁免。据有关资料，由于这一计量方法的变更若按上年债务重组的情况看，上市公司至少可增加收益 60 多亿元，因此收益计量方法的变化对企业利润的直接影响是显而易见的。

5. 借款费用资本化的范围扩大

新会计准则对于借款费用资本化的规定不再限于购建固定资产的专用借款。规定指出：企业发生的借款费用，可直接归属于符合资本化条件的资产时，应当予以资本化。允许为生产大型机器设备、船舶等生产周期较长且用于出售的资产所借入的款项发生的利息资本化，而不再直接计入损益（财务费用）。这将对企业收益产生很大影响。

6. 资产减值准备的核算范围以及方法的变化

新准则明确规定，资产减值损失一经提取，在以后期间不得转回，只能在处置相关资产后再进行会计处理。这一规定完全切断了企业利用减值准备方法来操纵利润的途径。另外新准则还扩大了减值准备的核算范围，这无疑也会对企业的利润带来影响。

7. 长期股权投资核算方法的变化

新会计准则不仅调整了投资的分类方式，而且规定将投资企业对子公司的长期股权投资改为成本法进行核算，这是和以前的最大不同。这将对投资企业的当期收益带来影响，也无疑会对企业纳税、企业内部管理行为产生影响。

(二)新会计准则的优点

1. 新会计准则强调会计信息的可靠性和决策有用性

新会计准则充分考虑了市场因素变化对资产价值的影响，强调按资产的定义确认和计量资产，在资产不能预期给企业带来经济利益时，要求企业计提相应的减值准备。新会计准则同时强调企业提供的会计信息应当与财务报告使用者的经济决策需要相关，财务报告的目标也应侧重于资本市场的投资者，有助于财务会计报告使用者对企业过去、现在或者未来的情况作出评价或者预测；也就是在会计信息的质量要求中，增强了相关性，历史成本不再是唯一的主要计量属性，比较全面地在准则体系中导入了公允价值的计量属性。

2. 适应经济生活的发展要求，内容上有所创新

新会计准则体系从过去偏重工商企业准则扩展到横跨金融、保险、农业等众多领域的 38 项准则，覆盖了企业的各项经济业务，在涉及的领域上，增加了原准则中没有或有但规定不详细或不明确的内容。如企业年金基金、股份支付、投资性房地产、生物性资产、金融工具的确认计量与列报、保险合同的规定等。

3. 体现与国际会计准则的趋同

会计准则的全球趋同已是不可阻挡的历史潮流，这次新会计准则体系的最大特点

是：经过财政部和国际财务报告准则理事会双方的共同努力，新会计准则在充分借鉴国际财务报告准则的基础上，兼顾了中国经济的客观环境和发展特点，卓有成效地解决了双方准则中的非实质性差异，除了由于国有企业及国有控股企业在中国经济中占有主导地位，关联方披露准则规定仅仅同受国家控制而不存在其他关联方关系的企业不构成关联方、企业合并准则规定了同一控制下企业合并的会计处理、资产减值准则规定计提减值准备不得转回等，两者实现了实质性的趋同。我国积极主动地与国际财务报告准则进行实质性趋同变革，既是中国市场经济发展的需要，又是加入 WTO 后中国履行承诺的要求。

三、新会计准则对纳税的影响

如前所述，新会计准则由于诸多的会计政策、计量模式、收益确认方法、会计处理方法的选择以及新业务的开发，影响到企业损益的计算和税收水平，这无疑会影响企业纳税筹划的运作空间。通常情况下可选择的会计政策和方法越多，纳税筹划的空间也就会越大。因此，在新会计准则下利用会计政策和方法的选择空间研究纳税筹划是实现节税或递延纳税的有效途径。

（一）长期股权投资核算方法的变化对纳税的影响

长期股权投资是现代企业在实现多元化经营时，为规避行业风险所采取的一项有效理财方式。其所带来的投资收益已成为企业利润的一个不可缺少的有机组成部分，也构成投资企业的应纳税所得额。

新会计准则除了调整了投资的分类方式外，还对长期股权投资的核算方法进行了改进。大家知道，在进行长期股权投资核算时，投资企业应根据所持股份比例以及对被投资企业财务和经营决策控制和产生影响的程度，分别采用成本法和权益法两种核算方法。当被投资企业处于低所得税税率地区时，由于两种核算方法对收益确认的时间不同，因而对当期收益以及对所得税缴纳产生影响，也为纳税筹划提供了空间。新会计准则扩大了成本法的核算范围，将原来应是权益法核算的"属于具有控制"的范围纳入成本法核算范围。应该说这一变革对企业节税是有利的。因为采用成本法核算，它的核算规则是：被投资企业实现净利润时，投资企业并不作任何账务处理，只有在被投资企业宣告分派现金股利或利润时，投资企业才会按其应享有的份额确认当期投资收益，按现金制计入企业应纳税所得，依法缴纳所得税。这种核算方法具有以下特点：一是在收益的确认时间上税法与会计核算基本是一致的，按其实际获得的收益依法纳税，从客观上很公平，容易接受，而且不需做复杂的纳税调整。二是若被投资企业实现净利润，只有在宣告分派，投资企业才能确认收益将其计入应纳税所得额(投资企业所得税率高于被投资企业按差额补税)，如果被投资企业账面上保留一部分投资企业暂时未分回的利润，投资企业可以把这一部分已实现收益但未分回的部分作为将来追加投资或挪作他用继续保留在被投资企业的账面上，以此规避或延缓这部分投资收益应缴纳的所得税。然而，权益法核算的规则是：只要被投资企业实现净利润，不管投资收益是否分回都要按应享有的净损益份额确认投资收益，实现税收意义上的所得，按规定缴纳所得税，即使投资企业将其一部分作为追加投资或挪作他用，也无法规避这部分收益应缴纳所得税。因此选择成本法核算无论是规避还是延缓纳税对企业还是较为有利的。

（二）借款费用资本化范围扩大对纳税的影响

新准则对于符合资本化条件的资产和可以资本化的借款费用，向国际财务报告准则进一步趋同，使资本化的范围扩大。允许需要经过相当长时间的生产活动才能达到可销售状态的存货和达到预定使用状态的投资性房地产，所占有的借款资金的相应借款费用可予以资本化，不再限定于由专门借款产生的借款费用。笔者认为，借款费用资本化范围扩大将使生产周期长的某些制造业更真实反映企业的资金成本，但可能会增加企业所得税的负担。若保守估计，假如全国上市公司财务费用中的利息资本化比例占 3%—5%，将可能增加企业利润几十亿元，对税收的直接影响是不容忽视的。另外，纳税人对外投资发生的借款费用按会计准则需资本化，计入有关投资成本，但纳税人应充分了解和利用符合《企业所得税暂行条例》和《企业所得税税前扣除办法》(国税发〔2000〕84 号)第三十六条规定，便可直接扣除，不需要资本化，而达到合理规避纳税的目的。

（三）固定资产折旧核算的会计政策调整对纳税的影响

折旧核算实际上是一个成本分摊问题，由于其明显的抵税效果，通常将其作为企业纳税筹划的重点。会计核算主要涉及固定资产折旧年限、折旧方法和预计净残值三个因素。新准则要求企业对固定资产折旧这三个因素至少每年复核一次，并允许当固定资产的使用寿命预计数与原先估计有差异时应当调整，固定资产预期实现方式有重大改变时可调整固定资产折旧方法。这一调整虽然对固定资产使用期间的累计折旧额和应税额不会产生增减影响，但会因每期分摊额(折旧额)不同而直接影响各期成本费用和利润水平以及纳税额。实证研究表明，如果折旧年限调整，在税率稳定的情况下或有下降趋势时，缩短折旧年限可使后期折旧费用前移，前期利润后移，会推迟纳税时间获得货币时间价值，相当于享受了一笔无息贷款，对企业有利。假如在未来税率趋高的情况下，以后纳税年度税负一般会大于延缓纳税的利益，所以此时采用直线法较有利。大家知道，固定资产一般金额较大，若要调整任何一项指标都将对每期折旧费用以及利润带来影响，从而影响税收意义的所得。

（四）公允价值模式的引入对纳税的影响

我们应清醒地认识到，采用公允价值模式，虽然资产和负债得到更为公允的反映，但会导致企业盈利的波动，给税收带来影响。如投资性房地产的公允价值代替账面价值计价，并将其差异计入当期损益的做法可能会大幅度提高企业利润水平而影响税收。另外，新准则规定若投资性房地产采用公允价值模式，不再计提折旧或进行摊销，也会相应地提高企业利润，从而增加企业的所得税负担，对企业不利。所以拥有投资性房地产的企业在选择计量属性时应谨慎考虑是否还继续采用成本模式。

(五)存货计价方法的改革对纳税的影响

从理论上分析存货计价是纳税人调整应税收益的有效手段。一般认为，在物价呈上涨趋势时应采用后进先出法，使当期销售成本最高，期末存货价值最低，可将利润延至下期延缓纳税；如果物价呈下降趋势时应采用先进先出法，可使本期销售成本提高，从而达到本期降低所得税的目的。如果物价涨落幅度不大，宜采用加权平均法；如果物价涨落幅度较大，宜采用移动加权平均法，使企业各期应纳税所得额较为均衡，避免高估利润，多缴所得税。虽然从理论上分析存货计价方法影响纳税，但目前它的筹划空间还很小。一是新会计准则取消了后进先出法，使企业利用变更存货计价方法来调节当期利润水平的重要抵税手段不能起效；二是税法也不允许存货计价方法如此受市场价格影响而随意改变。

(六)资产减值准备范围和方法的改革对纳税的影响

新准则在原基础上扩大了减值准备的范围，对于投资性房地产、生产性生物资产、建造合同、商誉等都允许提取减值准备，并要求减值准备提取后除非处置相关资产，否则不得转回。这将有利于遏制企业利用减值准备的计提和冲回操纵利润的行为。有关资料显示，去年上市公司突击转回减值准备的数额可能达到几十个亿，那么，今年实施新准则后，这一规定可能会使原来一些惯用减值准备调节利润的公司做文章的空间受限，可能会出现账面亏损，对企业纳税带来不小的影响。

(七)债务重组准则对纳税的影响

到 1999 年底，财政部已颁布了九个具体会计准则。其中债务重组准则、收入准则、建造合同准则等准则的颁布实施，对税收收入产生了一定的影响。

债务重组准则自 1999 年 1 月 1 日起执行。在该准则中，对企业纳税产生较大影响的有三个方面：债务重组收益、债务重组损失、或有支出。债务重组收益是指企业以现金清偿某项债务时债务人将重组债务的账面价值与支付现金之间的差额，或者非现金资产清偿某项债务时债务人将重组债务的账面价值与转让的非现金资产的公允价之间的差额。对债务人来说，是债务重组收益；对债权人来说，是债务重组损失。由于债务重组收益包括了债权人让步的贷款和增值税(指一般纳税人的增值税)两部分内容，债务人一方面把无须支付的贷款及增值税转为营业外收入，缴纳企业所得税，另一方面把增值税的进项税额全额抵减了销项税额，从而使债务人通过债务重组虽然会少缴增值税，但仍增加了纳税支出(因为企业所得税的税率高于增值税的税率)。或有支出是指依未来某种事项出现而发生的支出。或有事项的出现具有不确定性。根据债务重组准则的规定，修改后的债务条款中如涉及或有支出的，债务人应将或有支出包括在将来应付金额中，并由此确定债务人的债务重组收益。由于将未来实际上未发生的或有支出包括在将来应付金额中，在重组日就没有足额地确认债务重组收益，从而使企业所得税的税基受到影响，对此税务部门必须引起高度注意。

（八）收入准则对税收的影响

收入准则从 1999 年 1 月 1 日起执行。该准则中的收入只适用于销售商品、提供劳务及他人使用本企业资产而取得货币资产方式的收入，以及正常情况下的以商品抵债务的交易，不包括非货币交易（比如资产置换、股权置换、非现金资产投资、非现金资产配股等）、期货、债务重组中涉及的资产、商品销售收入的实现。对企业以材料、商品或固定资产、流动资产、投资再进行投资、捐赠、自用、用于集体福利（个人消费）等，收入准则不视同销售，也不确认有关商品、资产转让、销售收入的实现。由此可见，收入准则与税法在收入确认的适应范围上存在较大的差异。对此，企业必须按照税法规定申报各项收入确认各项收入的实现。

同时，收入准则按照实质重于形式原则及稳健原则对收入的确认原则也作了明确：1. 销售商品，如同时符合以下 4 个条件，即确认为收入：（1）企业已将商品所有权上的主要风险和报酬转给购货方；（2）企业既没有保留通常与所有权相联系的继续管理权，也没有对已售出的商品实施控制；（3）与交易相关的经济利益能够流入企业；（4）相关的收入与成本能够可靠地计量。2. 提供劳务的收入确认原则：（1）劳务总收入和总成本能够可靠地计量；（2）与交易相关的经济利益能够流入企业；（3）劳务的完成程度能够可靠地确定。从这里可以看出，收入准则确定的销售收入实现的标准与税法上确认销售收入实现的标准有着明显的不同（税法确定销售收入实现的标准是：销售货物或应税劳务，为收讫销售额或者取得索取销售额凭据的当天）。收入准则对收入确认原则的这些重大变化对企业损益将产生重大的影响，使企业的损益更加真实可靠，而对税务部门来说，收入确认原则的改变，是一个重大的挑战。为有利于提高企业生产经营的积极性，有利于促进企业公平竞争，税法也应相应地对其收入确认原则即纳税义务发生时间作出修改，使税收也体现实质重于形式的原则。但是，在税法做出新的规定以前，企业必须按税法规定确认各项收入的实现，税务部门也必须注意到企业做账依据的合理性、可靠性和真实性，考虑到会计制度的改革对纳税调整产生的新影响，以防止国家税款的流失。

（九）建造合同准则对税收的影响

建造合同准则自 1999 年 1 月 1 日起执行。本准则规定，如果建造合同的结果能够可靠地估计，企业应根据完工百分比法在资产负债表日确认合同收入与费用，确认建造合同收入采用两种方法：1. 完成合同法。是指建造合同工程全部或实质已完工时才确认收入和费用。这种方法只适用于当年完工的建造合同，于合同完成时一次确认收入实现。2. 完工百分比法。是指根据合同完工进度确认收入与费用的方法。这种方法首先要求建造合同的结果根据不同的建造合同类型在负债表日确认合同收入和费用，如果建造合同的结果不能可靠地计量，则应区别以下情况进行处理：（1）合同成本能够收回的，合同收入根据能够收回的实际合同成本加以确定，合同成本在其发生的当期确认为费用。（2）合同成本不可能收回的，应在发生时间立即确认为费用，不确认收入。

与此同时，建造合同准则还要求在合同预计发生亏损时，计提合同损失准备，即出于会计上稳健性原则考虑，如果合同预计总成本将超过合同预计总收入时，应将预计损失立即确认为当期费用。而税法规定合同收入的确认则有三种方式：1. 按工程形象进度划分不同阶段，分阶段结算工程价款办法的工程合同，按合同规定的形象分次确认已定阶段的工程收益。2. 实行合同完成后一次结算工程款办法的工程合同，于合同完成时结算工程价款，确认收入实现。3. 采用定期预支、月终结算、竣工清算办法的工程合同，按分期确认合同开支来确认收入的实现。对建造合同亏损，税法只允许于实际发生时的亏损才能进入当期损益即从应纳税所得中扣减，而不允许预提合同损失准备。由此可见，两者确认收入、费用或损失的主要区别在于收入、费用或损失确认的时间和合同金额的不同，税法只承认完工百分比法，不承认完成合同法，确实难于估计完工百分比，由主管税务机关按其他方法确认，没有应税收入，除非是期间费用，税法不承认没有收入的成本。为此，税务人员必须熟悉掌握改革后会计科目核算内容的变化及对所得税等纳税调整的影响，以便在税收征管中更具针对性，以防止税款的流失。

需要说明的是，除债务重组准则、收入准则、建造合同准则已对税收产生了影响外，投资准则中的投资收益、投资转让收益的确认及提取的投资跌价或减值准备与税法规定的分类和确认实现时间也有很大的不同，资产负债表日后事项准则中修理费用、无法收回的应收账款、诉讼赔偿等或有损失的调整事项与税法所确认的收益实现时间也有差异，等等，这些都要求企业在申报缴纳企业所得税时必须依法进行纳税调整，在此就不再赘述。

(十)非货币性资产交换准则对税收的影响

1. 以公允价值为基础计量换入资产成本

新准则规定，如果某项交换具有商业实质，并且换入资产或换出资产的公允价值能够可靠计量，就应以换入资产或换出资产的公允价值加支付的相关税费作为换入资产的成本，公允价值与换出资产的账面价值的差额计入当期损益。而根据税法的规定，以非货币性资产换入其他非货币性资产，实质是一种有偿转让财产的行为，应将该非货币性资产交换分解为按公允价值销售一种非货币性资产和购置另一种非货币性资产两项业务进行税务处理。如果某资产交换满足新准则规定的条件，则会计与税收的处理应该是一致的，即以换出资产的公允价值与相关税费之和作为换入资产的成本，换出资产公允价值与其账面价值的差额计入当期损益，从而对企业当期所得税费用和应交税金(应交所得税)产生影响，但当期所得税费用和应交税金(应交所得税)应当是相同的。具体来说包括以下两种情况：(1)如果换出资产的公允价值大于其账面价值，将产生资产交换收益，企业当期所得税费用和应交税金(应交所得税)将会增加；(2)如果换出资产的公允价值小于其账面价值，将产生资产交换损失，企业当期所得税费用和应交税金(应交所得税)将会减少。

2. 以账面价值为基础计量换入资产成本

新准则还规定，如果某项交换不具有商业实质，或者换入资产或换出资产的公允价值不能够可靠计量，就应以换入资产或换出资产的账面价值加支付的相关税费作为换入资产的成本，不确认任何损益。在会计按账面价值确定换入资产成本的情况下，税收却仍然以换出资产的公允价值与相关税费之和作为换入资产的成本，换出资产公允价值与其账面价值的差额计入当期损益，当期所得税费用和应交税金(应交所得税)将产生差异。具体来说也包括两种情况：(1)如果换出资产的公允价值大于其账面价值，由于税法确认了该资产交换收益并计入当期应纳税所得额，而会计未确认该收益，将导致当期应交税金(应交所得税)大于所得税费用。根据《企业会计准则第18号——所得税》，该差异属于可抵扣暂时性差异；(2)如果换出资产的公允价值小于其账面价值，由于税法确认了该资产交换损失并从当期应纳税所得额扣除，而会计未确认该损失，将导致当期应交税金(应交所得税)小于所得税费用，该差异属于应纳税暂时性差异。

举例说明：以公允价值为基础计量换入资产成本

不涉及补价的非货币性资产交换

甲公司以其不再使用的设备与乙公司作为固定资产管理的汽车交换，甲公司设备原值120万元，已提折旧20万元，公允价值为110万元，甲公司为此交换支付清理费用1万元；乙公司汽车原值140万元，已提折旧30万元，公允价值为110万元；假定双方换出资产均未计提资产减值准备，对换入资产也都按固定资产管理。

甲公司：

(1)将换出资产转入清理

借：固定资产清理 100

　　累计折旧 20

贷：固定资产——设备 120

(2)支付清理费用

借：固定资产清理 1

贷：银行存款 1

(3)换入资产的入账价值=110＋1=111万元

借：固定资产——汽车 111

贷：固定资产清理 111

(4)结转公允价值与账面价值的差额

借：固定资产清理 10

贷：营业外收入 10

将上述分录合并即为(为简便起见，下列分录均为合并后的分录)：

借：固定资产——汽车 111

　　累计折旧 20

贷：固定资产——设备 120

营业外收入 10

银行存款 1

乙公司会计处理合并如下：

借：固定资产——设备 110

累计折旧 30

贷：固定资产——设备 140

通过以上分析可以看出，由于甲公司换出资产的公允价值 110 万元大于其账面价值 100 万元，产生资产交换收益 10 万元，税前会计利润和应纳税所得额均应增加 10 万元，所得税费用和应交税金（应交所得税）均增加 10×33%=3.3 万元；而乙公司换出资产的公允价值与其账面价值相等，未产生资产交换收益或损失，对税前会计利润和应纳税所得额未产生影响。

结束语

总之，新会计准则的实施，不仅对会计人员和它的财务报告系统是一个巨大的考验，也对国家税收以及企业纳税带来了深刻的影响，企业相关人员应认真理解和掌握新准则的理念、原则和方法，密切关注税法的变动，增强纳税筹划意识。

参考文献（略）

【评析】这是一份会计大专学生的毕业论文，从新会计准则实施后会对会计人员和财务报告系统产生巨大考验，也会对国家税收以及企业纳税带来深刻影响的热点实际出发，全面剖析了会计人员的应对方式和企业的合理纳税筹划意识，格式比较规范，内容详尽严整！

【知识链接】

一、概念

毕业论文，泛指专科毕业论文、本科毕业论文（学士学位毕业论文）、硕士研究生毕业论文（硕士学位论文）、博士研究生毕业论文（博士学位论文）等，即需要在学业完成前写作并提交的论文，是教学或科研活动的重要组成部分之一。

二、毕业论文的基本教学要求

（1）培养学生综合运用、巩固与扩展所学的基础理论和专业知识，培养学生独立分析、解决实际问题能力，培养学生处理数据和信息的能力。

（2）培养学生正确的理论联系实际的工作作风，严肃认真的科学态度。

（3）培养学生进行社会调查研究，文献资料收集、阅读和整理、使用，提出论点、综合论证、总结写作等基本技能。

三、书写格式

一般来说，毕业论文包括以下 10 个部分：

(1)题目：题目应简洁、明确、有概括性，字数不宜超过 20 个字(不同院校可能要求不同)。本专科毕业论文一般无须单独的题目页，硕博士毕业论文一般需要单独的题目页，展示院校、指导教师、答辩时间等信息。英文部分一般需要使用 Times New Roman 字体。

(2)版权声明：一般而言，硕士与博士研究生毕业论文内均需在正文前附版权声明，独立成页。个别本科毕业论文也有此项。

(3)摘要：要有高度的概括力，语言精练、明确，中文摘要约 100—200 字(不同院校可能要求不同)。

(4)关键词：从论文标题或正文中挑选 3—5 个(不同院校可能要求不同)最能表达主要内容的词作为关键词。关键词之间需要用分号或逗号分开。

(5)目录：写出目录，标明页码。正文各一级二级标题(根据实际情况，也可以标注更低级标题)、参考文献、附录、致谢等。

(6)正文：专科毕业论文正文字数一般应在 5000 字以上，本科文学学士毕业论文通常要求 8000 字以上，硕士论文可能要求在 3 万字以上(不同院校可能要求不同)。

(7)致谢：简述自己做毕业论文的体会，并应对指导教师和协助完成论文的有关人员表示谢意。

(8)参考文献：在毕业论文末尾要列出在论文中参考过的所有专著、论文及其他资料，所列参考文献可以按文中参考或引证的先后顺序排列，也可以按照音序排列(正文中则采用相应的哈佛式参考文献标注而不出现序号)。

(9)注释：在论文写作过程中，有些问题需要在正文之外加以阐述和说明。

(10)附录：对于一些不宜放在正文中但有参考价值的内容，可编入附录中。有时也常将个人简介附于文后。

四、毕业论文正文的写作步骤

毕业论文正文：包括前言、本论、结论三个部分。

第一步：前言(引言)

这是论文的开头部分，主要说明论文写作的目的、现实意义、对所研究问题的认识，并提出论文的中心论点等。前言要写得简明扼要，篇幅不要太长。

第二步：本论

这是毕业论文的主体，包括研究内容与方法、实验材料、实验结果与分析(讨论)等。在本部分要运用各方面的研究方法和实验结果，分析问题，论证观点，尽量反映出自己的科研能力和学术水平。

第三步：结论

这是毕业论文的收尾部分，是围绕本论所作的结束语。其基本的要点就是总结全文，加深题意。

五、毕业论文写作注意事项

(1)毕业论文是学生毕业前的总结性独立作业，目的在于总结学习专业的成果，培养综合运用所学知识解决实际问题的能力。从文体而言，它也是对某一专业领域的现实问题或理论问题进行科学研究探索的具有一定意义的论说文。完成毕业论文的撰写可以分两个步骤，即选择课题和研究课题。

(2)选好课题后，接下来的工作就是研究课题，研究课题的一般程序是：搜集资料、研究资料、明确论点和选定材料，最后是执笔撰写、修改定稿。

第一，研究课题的基础工作——搜集资料。学生可以从查阅图书馆、资料室的资料，做实地调查研究，实验与观察等三个方面来搜集资料。搜集资料越具体、细致越好，最好把想要搜集资料的文献目录、详细计划都列出来。首先，查阅资料时要熟悉、掌握图书分类法，要善于利用书目、索引，要熟练地使用其他工具书，如年鉴、文摘、表册、数字等。其次，做实地调查研究，调查研究能获得最真实可靠、最丰富的第一手资料，调查研究时要做到目的明确、对象明确、内容明确。调查的方法有：普遍调查、重点调查、典型调查、抽样调查。调查的方式有：开会、访问、问卷。最后，关于实验与观察。实验与观察是搜集科学资料数据、获得感性知识的基本途径，是形成、产生、发展和检验科学理论的实践基础，本方法在理工科、医类等专业研究中较为常用，运用本方法时要认真全面记录。

第二，研究课题的重点工作——研究资料。学生要对所搜集到的资料进行全面浏览，并对不同资料采用不同的阅读方法，如阅读、选读、研读。

第三，研究课题的核心工作——明确论点和选定材料。在研究资料的基础上，学生提出自己的观点和见解，根据选题，确立基本论点和分论点。提出自己的观点要突出创见，创新是灵魂，不能只是重复前人或人云亦云。同时，还要防止贪大求全的倾向，生怕不完整，大段地复述已有的知识，那就体现不出自己研究的特色和成果了。

第四，研究课题的关键工作——执笔撰写。下笔时要对以下两个方面加以注意：拟定提纲和基本格式。

第五，研究课题的保障工作——修改定稿。通过这一环节，可以看出写作意图是否表达清楚，基本论点和分论点是否准确、明确，材料用得是否恰当、有说服力，材料的安排与论证是否有逻辑效果，大小段落的结构是否完整、衔接自然，句子词语是否正确妥当，文章是否合乎规范。

【实践训练——完成任务】分小组完成任务

【病文评析训练】下文是一份大学应届毕业生的毕业论文，文中有多处毛病，请找出来。

浅谈新经济时代人力资源的创新管理

摘要：文章分析了新经济时代企业所需人才的类型及素质，提出了新经济时代企业人力资源管理的创新方法。

关键词：新经济时代　人力资源　创新管理

一、引　言

20世纪90年代以来，美国经济发展出现了与以往大工业不同的发展趋势，即商业的全球化和信息技术革命，这标志着美国开始进入新经济时期。此后经济学家及其他理论学者对新经济进行了全面深入的研究，认为新经济有广义和狭义之分。广义新经济即信息经济、网络经济、数字化经济、生物经济、风险经济等。狭义新经济是指美国于20世纪90年代以后在技术进步和全球化共同作用下所出现的一种新的经济形态，它与传统经济的本质区别是在实现低通胀和低失业率较长期并存的情况下的经济持续增长。

新经济是相对于"传统经济"或"旧经济"而言的，在全球化资源配置和市场开发基础上，以信息和网络技术为支撑，由高新科技产业驱动，以创新为核心，可持续发展的经济，是经济社会发展的一次大调整。它具备了知识化、创新化、全球化、网络化、科技化和可持续化几大特征。

二、**新经济时代企业所需人才的类型及素质**

作为一种全新的经济形态，人才资源成为新经济的主体。新经济时代所需人才，不同于工业经济时代，一般需要如下几个类型：

(一)创新型人才

创新是新经济时代的主题，新经济是创新化的经济，创新化经济需要的是具有创新性的人才。首先随着信息技术的发展，计算机的广泛应用，不再要求我们有强的记忆能力，而是要求具有综合的研究、判断、逻辑推理能力，高度的创造意识和创造能力。其次在新经济时代，产品的知识含量增加，逐步形成知识产品。知识产品的生产，最重要的生产资料不是设备和工具，而是人的知识能力，特别是人的创造能力。另外，商品的价值不再是劳动者体力的简单转化，而是劳动者知识的转化，要求劳动者必须有较强的创造能力。最后科技是第一生产力，科技的创新对经济的发展具有巨大的推动作用。据科学家研究，技术对经济增长的贡献率，在20世纪初为5%—20%，70年代至90年代为70%—80%，信息高速公路联网后，将提高到90%。由此可见，科技创新是发展的关键。唯有全面创新，包括技术创新、制度创新、产品创新、市场创新、管理创新等，才能维持经济的竞争力。

(二)个性化人才

个性化是创新过程的一种表现形式，任何一个创新计划都体现出个性化的思想。在工业社会，生产是标准化、大规模生产，而在新经济社会，生产是非标准化，甚至可能是单件生产。在这样的经济环境中，谁能设计出个性化的适应不同层次消费者需要的产品，谁就能在市场竞争中取胜。所以，有的经济学家把新经济称为个性化经济。个性化经济需要个性化人才。所谓个性化人才，就是让其个性得到充分发展，适合学什么，就让其学什么，适合干什么，就让其干什么，有哪一方面的兴趣与特长，就让其在哪一方面发展。当然，个人的发展必须与社会的需求相复合，必须与所在组织的需求相吻合，这是个人化发展的基本前提。

(三)复合型人才

所谓复合型，是指多种专业能力的复合，是社会科学与自然科学的复合，是智力因素与非智力因素的复合。新经济时代很多创造活动是跨领域的，这种创造不可能依靠某种单一知识和单一技能来实现，它必须借助多种知识、多种技能的综合运用来完成。社会越发展，创造的复杂程度越高，高度复杂的创造需要高度发展的能力系统，也就是对知识面的要求越来越宽。有日本学者曾说，"单一能力时代已经结束了，只有具备综合能力的人，才能在现代竞争中获胜"。所以，复合型人才是新经济时代企业所需要的人才，同时也是企业的稀缺资源，企业需要努力地培养这种资源。

(四)合作型人才

在新经济时代，许多项目只有通过合作的方式才能实现共赢，信息社会本身就是一个合作的组织，企业是链状供应，银行是网状服务，信息是网上共享，创新是网点协作，因此，新经济社会是一个人际关系高度社会化的社会。在这样的社会，需要更紧密的联系和协作，需要借助集体的力量和他人的力量，才能取得事业的成功。美国学者比恩等人认为，竞争是工业社会的价值观，而新经济时代的价值观是合作。

三、新经济时代企业人力资源管理的创新

新经济时代的到来对人才的需求发生了重大改变，同时也对人力资源的管理提出了新的挑战，针对人才具有的创新型、个性化、复合型和合作的特点，企业在人力资源创新管理上应该做以下尝试：

(一)营造创新文化

在新经济时代，创新和时尚已经成为这个时期的主题，企业的发展需要这种创新的理念来驱动。企业的人才观是企业文化的核心，也是管理的核心，吸引和留住创新人才已成为企业最关切的问题。伴随着中国经济与科技高速发展而成长起来的新一代员工，思想开放、头脑灵活、技术专精、自信自强、流动性很高。要想吸引这些人中的精英，企业管理必须建立创新文化。首先，企业应致力于创造一个激励型的、充满创新气氛的开放环境，以利于发明、创造和企业未来的技术研究与展望，提倡挑战性思维。挑战性思维鼓励广大员工对现实状态提出质疑，不断思考和创新，企业为此可能承担一定风险，但企业这种文化氛围和对待风险与失误的态度会激发员工的创造性，增强员工的竞争能力，并会因此吸引大批优秀人才。其次，设立共同的远景目标。企业应设立可以激起人们奋斗精神、愿为事业共同努力的目标，包括短期目标和长期目标等，在这样的创新环境下，企业的发展才能适应时代的需要。

(二)实行柔性管理

在新经济时代，知识型员工是企业发展的关键，真正才华横溢的人才，往往是充满个性而难以被驾驭，这就要求人力资源管理必须主动抛弃传统的管理方式，运用组织的共同价值观和经营理念，依靠共同的信念、互动的心灵进行柔性管理，给员工创造一种宽松的环境和气氛，给他们更多的授权，让他们成为工作的主人，不断学习，不断提高，从而激发员工的创造欲，使他们的潜能和天赋得到最大程度的发挥，为企业创造更多的效益。

（三）企业与人才共成长

新经济时代改变了企业经营的外部环境，变化的环境使得企业的发展带有很大的不确定性，新经济时代的人才时刻在思考着个人的职业规划和职业生涯，因此，企业要转变传统的人力资源管理的思路，将员工的发展与企业的发展紧密地结合起来，让员工与企业共同承担风险的同时，也让人才能够分享企业的成果，让人才能够实现个人价值。具体强化的因素包括以下几个方面：

个体成长——员工对知识、个体和事业的成长有着不断的追求，企业应创造使个人能够认识到自己潜能的机会。

工作自主——建立一种工作环境，员工能够在既定的战略方向和自我考评指标框架下完成交给他们的任务。

业务成就——完成的工作业绩达到一种令个人足以自豪的水准和质量水平，这是跟组织的需要相关联的因素。

金钱财富——获得一份与自己贡献相称的报酬，并使员工能够分享到自己所创造的财富。这种奖励制度既要适合公司的发展，又要与个体的业绩挂钩。

（四）以人为本

以人为本就是在管理过程中，要始终将人放在核心的位置，追求人的全面发展，以便充分调动所有职工的积极性和创造性，使企业获得最大的效益。在新经济时代，人才是企业的最重要的资源，是主宰企业命运的主人，企业应该将员工作为企业最重要的资源，信任员工、尊重员工、依靠员工，把员工放在管理的主体位置，围绕着充分利用和开发人力资源而开展管理活动，激发人的活力和创新精神，从而实现人的全面和自在的发展，使企业的目标和员工的发展目标达成一致。人的全面和自在的发展是人本管理的精髓，更是企业人力资源管理的核心理念。

"以人为本"的管理需要培养一种亲密、信任的人际关系，需要一种敬业、进取和宽容的合作氛围。企业文化是"以人为本"的企业管理的思想基础，企业要努力培育共同的企业文化意识。共同的企业文化意识使得企业成员对企业目标和价值有着共同的理解，从而在行动上达成统一；共同的文化意识还使得企业的发展同经济和社会环境的现实相吻合。企业的用人制度要充分考虑员工的个性习惯和企业的包容性、创造性，并使其贯穿于每一位员工的言行中，在努力营造共同的企业文化、价值观和行为规范的同时，提倡各部门形成各自的特色。

四、结束语

新经济时代的网络化、知识化改变了衡量企业财富的标准，知识成为企业的战略资产。作为知识承载者的人力资源，是企业最重要的资源，是企业的财富和资本，企业人力资源管理更成为其兴旺发达，保持持久竞争力的关键。因此，企业要根据自己的具体情况，在深刻理解人力资源创新理念的基础上，进行积极探索和大胆尝试，创造出适合本企业的人力资源管理模式。

【情景拟写训练】你是一名大三的学生，马上要毕业了，请写一份所在专业的毕业论文。

项目九 行政公文

第一节 请 示

【任务呈现】××公司职工×××同志，自2010年进入公司以来，虚心向老师傅学习，刻苦钻研技术，积极提合理化建议，技术革新成绩卓著。请代表部门给公司领导写一份关于给技术革新能手×××同志晋升两级工资的请示。

【案例赏析】

案例1   ××公司关于增拨技术改造资金的请示

××局：

　　当下我单位技术改造处于关键阶段，资金告罄。前次所拨资金原本缺口较大，加之改造过程中出现了新的技术难题，需增新设备，以致资金使用超出预算。由于该项技术是我局所属大部分企业所用的核心技术，如改造不能按期完成，势必拖延全部技术更新的进程，进而影响各单位实现全年预定生产指标和利润。目前我单位全体技术人员充分认识到市场经济的机遇和挑战，正齐心合力，刻苦攻关。缺口资金如能及时到位，我们保证该项技术改造按期完成。现请求增拨技术改造资金×××万元。

　　当否，请批复。

××公司

××××年××月××日

【评析】这是一例下级请求上级增拨资金的请示，属于必须请示批准才能办理的事项。此请示针对"增拨技术改造资金"作了较详尽的陈述，充分说明实际困难，旨在争取领导尽快作出批复。格式规范，理由充分。

案例2   关于开展团支部活动的请示

团委领导：

　　为学习先进地区人口计生工作经验，加强与兄弟市人口计生系统的联系，应××市人口计生委团支部邀请，我委团支部拟于近期(一到两天时间)组织团员青年赴××市学习，并与××市人口计生委团员开展一次联谊活动。现将活动方案汇报如下。

一、活动日程安排：

第一天：下午 1:00 从××出发赴××，学习××市计生服务委工作经验，晚宿××。第二天：上午 8:00—下午 3:00，考察××，下午 3:30 返回。

二、活动参加人员：

委团员青年、司机等，共计 8 人。

活动经费预算：

1. 住宿：100 元/人，约 800 元。

2. 用车：使用我委或药具站面包车一辆。

3. 餐费：晚、早、中各一餐，由××市人口计生委团支部承担。

以上方案当否，请批示。

团支部

××××年××月××日

【评析】这一例是关于开展团支部活动的请示，属于上级明确规定必须请示批准才能办理的事项，此请示将活动行程、经费安排都写得具体翔实，条理清晰，有利于上级审阅和批准。

【知识链接】

一、概念

请示是下级机关向上级机关请求指示、批准时使用的一种公文文种。

二、请示的特点

(1)期复性。在公文体系中，请示是为数不多的双向对应文种之一，与它相对应的是批复。下级有一份请示报上去，上级就会有一份批复发下来。不管上级是否同意下级的请示事项，都必须给请示单位一个回复。因此可以说，写请示最直接的目的就是得到批复，而且，下级机关都是在遇到比较重要的情况和问题需要解决时，才会及时向上级机关请示，急切地期待回复。我们把这一特点称为"期复性"。

(2)单一性。跟其他上行文相比，请示更强调"一事一报"的原则。在一份请示中，一般只能就一项工作或一种情况、一个问题作出请示，不得在一份公文中就若干事项请求指示或批准。这是《国家行政机关公文处理办法》的规定，也是实际的需要。如果一文多事，很可能导致受文机关无法批复。

(3)预先性。请示必须事前行文，不能事中或事后行文，这是请示的时间性特点。

三、请示的种类

根据内容、性质和行文目的的不同，请示分为两类，一类是请求指示的请示，一类是请求批准的请示。

(一)请求指示的请示

请求指示的请示运用于以下三种情况：

(1) 遇到新情况、新问题，在有关的方针、政策、规章以及上级的指示中，都找不到相应的处理依据，无章可循，因而没有对策，需要上级机关给以指示。

(2) 对有关方针、政策和上级机关发布的规定、指示有疑问，需要上级机关给予解释和说明。

(3) 与友邻机关或协作单位在较重要的问题上出现意见分歧，需要上级机关裁决。

(二) 请求批准的请示

请求批准的请示又可分为以下三种情况：

(1) 请求批准有关规定、方案、规划。依据有关规章和管理权限，下级机关制定的某些规定、方案、规划等，需要经过上级部门的批准才能发布实行。如本部门需长期实行的法规，在制定出来后须经上级批准；由于本单位的特殊情况，难以执行上级的统一规定，需要进行变通处理，须提出变通方案报上级批准；设立新的机构，要将设想或方案报上级批准；重要的工作计划、规划，也要报请上级部门批准。

(2) 请求审批某些项目、指标。在工作中遇到人、财、物方面的困难，自己无法解决，可提出解决的方案请上级机关审核批准，并在人、财、物方面给予相应的调配。如请求审批基建项目、请求审批购进设备物资、请求增加人员编制等。

(3) 请求批转有关办法、措施。某职能部门在自己的职权范围内制定了相关的办法和措施，却不能直接要求平级机关和不相隶属机关照办，可用请示的方式要求上级机关批转给有关部门执行。如绿化部门制定的保护花草和绿地的办法，由于职权的限制不可能自己直接出面要求有关部门都执行这一办法，就可以将这些办法和措施通过请示提交给上级，要求上级机关批转给所有相关部门执行。

四、请示的写作格式

请示主体一般由标题、主送机关、正文、落款组成。

(一) 标题

请示的标题，有两种写法：一是"发文机关＋事由＋文种"的形式，如"国家语委关于当前语言文字工作的请示"；二是"事由＋文种"的形式，如"关于建立中国工程院有关问题的请示"。"请示"标题中的事由部分一般不能省略。

(二) 主送机关

请示的主送机关就是负责受理和答复请示的机关。请示在确定主送机关时，要注意三点：

(1) 主送机关只能有一个。请示，只能主送一个上级机关；如需同时送其他机关，应当用抄送的形式。受双重领导的机关报送请示时，要根据请示的内容，确定一个为主送机关，另一个为抄送机关。请示如果多头行文，很可能得不到任何机关的批复。还应注意，请示上报的同时不得抄送下级或同级机关。

(2) 只能主送上级机关，不能送领导者个人。国务院办公厅规定："除上级机关负责人直接交办的事项外，不得以机关的名义向上级机关负责人报送'请示'。"

(3)不宜越级行文。一般不得越级请示。如果因情况特殊或事项紧急必须越级请示时，要同时抄送被越过的直接上级机关。

(三)正文

请示的正文由请示理由、请示事项、请示结语三部分构成。

(1)请示理由。请示理由是正文的开头，是请示事项的基础，亦是上级机关批复的依据。请示的原因或根据如写得充分具体，请示的事项就比较容易得到上级机关的理解和支持，否则就不容易达到请示的目的。写作时应广开思路，从各方面、多角度说明请示的正当理由。应从请示事项的重要性、必要性来考虑措辞，还要考虑上级机关的情况，全面周到地考虑问题才能把理由写充分，为请示事项的成立打好基础。

(2)请示事项。请示事项是正文的核心部分。请求指示的请示，要写明在哪些具体问题、哪些方面得到指示。请求批准的请示，要把要求批准的事项分条列款一一写明。如果在请求批准的同时，还需要人、财、物等方面的支持和帮助，更需要把编制、数量、途径等表达清楚、准确，以便上级及时批准。

(3)请示结语。请示的结语比较简单，一般是另起一段，按程式化语言写明期复请求即可。期复请求用语常见的有"当否，请批示"、"妥否，请批复"、"以上请示，请予审批"、"以上请示如无不妥，请批转有关部门执行"等。

(四)落款

一般包括成文时间和用印。

五、请示的写作要求

(1)理由要充分。请示的目的是请求上级指示、批准，因此，请示的理由必须充分。如果理由不充分，则会使请示的事项缺乏依据和说服力，就达不到请示的目的。

(2)事项要明确。要想将本机关在工作中遇到的无权、无力、无法解决的问题得到圆满解决，必须根据实际情况，提出明确具体的意见和措施，便于上级机关研究批示。

(3)请求要单一。如前所述，在一份请示中，只能请求一件事。这样做的目的，是使所请示的事项得到尽快的批复，避免问题复杂化，从而提高工作效率。

(4)文种要用对。向上级机关请求指示、批准用请示。切不可将请示内容的公文写成"报告"，或者生造"请示报告"，这是法定公文中并不存在的文种。

六、请示与报告的区别

请示和报告都是各级各类党政机关、企事业单位和社会团体在日常工作中经常使用的文种。它们都属于报请性上行公文。但是，它们是两个不同的文种，其区别主要表现在五个方面：

(1)行文目的不同。请示旨在请求上级批准、指示，需要上级批复，重在呈请；报告旨在向上级汇报工作、反映情况、提出意见或建议、答复上级询问，不需要上级答复，重在呈报。

(2)行文时间不同。请示必须在事前行文，得到上级批准、指示后才能行动，这是基本原则；报告则一般在事后行文，也可以在事中行文。

(3)内容含量不同。请示必须坚持一文一事；报告则可以一文一事，也可以一文数事，可以是专题报告，也可以是综合报告。

(4)公文处理不同。请示属办件，受文机关须尽快予以答复，并须以批复的形式行文；报告多属阅件，受文机关可不予答复，如果答复，也只需以批转或批示的形式行文。

(5)主送机关的数目不同。请示只能主送一个领导机关，不能多头主送；报告的主送机关可以不止一个。

【实践训练——完成任务】分小组完成任务
【病文评析训练】下文是一份请示，文中有多处毛病，请找出来。

请示报告

总公司：

我公司总装车间自建成至今已有 25 年了，这期间虽经两次大规模的扩建，但仍无法满足我公司军品生产和民用产品的生产。鉴于目前总装车间面积过小和设备陈旧，为了保证我公司能保质保量地按期完成今年的生产任务，须立即对总装车间进行扩建和改造，经测算，此项工程需经费 200 万元。目前，我公司已自筹 120 万元，还差 80 万元。希望总公司拨给专项经费 80 万元，请阅知。

另外，我公司离休干部的交通费问题也亟待解决，请一并批准。

×分公司(公章)
2014 年 4 月 24 日

【情景拟写训练】我院 2016 年拟扩大招生规模，请你就此事向有关上级部门撰写请示。

要求：(1)选准主送机关。(2)理由陈述充分。(3)事项表述明确、简洁。(4)语句得体，语气恰当。

第二节 报 告

【任务呈现】小张是建筑装饰技术专业的学生，毕业后在某建筑工程公司工作多年，已经成长为运营部的一名业务经理。请你为小张以运营部的名义写一份年度工作报告。

【案例赏析】

案例 1 　　　　××建筑工程公司 2014 年年度工作报告

在集团公司领导下，我公司按照年初确定的各项工作目标，以市场开拓为龙头，以强化内部管理为主线，以调整结构、集中效益为手段，确保了公司总体上平稳有序的发展态势。

一、积极调整经营开拓思路，抢抓市场先机

截至 2014 年 11 月 9 日，公司共参加投议标项目 152 项，中标 74 项，中标率为 49%；累计完成经营开拓量 12.45 亿元，签约量 9.53 亿元，完成了全年计划开拓量 17.3 亿元的 72%。

为使公司乘势而上，公司把经营开拓放在首位来抓。

(1) 坚定不移地贯彻集团"大市场、大项目、大业主"的经营战略。公司在年初就明确十大市场、二十大重点项目，领导亲自挂帅，全过程跟踪，使经营开拓保持平稳发展的态势。

(2) 全面实施经营开拓"三级联动"。公司领导层、市场经营部、各子分公司与项目部作为经营开拓的三个层面有机结合，在公司的统一调度下，协调开展营销工作。领导班子推行领导营销"232"制度，即每个月至少拜访 2 个及以上业主单位、至少拜访 3 个及以上设计院、至少跟踪 2 个及以上可靠的项目信息。同时，在各子分公司与项目部推行"一院两司三项目"的经营理念，确保了老市场不断稳固、新市场不断拓展。2014 年仅三处老市场就中标 8 项工程，新增合同额 1.3 亿元。在稳定老市场的同时，新开辟了贵州×厂、××路桥、北京××大厦、南京×厂、×钢等 5 个市场。

(3) 调整市场经营部的运营模式。为使市场经营部所有员工一心一意开拓市场，将市场开拓与投标报价两个功能分开，并取消了市场经营部的承包运营模式。

(4) 健全规章制度，完善激励政策，不断提高经营人员的工作积极性。公司重新制订了"经营开拓奖励办法"，使经营人员始终感到肩上有压力，工作有动力，保证了中标率的不断提高，2014 年中标率达 49%。

(5) 进一步规范投标程序。公司成立了投标评审委员会，确保投标报价合理、准确，提前预防和鉴别合同条款中存在的风险，提高公司中标率，规避公司投标风险。

二、进一步加强基础管理，提高企业竞争力

1. 狠抓项目管理，提高企业管理水平

工程项目管理是公司的工作重点，我们以建设优质工程、精品工程为目标，强化项目管理，在施工中认真贯彻 ISO9001 质量体系标准，严格执行施工技术规范，实行领导对口监管重大项目及工作联系点制度，确保项目工程的安全、质量、进度、成本等达到预期的目标。

一是狠抓项目质量管理。×钢质量事故给了我们惨痛的教训，为挽回声誉，公司不惜一切代价，重新组建精干队伍，领导亲临现场指挥，将×钢工程不合格的部分推倒重来，并使该工程按期交工，且一次性验收合格，得到甲方的充分肯定。自×钢质量事故后，公司努力创建精品工程，将南京×××工程、阳春×钢铁高炉工程、×钢 2 号高炉易地大修工程、北京××大厦等工程列为重点项目，特别是要将北京××大厦工程打造成我公司的精品工程。

二是狠抓项目过程管理。认真执行项目规范化文件，抓好重点项目规范化管理的试点工作，对××国际广场项目、××园、四川××中学、阳春×钢铁等项目进行"10＋1"规范化管理培训，并逐步推广实施。对新开工的工程严格按照"10＋1"规范化管理实施，切实加强项目基础管理，实现降耗增效，提高公司的整体管理水平。

三是进一步加强工程项目和重点工程的监管。实行公司领导对口监管与工作联系点制度，对在建项目的安全生产、工程进度、质量、文明施工及成本控制、"10＋1"规范化管理制度执行等情况进行监管，保证在建项目生产经营活动的正常运行。

2. 安全生产平稳进行

(1)根据集团公司的总体安排，结合我公司的实际情况，调整了安全生产管理委员会，超过5000万元以上的工程项目均设立了安全总监。各子分公司与项目部均成立了相应的安全生产管理机构，设置了专(兼)职安全员，形成了安全生产管理横向到边、纵向到底的管理体系。

(2)对在建工程进行地毯式安全质量大检查，对检查督查发现的各类隐患，特别是重大隐患，排查一处整改一处，一抓到底，隐患整改率达100%。

(3)在全公司范围内开展"安全生产月"系列活动，对所有在建工程进行隐患排查治理、安全质量大检查，组织公司员工进行查找身边隐患安全知识竞赛活动，充分发挥"青年安全生产监督岗"的作用，对各个监督岗进行一次全面检查和评比，督促监督岗活动向规范化方向发展，为公司安全生产发挥应有的作用。

3. 进一步加强人力资源管理

(1)根据公司的实际情况，进一步完善公司的组织架构，按"10＋1"的总体架构对公司总部部室进行了调整，设立了办公室、党群工作部、规划发展部、人力资源部、财务部、市场经营部、工程管理部、安全质量部、纪检监察部、成本测算中心、破产遗留问题处理办公室等11个职能部室。

(2)为满足公司战略发展对人力资源的需求，解决当前人才储备不足的现状，加快子分公司、项目部经理接班人和一级建造师的人才队伍建设，为优秀人才晋升建立绿色通道，我公司已开始全面实施"1515"人才培养专项工程，即从今年到明年年底，公司将培养15名子分公司及项目部经理接班人，培养15名一级建造师。

(3)为适应公司发展的需要，保证公司整体战略目标得以层层分解和落实，保证员工的行动与核心价值取向和公司整体战略目标一致，公司通过客观评价员工的绩效等方法，进一步提高员工的工作积极性，全面推行绩效管理试行办法。

4. 进一步加强财务管理

(1)制定和执行"资金和费用审批程序"、"开具发票及税款缴纳的规定"、"备用金管理规定"和"货币资金管理规定"等规章制度，进一步健全财务管理制度，加强对资金的监控力度，提高资金的使用效率，降低财务成本，保证生产经营资金需要，防范各种财务风险，全面实现对资金的集中管理。

(2)开展财务大检查，对各子分公司与项目部的会计基础工作、会计纪律、对公司下达的财务制度执行情况、生产经营的盈亏情况等进行检查，对存在的问题及时采取有效措施进行整改。

(3)面对各项应收账款居高不下的情况，公司特制定了"应收账款回收工作管理办法"，并成立了应收账款回收工作领导小组，由公司总经理担任组长，全面开展应收账款回收工作。

(4)加强与税务部门沟通，营造了一个和谐、融洽的税企关系，充分利用各种税收优惠政策和各种社会资源，为合理避税做了大量工作并取得了显著成绩。

5. 进一步加强工程结算和审计力度

(1)为加快工程结算及促进资金回收进度，结合公司的实际情况，以益阳××现代城、南京××苑、河北××项目、株洲××紫苑江岸等工程结算为重点，带动全公司其他工程项目的结算工作。截至目前，报送结算值 4.91 亿元，其中一审、二审完 2.28 亿元，已审定 2.63 亿元；有 7.19 亿元的结算仍在审理中。

(2)加大对项目的审计力度，依据经营承包合同对各子分公司、项目部职责履行情况进行了重点审计，完成了对××项目部、××分公司等 14 个内部单位经济效益的审计，对×钢项目、南京××等项目部的经营效益进行了专项调查。

6. 依法维护企业合法权益，正确处理法律纠纷

截至 11 月初，公司共接到诉讼、执行、纠纷案件 11 起，在法律顾问和法律事务部的参与下，均得到有效调解。

【评析】该报告是某集团公司下属建筑工程公司对工作所做的专项汇报，情况客观真实，数据真实可信，能让上级机关掌握基本情况并及时对自己的工作进行指导。

案例 2   **××省交通基础设施建设工作报告**

主任、各位副主任、各位委员：

受省政府委托，现将××省交通基础设施建设情况汇报如下，请予审议。

一、指导思想

交通基础设施建设领域廉政工作要以科学发展观为指导，坚持标本兼治、综合治理、惩防并举、注重预防的方针，认真贯彻落实中央有关精神，既要认真做好监督检查，更要从改革入手，建章立制，加大从源头上防治腐败的工作力度，确保中央关于扩大内需、保持经济平稳较快发展政策措施在交通运输系统得到坚决贯彻落实，努力做到资金安全、工程优质和干部廉洁。

二、工作任务

(一)加大监督检查力度，保证中央扩大内需促进经济平稳较快增长政策措施落到实处。认真贯彻落实《关于在加快交通基础设施建设中进一步加强监督检查的通知》精神，及时跟进，全程参与，开展对中央扩大内需、促进经济平稳较快增长政策措施执行情况的检查，保证中央重大决策部署的贯彻落实。强化对大额度资金调拨使用、

大额物资采购、重大项目招投标的监管。加强对重点工程项目的监管，继续组织开展招标投标挂牌监督和招投标专项督查，组织开展交通建设督查和质量安全专项督查。开展对重点建设项目建设资金管理使用情况的财务审计检查。完善重点工程建设纪检监察派驻制和农村公路纪检监察巡查制，实现对工程建设从规划立项到竣工验收全过程、全方位的监督。加强与纪检监察机关的协作配合，形成监督合力。

(二)强化约束自律机制，规范领导干部从政行为。针对工程建设领域易发权钱交易的环节和特点，完善制定交通基础设施建设领域领导干部廉洁自律有关规定，进一步规范全系统领导干部从政行为，设置"高压线"。严禁领导干部违规干预和插手工程招标投标、工程分包、物资设备采购、工程资金拨付、设计变更等活动；不准接受与行使职权有关系的单位、个人的现金、有价证券和支付凭证。大力开展领导干部廉政教育，继续总结、推广廉政建设先进典型，打造"阳光工程"，在全行业形成廉荣贪耻的廉政文化氛围，提高党员干部拒腐防变能力。

(三)推动信用体系建设，规范交通建设市场行为。以建设项目为载体，贯彻实施《公路水运工程监理信用评价办法》，建立全省从业单位信用信息发布平台，增强从业单位和个人诚信意识，建立信用信息联动机制，配合推进建立全国统一的交通建设市场信用体系。梳理完善交通建设市场管理、招标投标等方面的规章制度，规范招标投标活动，规范项目业主行为，规范工程分包管理，加强对评标专家、中介机构等的管理监督。推行合理标价、合理工期和合理标段划分，防止因低价抢标、压缩工期而导致腐败问题和质量安全隐患。

(四)深化体制机制改革，加大源头防腐力度。加快推进现代工程项目管理体制、机制改革，切实发挥市场在资源配置中的基础性作用。积极推进工程项目组织实施方式改革。改革行政管理体制，加快推进交通运输部门职能转变，减少和规范行政审批，最大限度地铲除"权力寻租"的土壤和条件。同时，以权责一致为主线，完善和规范交通运输主管部门在基础设施建设项目管理中的运行机制，确保政府投资效益的发挥、工程质量和安全生产目标的实现。

(五)深入开展治理商业贿赂工作，进一步加大惩治力度。继续开展交通基础设施建设领域治理商业贿赂工作，始终保持惩治商业贿赂的高压态势。严肃查处领导干部违规插手工程招标投标的案件，严肃查处项目审批、资金拨付、工程计量、设计变更和质量监督过程中权钱交易的案件，严肃查处工程质量安全责任事故及其背后的腐败问题。加大对行贿行为的惩处力度，对认定有行贿行为的企业，降低其信用等级，在一定期限内禁止其进入交通建设市场。

三、工作要求

今年交通基础设施建设领域廉政工作形势依然严峻，任务非常繁重。交通运输部门一定要认真吸取上一轮交通大建设时期腐败问题易发多发的教训，在加快建设过程中坚持把交通基础设施建设领域廉政工作作为反腐倡廉工作的重中之重，摆在更加突出的位置，高度重视，加强领导，狠抓落实，以改革创新精神进一步加强交通基础设施建设领域廉政工作，为全省交通运输实现快速发展、科学发展、安全发展和协调发展提供坚强保证。

【评析】向上级机关汇报工作应该本着实事求是的态度，如实汇报。该汇报既有宏观的指导思想，也有具体的工作任务和要求，让人对该省的交通基础工作一目了然。

【知识链接】

一、概念

报告，是向上级机关汇报工作，反映情况，提出意见或者建议，答复上级机关询问所用的一个文种。各级各类行政机关每年都要作这种总结式的报告。

二、写作特点

(1) 内容的汇报性。一切报告都是下级向上级机关或业务主管部门汇报工作，让上级机关掌握基本情况并及时对自己的工作进行指导，所以，汇报性是报告的一大特点。

(2) 语言的陈述性。因为报告具有汇报性，是向上级讲述做了什么工作，或工作是怎样做的，有什么情况、经验、体会，存在什么问题，今后有什么打算，对领导有什么意见、建议，所以行文上一般都使用叙述方法，即陈述其事，而不是像请示那样采用祈使、请求等方法。

(3) 行文的单向性。报告是下级机关向上级机关行文，是为上级机关进行宏观领导提供依据，一般不需要受文机关的批复，属于单向行文。

(4) 成文的事后性。多数报告都是在事情做完或发生后，向上级机关作出汇报，是事后或事中行文。

(5) 双向的沟通性。报告虽不需批复，却是下级机关以此取得上级机关的支持、指导的桥梁；同时上级机关也能通过报告获得信息，了解下情。因此报告是上级机关决策指导和协调工作的依据。

三、报告的分类

报告是向上级机关报告工作、反映情况、提出建议和答复询问的公文。它的种类很多，按内容可分为专题报告、综合报告、总结报告；按时间可分为年度报告、季度报告、月份报告和工作进程报告等。

四、报告的一般写法

(1) 标题。包括事由和公文名称。

(2) 上款。收文机关。

(3) 正文。结构与一般公文相同。从内容方面看，报情况的，应有情况、说明、结论三部分，其中情况不能省略；报意见的，应有依据、说明、设想三部分，其中依据、设想不能省去。从形式上看，复杂一点的要分开头、主体、结尾。开头多使用导语式、提问式，给个总概念，以引起注意。主体可分部分加二级标题或分条加序码。

（4）结尾。可展望、预测，亦可省略，但结语不能省。

五、报告的写作注意事项

（1）材料要真实。向上级机关汇报工作应该本着实事求是的态度，如实汇报。无论是成绩还是失误，都应该全面、真实地反映，不能只报喜不报忧，也不能夸大和虚构。上报的公文应该在调查研究、全面掌握本单位情况的基础上撰写。

（2）主旨鲜明。报告的内容，一般涉及的面宽而且复杂，很容易写得篇幅较长而又重点不够突出，形成泛泛而谈。这就要求在撰写时，力求写得观点鲜明，条理清楚、简洁、深刻。打报告要注意做到：情况确凿，观点鲜明，想法明确，口吻得体，不要夹带请示事项。

（3）注意结语。呈转报告的要写上"以上报告如无不妥，请批转各地参照执行"，最后写明发文机关、日期。

【**实践训练——完成任务**】每人尝试着写一份报告，分小组互相点评。
【**病文评析训练**】下面是一篇病文，请指出其毛病并写出修改稿。

××职业技术学院附属医院疾病监测情况报告

一、发病概况

根据我校两校区疾病监测点报告数据统计，2013 年 6 月我校两校区共报告门诊就诊人数 5016 人，发热病人数 160 人，腹泻病人数 114 人，报告传染病 5 例，1 例疑似肺结核，1 例细菌性痢疾，1 例流行性腮腺炎，2 例水痘，无甲类传染病报告传染病报告、无突发公共卫生事件报告。

二、疾病监测分析

1. 6 月门诊人数与 5 月基本持平，两校区发热病人数、腹泻病人数无明显增加。

2. 6 月共诊断水痘 2 例，疑似肺结核 1 例，细菌性痢疾 1 例，流行性腮腺炎 1 例，无甲类传染病报告传染病报告、无突发公共卫生事件报告。

3. 通过对甲型 H1N1 流感的监测与防控，我校未出现有不名原因发热现象。

三、工作建议及要求

(一)天气渐热，各临床科室应加强腹泻门诊，做好各项登记，发现有两例或两例以上同食同病现象，应立刻报告预防保健科。

(二)各临床科室应继续做好发热门诊监控工作，做好医学观察学生每日的健康监测工作。

(三)临近假期，各部门应进一步做好肠道与发热门诊的监测工作。

安全工作

1. 6 月 16 日，后勤服务总公司对一食堂过期的消防器材进行更换，确保消防设备设施配置有效。

2. 6 月 17 日、18 日，后勤服务总公司对分别对光华、柳林两校区校园内的食堂、商场、超市、小卖部的食品卫生情况进行了全面检查，并要求商家严格执行食品卫生安全管理管理的相关规定，确保校园食品安全。

3. 6月28日、29日，后勤服务总公司对校内外出租铺面进行了消防安全检查，并要求商家做好夏季消防安全工作，消除各类安全隐患，确保平安。

【情景拟写训练】云南曲靖某处高速公路在施工过程中出现塌方事故。根据调查，事故原因属于违章施工，按照施工程序应分两次浇注的混凝土却一次浇注。事故发生时桥面上有二三十名工人正在施工，一人死亡、两人重伤、轻伤人员八人。事故发生后，近两百名医护人员、公安干警赶到现场紧急救护，抢救时间持续近28小时。据查，该工程承建商为××市政公司。请你以云南曲靖市政工程总公司的名义给云南省建设委员会写一份事故报告。

第三节　通　知

【任务呈现】××职业学院拥有八个下属院系、一万多名学生。2014—2015学年的寒假原本定于2015年1月29日开始，但据天气预报，最后一周会有暴风雪。为了方便学生安全及时回家过春节，学校院长办公会议临时决定提前一周放寒假。请你替院长办公室起草一份紧急通知。

【案例赏析】

案例1　　　　　　　　　　　　　紧急通知

各单位：

由于下周天气变化，学院现将2015年寒假时间稍作调整，寒假从元月24日开始到3月7日结束，特发此紧急通知。各项工作安排如下：

一、2015年元月21日至2015年元月23日为院级及校级统一考试时间，教务处及各教学单位要认真做好相应安排，严肃考场纪律，严格成绩管理。

二、为了确保学校的安全稳定，放假前，校办、学生处、保卫处、教务处、网管中心、后勤集团、基建处等要对教学楼、实验楼、计算机中心、学生寝室、食堂、在建工程及校园周边环境进行安全大检查，对检查中发现的问题，要积极组织整改，加强监控，做好防破坏、防盗窃、防火灾、防事故的预案，严防意外。同时各教学单位要加强对学生的安全教育，确保内部安全无事故。

三、学生处、校团委要积极配合各教学单位加强留校学生的管理，安排好假期文化生活，并开展多种形式的为学生送温暖活动；保卫处要加强校园秩序管理；组织人事部、离退休人员管理处、校工会等相关部门要做好节日教职工慰问工作；后勤集团要做好食品卫生、饮用水卫生工作,确保师生度过一个祥和愉快的春节。

四、各单位要认真完成本学期各项工作任务,结合本单位实际,安排好假期及开学前的准备工作。寒假期间各单位要加强保密工作;加强值班制度,值班人员应严格按照谁当班谁负责的原则,认真履行职责,不能让学生代班,出现突发事件和异常情况,要及时汇报,并采取有效措施进行控制和疏导,防患于未然。

五、2015 年 3 月 8 日学生正式上课。3 月 7 日上午 9:00 在主校区行政楼三楼会议厅召开全校科级以上干部大会,请各处级单位通知有关人员准时参加。各单位在 2015年 2 月 23 日前将值班表交到学校办公室及保卫处。

特此通知!

××职业技术学院院长办公室

二〇一五年元月二十日

【评析】这份通知体式规范,文中已明确写出学院考试、放假时间,明确各单位在假期应尽职责及下学期的开学工作,表达清楚明白。

案例 2

通　知

各位老师:

为进一步优化报销流程,学校自 2015 年 4 月 10 日起启用新版单据,旧版单据即日起停止使用。新版单据包括"财务报销审批单"、"领款单"、"借支单"三种。

"差旅费报销单"继续使用,另外填写财务报销审批单。

2015 年 4 月 10 日前已完成全部审批流程的单据,不再更换,未完成全部流程的单据,一律使用新版单据。

对学校业务往来单位(如基建、维修、采购等)或个人(如学生、遗属等)所持票据,由初审单位指导粘贴和填写,按报销审批程序办理。

新版单据样本见附件,供各单位下载临时使用。新版单据由计划财务处印制后,各单位到计划财务处领用。

启用新版单据后,请大家详细领会通知要求及报销单据后面的报销流程说明,减少大家在报销过程中不必要的弯路。

专此通知。

附件 1:财务报销审批单

附件 2:领款单

附件 3:借支单

计划财务处

二〇一五年四月九日

【评析】这则通知言简意赅、理由充分地交代了通知的目的,涉及的人员分类明确,程序清楚,附有各项财务单据,让人便于遵照执行。

【知识链接】

一、概念

通知，是向特定受文对象告知或转达有关事项或文件，让对象知道或执行的公文。通知的应用极为广泛。下达指示、布置工作、传达有关事项、传达领导意见、任免干部、决定具体问题，都可以用通知。

二、分类

根据适用范围的不同，可以分为六大类：

(1)发布性通知。用于发布行政规章制度及党内规章制度。

(2)批转性通知。用于上级机关批转下级机关的公文给所属人员，让他们周知或执行。

(3)转发性通知。用于转发上级机关和不相隶属的机关的公文给所属人员，让他们周知或执行。

(4)指示性通知。用于上级机关指示下级机关如何开展工作。

(5)任免性通知。用于任免和聘用干部。

(6)事务性通知。用于处理日常工作中带事务性的事情，常把有关信息或要求用通知的形式传达给有关机构或群众。

三、书写格式

通知是我们经常在学校、单位，还有公共场所都可以看到的一种文体。它的格式一般包括标题、称呼、正文、落款四个部分。

四、通知正文的写作步骤

(1)通知缘由。一般起草时要先交代发文的原因、意图或目的，然后写清通知的具体事情、办理要求、注意事项及时限等。发布规章的通知，多数情况下篇段合一，无明显的开头部分，一般也不交代缘由。

(2)通知事项。这是通知的主体部分，所发布的指示，安排的工作，提出的方法、措施和步骤等，都在这一部分中有条理地组织表达。内容复杂的需要分条列款。

(3)执行要求。发布指示、安排工作的通知，可在结尾处提出贯彻执行的有关要求。如无必要，可以没有这一部分。篇幅短小的通知，一般不需有专门的结尾部分。

五、通知写作注意事项

(1)注意标题的正确书写格式。写在第一行正中。可只写"通知"二字，如果事情重要或紧急，也可写"重要通知"或"紧急通知"，以引起注意。有的在"通知"前面写上发通知的单位名称，还有的写上通知的主要内容。如《中共中央办公厅、国务院办公厅关于严禁用公费变相出国(境)旅游的通知》。标题一般采用公文标题的常规写法，由发文机关＋主要内容＋文种组成。

(2)称呼。写被通知者的姓名或职称或单位名称，在第二行顶格写。有时，因通知事项简短，内容单一，书写时可略去称呼，直起正文。

（3）正文。开会的通知要写清开会的时间、地点、与会人员及开什么会，还要写清要求。布置工作的通知，要写清所通知事件的目的、意义以及具体的要求和做法。

（4）落款。分两行写在正文右下方，一行署名，一行写日期。结束后在右下方署名处加盖公章。

【实践训练——完成任务】每人尝试完成任务，写一份会议通知。

【病文评析训练】下文是一份某学校学生会体育部发的通知，文中有多处毛病，请找出来，互相点评。

通知：

原定今日下午进行的校际足球对抗赛因雨改期，具体比赛日另行通知。另，午后的体育活动改为文艺活动。

【情景拟写训练】假如你是××市环保局的工作人员，现要转发一份"××市环保局关于开展环保自检互检工作的总结报告"。请你写一份转发通知。

第四节　通　报

【任务呈现】20××年7月30日，××市经济技术开发区环保局接到投诉，××水泥有限公司涉嫌排放废气超标，污染环境。经过相关检测，证据确凿。环保、公安部门除了对该企业进行罚款20万元的行政处罚外，还将企业环保责任人行政拘留。这是××市因为环境违法、企业环保责任人被治安处罚第一案。经查，该公司为了超标排放污染物，企业环保责任人在监测设备上动手脚，故意修改监测数据。根据上述监测结果，去年底，市环境监察总队对该企业下达了20万元罚款的行政处罚决定，并要求企业补交排污费近260万元。同时，公安部门对该企业相关责任人杨×，因篡改、伪造监测数据的行为处以行政拘留5天。请你就此事件写一份通报。

【案例赏析】

案例1　　　　　　　　对梁忠平等同志的表彰通报

各镇人民政府、街道办事处、市级各部门、市属重点企业：

去年以来，全市广大镇（街道）、村（社区）、组干部，为夺取全市抗震救灾阶段性重大胜利、推动全市"提速重建、加快发展、促进和谐"，作出了积极贡献。为激励先进、鼓舞士气，市政府决定，对梁忠平等11名优秀镇长（街道办事处主任）、冯开春等49名优秀村（社区）主任、王邦全等100名优秀村（居）民小组长，予以表彰。

希望受到表彰的先进个人，珍惜荣誉、当好示范、争取新的更大贡献。希望全市各级干部，主动学先进、比先进、赶先进、争当先进，努力践行"四个特别"要求，坚持把加快灾后科学重建作为当前和今后一段时期全市工作的重中之重，团结带领全市人民，继续坚定信心，攻坚克难，负重前行，超常付出，为重建灾后美丽新家园而努力奋斗！

××市人民政府
二〇一三年十一月十八日

【评析】此则通报对表彰的事由、人物交代清楚明白，措辞恰当，有较强的鼓舞士气的作用。

案例2　　　　　　　　　　**××省质量奖评选通报**

各市(州)人民政府、省政府各部门、各直属机构：

为深入贯彻实施质量强省战略，增强全社会质量意识，引导和激励全省各行各业进一步抓好质量、树好品牌、优化服务，以质量升级推动经济提质增效，根据××质量奖评选办法和国家有关标准，按照"科学、公开、公正、公平"原则，经过自愿申报、市(州)人民政府及省直属有关部门推荐、资格审查、材料评审、现场调查核实、综合评价和社会公示等程序，省政府决定对荣获第三届四川质量奖的×××××研究设计院、××××××铝业有限公司、××家私有限公司、×××××××化工股份有限公司、××股份有限公司5家单位予以通报表彰。

希望受到表彰的单位珍惜荣誉，再接再厉，做出更大成绩。希望全省各级人民政府、广大企业和全社会继续高度重视质量工作，大力推进创新升级，不断强化质量管理，提高质量管理水平，为××建设质量强省、推动全省经济社会又好又快发展作出新的更大贡献。

××省人民政府
二〇一四年十二月三十日

【评析】此则通报首先明确质量奖评选的目的和意义，向大众清楚地通报此次质量奖评选出的企业和公司，既是对他们的肯定又鼓励更多企业向他们学习。

【知识链接】

一、概念

通报是国家机关、社会团体、企事业单位表彰先进、批评错误、传达重要精神或情况所使用的一种下行公文。

二、通报的格式

通报的结构分标题、正文、署名和日期三部分。

(1)标题。大致有四种类型：一是由发文机关的名称、事由和文种组成；二是由事由和文种组成；三是由发文机关和文种组成；四是只由文种"通报"作标题。

(2)正文。是通报主体部分。因通报种类不同，写法也就不同。

(3)署名和日期。发文机关的名称、发文日期。

三、通报正文的写法

正文一般由四部分组成。

一是引言部分，主要是概括通报的内容、性质、作用和要求。如批评性通报的引言可以写："现将××通报发给你们，望从中吸取教训，引以为戒。"表扬性通报的引言可以写："特对××通报表扬，望各单位组织学习。"有的通报正文部分不写引言，开门见山直接叙述事实。

二是事实部分。表扬性通报写先进事迹，批评性通报写错误事实。既要把主要事实写出来，又要写得精练概括。

三是分析处理部分。对先进事迹的先进性或错误事实的本质，进行恰如其分的分析，有的还要分析出先进事迹的经验或犯错误的原因，并且提出处理意见，如表扬性通报还可以写出给予精神或物质奖励的决定，批评性通报写出处分决定。

四是号召或要求部分。提出根据通报的精神要求人们去如何做，或者号召为实现什么目标奋斗。

四、注意事项

(1)通报是一种内容比较详细的周知性文体，题材要真实典型。它与通知不同，一般来说，通知是告知他人干什么和怎样干，而通报是通过典型事实教育群众。

(2)通报要及时。通报是通过典型事例教育群众的内部文件，这就要求通报要抓住时机，及时将先进典型和经验向社会推广，对反面典型予以揭露，引起警诫。错过时机的通报，失去了时效就没有了行文的意义。

【实践训练——完成任务】分小组完成任务

【病文评析训练】下文是一篇病文，请你分析并指出其不当之处。

热血筑警魂
——关于××县公安局民警见义勇为事迹的通报

今年2月15日下午1点多，××县民警××正和儿子××在儿童公园游玩，忽然从不远处的明月湖传来救命声，××飞奔到明月湖畔，原来有一男孩不慎落水，××来不及多想，只想到他是一名警察，他脱掉大衣，跃入水中。二月的东北，水凉得刺骨，但他没有想到个人安危，他心中只有一个念头：救孩子。××一次、两次、三次潜入水中，终于把落水儿童救到岸上。孩子得救了，而××昏迷了三天三夜。目前，经过抢救，××已经脱离了生命危险。××真是新时期最可爱的人，他的精神是多么值得人们学习呀！

××在生与死的关键时刻，为抢救落水儿童，不顾个人安危，临危不惧，不怕牺性，表现了人民警察热爱祖国、热爱人民的高尚情操和献身精神。

希望各单位职工向××学习，发扬见义勇为、不怕牺牲的精神，为搞好各项工作做出更大的贡献。

××县人民政府（印）

二〇一四年三月六日

【情景拟写训练】某医药公司为了促销，派出多名公司员工推着移动三轮车沿街叫卖药品，被工商管理局查获。请你以工商管理局的名义写一份通报。

第五节　决　　定

【任务呈现】××职业技术学院经济管理学院某专业学生谭××长期不上课，经过学校多次提醒和教育，屡教不改，一学期下来旷课累计达一百多节，学校决定给予开除学籍的处理意见。请你写一份处分决定。

【案例赏析】

案例1　　　　　　　关于对××等九名同学的处分决定

××，男，学号1280B135，中加高等应用技术学院国际经济与贸易专业2012级1班学生；××，男，学号12802112，中加高等应用技术学院计算机专业2012级1班学生；×××，男，学号12802127，中加高等应用技术学院计算机专业2012级1班学生；×××，男，学号12803216，中加高等应用技术学院市场营销专业2012级2班学生；×××，男，学号1280A218，中加高等应用技术学院市场营销专业2012级2班学生。在2013年9月22日的安全检查中，西校区10号楼235宿舍××、××、×××、×××、×××五名同学被查出在宿舍阳台烧烤。

×××，女，学号10072323，工商管理学院市场营销专业2010级3班学生。在2013年9月22日的安全检查中，24号楼803宿舍×××同学被查出存放、使用电锅一个。

×××，女，学号10172230，计算机科学与技术学院通信工程专业2010级2班学生；×××，女，学号10172215，计算机科学与技术学院通信工程专业2010级2班学生。在2013年9月23日的安全检查中，24号楼1118宿舍×××、×××两名同学被查出存放、使用电饭煲一个。

×××，女，学号10072201，工商管理学院市场营销专业2010级2班学生。在2013年9月25日的安全检查中，24号楼801宿舍×××同学被查出存放、使用酒精炉一个。

学校三令五申，严禁使用违禁电器，以上九名同学无视校规校纪，置同学们的安全于不顾，我行我素，给宿舍带来了极大的安全隐患。××等九名同学严重违反了校规校纪，在学生中造成了极坏影响。为教育本人，警示其他，根据《××工商学院学生违纪处分条例》第十九条第二款之规定，经研究决定：给予××、××、×××、×××、×××、×××、×××、×××、×××严重警告处分。

××工商学院学生工作处

二〇一三年十月十日

××工商学院学生工作处 2013 年 10 月 10 日印发

【评析】这份处分决定涉及的人数较多，但情况大体都属于安全隐患，因此放在一起进行处理。对每个人的学号、专业、班级及所在宿舍清楚注明，使得这些材料真实可信。

案例 2　　　　　　　　**关于李×违反学校纪律的处分决定**

李×，男，现年 28 岁，为本校××教研组教师。该同志到校四年来，一直不安心本职工作，经同志、领导多次耐心教育，不但不改，还变本加厉。近几个月来，曾多次不给学生上课，使学生和教学工作受到严重损失。近一个月以来，李×拒绝上课，还先后两次殴打热情关怀、耐心帮助他的教师，影响极坏。为维护校纪，加强对本人的教育，经校务委员会通过、报请市教委批准，决定给予李×以××××处分。本决定自公布之日起生效。

××学校(公章)

××××年××月××日

【评析】该决定将李×的表现简明扼要地概括出来，尤其是不上课及打人事件的恶劣行为和影响，让人觉得该处分合情合理。

【知识链接】

一、概念

决定是党政机关及其他部门对某些重大问题或重要事项，经过一定会议讨论研究表决通过后要求贯彻执行的文体。决定除会议作出外，也可以由领导机关制发。

二、书写格式

决定的书写格式基本由标题、正文、落款组成。

三、正文的写作步骤

决定的主体部分也就是正文。主体部分，写决定的具体内容。其篇幅长短，由内容多少决定。正文在结构上可分为开头、主体、结语三部分。

(1)开头。开头主要用以说明目前形势，分析或阐述做此决定的原因、目的及意义。其语言要求简洁、概括性强。这一部分一般用一个自然段落，用"特决定如下"或"特做如下决定"与主体部分衔接。

(2)主体。表达决定的具体内容。因为它是下级机关、相关单位及所属个人必须执行的准则，所以要求写得明确、具体、详尽。这一部分的表达方式常采用条文式写法，在这些表现具体内容的"条"、"项"之间可以是明显的并列关系，也可以是明显的递进关系，无论何种关系，都一定要形成完整、严谨、清晰的整体。主体部分也可用简述式写法，对所决定的事项作出直接公布。

(3)结语。可以提出希望、号召，也可不写。

【实践训练——完成任务】每人尝试完成任务，写一份处分决定。

【病文评析训练】下面是一篇病文，请指出其毛病并写出修改稿。

关于张三违反劳动纪律的处分决定

张三，男，现年 30 岁，系机加车间工人。该同志自入厂以来，累犯劳动纪律，曾多次发生殴打事件，谩骂领导干部，辱骂老工人。特别是今年 5 月 20 日，伙同李四(已收审)、王五(已记大过)两次殴打贾六，影响极坏。为了维护厂规定厂法，加强劳动纪律，经厂务会议讨论决定给予张三开除厂籍留厂察看一年的处分。察看期间只发给生活费，每月 400 元。××市通用机械厂

【情景拟写训练】××职业技术学院在一年一度的教师节即将来临之际，决定表彰一部分在教学和科研上取得突出成绩的优秀教师。请你写一份关于表彰 2015 年度先进个人的决定。

第六节　会议纪要

【任务呈现】×校学生会召开了一次办校报的讨论会。参加的有各班的学生代表和指导教师共 70 人。大家都提出了各自的意见。最后决定：校报以《校园生活》为报名，下月创刊，以后每周一期(油印小报两张四版)，内容以报道校内的学习、生活情况为主，并刊登一些知识性、趣味性的短文。会议还对具体任务进行了分工。请据此内容整理一份会议纪要(缺少的内容自行拟出)。

【案例赏析】

案例 1　　关于协调解决沙面大街 56 号首层房屋使用权问题的会议纪要

第××号

××××年 2 月 2 日上午，市政府办公厅×××主任主持召开会议，协调解决沙面大街 56 号首层房屋使用权问题。参加会议的有省政府办公厅交际处、胜利宾馆、市商委、市国土房管局、二商局、市外轮供应公司等有关部门的负责同志。

会议认为，沙面大街 56 号首层房屋使用权的问题，是在过去计划经济和行政决定

下形成的历史遗留问题。早几年曾多次协调，虽有进展，但未有结果。最近，按照省、市领导同志"向前看"、"了却这笔历史旧账"的批示精神，在办公厅的协调下，双方本着尊重历史，面对现实，互谅互让的原则，合情合理地提出解决这宗矛盾的方案。

经过协商、讨论，双方达成了一致的认识。会议决定如下事项：

一、市外轮供应公司应将沙面大街 56 号房屋的使用权交给胜利宾馆。

二、考虑到市外轮供应公司在 56 号经营了 30 多年，已投入了不少资金，退出后，办公地方暂时难以解决，决定给予其商品损耗费、固定资产投资和搬迁费等一次性补偿费用共 95 万元。其中省政府办公厅和胜利宾馆负责 80 万元；考虑到省政府领导曾多次过问此事和省、市关系，另 15 万元由市政府支持补助。

三、省政府办公厅和胜利宾馆的补偿款于××××年 2 月 7 日前划拨给市外轮供应公司。市政府的补助款于 3 月 5 日左右划拨，市外轮供应公司应于 2 月 15 日开始搬迁，2 月 20 日前搬迁完毕并移交钥匙。

四、市外轮供应公司原搭建的楼阁按房管部门规定不能拆迁。空调和电话等 2 月 20 日前搬迁不了的，由胜利宾馆协助做好善后工作。

会议强调，双方在房屋使用权移交中要各自做好本单位干部群众的工作，团结协作，增进友谊，保证移交工作顺利进行。

××市政府办公厅

××××年××月××日

【评析】这例"会议纪要"对会议的主要内容、主要精神、主要原则以及基本结论和今后任务等进行了具体的综合和阐述。为了叙述方便，眉目清楚，用了"会议认为"、"会议决定"、"会议强调"等词语，作为段落的开头语，起到了强调的作用。

案例 2　　　　　　　　抓住机遇　扩大开放
——沿长江五市对外开放研讨会纪要

沿长江五市(重庆、岳阳、武汉、九江、芜湖)对外开放研究会，于××××年 7 月 15—16 日在庐山经纬宾馆举行。这次会议是在党中央和国务院作出以上海浦东为龙头，进一步开放长江沿岸城市的战略决策之后，由《求是》杂志社经济部、江西省体改委、九江市人民政府联合召开的。来自五市的领导和有关方面的负责同志及部分新闻单位的代表共 40 余人参加了会议。与会代表围绕着如何搞好沿长江对外开放的问题，进行了热烈发言和深入讨论。

与会代表一致认为，搞好沿长江的对外开放意义深远重大。过去 13 年，我们的开放政策主要是向沿海地区倾斜，这是完全必要的，它为全国的对外开放起了先行探索和示范的作用。现在，中央提出进一步扩大沿长江和沿边的对外开放，这对于在沿海开放的基础上，形成"沿海——沿江——沿边"的整体开放格局，实现我国对外开放"全方位、多元化"的战略目标，推动对外开放向内地深入，促进沿江经济的发展有重要意义。

长江在我国国民经济和社会发展中占有重要地位。长江流域占国土面积的 1/5,人口近 4 亿,工农业总产值占全国的 40% 多。这里资源丰富,交通方便,城市密布,市场发达,人才荟萃,是我国最具自然地理优势和社会经济发展综合优势的地方,开发潜力巨大,前景良好。扩大沿长江的对外开放,通过利用外资、引进技术和人才,开拓国际市场,可增大开发长江的力度,加快开发步伐,从而为国民经济发展增添后劲。

扩大沿长江的对外开放,对五市来说是机遇和挑战并存。为此,代表们指出,搞好沿长江的对外开放,首先要解放思想、破除迷信,联系实际找差距,真正解决和克服长期束缚人们手脚的认识问题。要增强以经济建设为中心的观念,形成齐抓经济工作的合力;要进一步认识对外开放的重要性和迫切性,开拓搞好对外开放的新思路、新办法和新途径;要强化商品经济意识,克服温饱即满,不愿冒风险,不敢迈大步的小农思想,自觉按照经济规律办理;要树立全局观念,防止和克服狭隘的部门利益,树立一盘棋的战略思想。

扩大开放,必须深化改革。代表们提出,与沿海地区相比,沿长江城市在对外开放方面已滞后了一步,旧的体制严重阻碍着对外开放的扩大。因此,应通过深化改革,克服"左"的思想和守旧观念,给企业以更大自主权,使各项政策措施相互配套,逐步完善。改革需要探索,要敢想、敢干、敢闯、勇于实验,对的就大胆推广,错的就加以纠正。

开放是促进和带动一切的重要途径和手段。代表们认为,应围绕开发抓开放,通过开放促开发。通过开放,要开发新产品、新技术、新行业,解决内陆城市产业单调、技术陈旧、产品老化的问题,使经济发展具有新的活力;通过开放,不断开发利用资源,提高资源的综合利用率,提高经济效益;通过开放,把利用外资和老企业嫁接起来,加速技术改造和产品更新换代。搞好长江的开放开发,必须走联合协作的路子。代表们认为,长江流域自然地理条件的多样性和社会经济发展的综合优势,决定了要通过联合协作的方式来搞好开放开发,如果化整为零,搞区域割据、市场封闭,长江的优势就发挥不出来,开放开发就会事倍功半,甚至会有负效应。因此,希望国家有关部门尽快拿出长江开放开发的总体规划,各省、各中心城市、各中小经济区域要在总体规划的基础上,通力合作,加强横向联系;要以上海浦东为龙头,加强政策的对接和连贯,使龙头、龙身、龙尾一起摆动,努力在生产力布局、产业结构、交通运输、资源开发利用、长江生态环境保护、市场开发等方面,做到协调一致。

投资环境建设是对外开放的重要内容,代表们认为应把它放在对外开放的重要地位来看待,作为一项持久的基础性工作来抓。既要搞好投资硬环境的建设,努力使"七通一平"符合国际标准;又要加强各项软环境的建设,使有关政策措施符合国际规范。还要大力发展第三产业,培养大批懂业务、善经营、敢开拓的外向型经济人才。

【评析】这例"会议纪要"开头概述了会议召开的时间、地点、背景、会议召开者、与会代表等基本情况。第 2 与第 3 自然段集中阐明沿长江五市对外开放的重要性和必要性，以获得对会议主题的认同。第 4 自然段阐明对外开放首先要解放思想、树立新观念。第 5 自然段阐明扩大开放必须深化改革。第 6 自然段阐明要围绕开发抓开放，通过开放促开发。第 7 自然段阐明长江的对外开放，必须抓好投资环境的建设。主次分明，内容具体。

【知识链接】

一、概念

会议纪要是适用于记载、传达会议情况和议定事项的公文。

二、会议纪要的特点

会议纪要具有纪实性、概括性、指导性的特点。

简明扼要、全面实在地反映会议内容和传达会议精神，是会议纪要的主要作用，也是它和会议记录的主要区别。

会议记录是用流水账方法实录会议的进程和具体情况，它真实、全面、自然，但不成文，是有关会议情况的最原始材料。会议纪要是以会议记录和其他会议材料为依据加工整理出来的。与会议记录相比，它具有明显的思想上的倾向性、内容上的选择性、结构上的条理性，它简明扼要、井然有序地陈述事实，说明问题。

三、会议纪要的写作格式

（一）标题

一般都是在"纪要"二字前冠以会议名称，如"全国农村工作会议纪要"。如会议的名称过长，有的可以简称或以会议地点代替会议名称。

（二）正文

由开头、主体、结尾三部分组成。

（1）开头。一般交代会议概况，包括开会的指导思想、目的要求，会议的时间、地点、主持人，有哪些单位或代表参加，按什么程序进行。

（2）主体。一般包括：会议对形势及任务的分析和结论、会议主要报告的精神要点、会议中各项议程的讨论情况及其结果、会议的决议。

主体的安排一般有两种方法：

一种是按会议主要议程及其结果安排。内容比较简单的通知型的会议纪要，多用这种写法。这种写法侧重于纵向分析阐述，即按会议的主要议程的顺序排列，逐条说明会议研究了什么问题及对这个问题所做出的决定。但要注意突出会议的中心和目的，把主要精神反映出来，不要变成会议记录的再版，写成流水账。

另一种是归纳分项法。这种写法是把会议的主要内容分门别类加以整理，归纳成几个大的方面或大的问题，然后加上标号或小标题分成几项来写。这种写法侧重于横向分析阐述，内容写得多，问题谈得细，一些大型会议的纪要采用这种写法。这是一种指示型的纪要。

(3)结尾。会议纪要的结尾有的提出希望，发出号召，这种结尾多是那些部署工作任务性质的纪要；有的结尾处对主办会议等有关部门表示致谢。

四、会议纪要的写作要求

会议纪要有一套习惯用语，要注意正确选用。上报的会议纪要，应使用对上的语气，如"会议讨论了以下问题"、"与会同志认为"、"会议提出"、"会议考虑"等。如属下发的会议纪要，则可用"会议决定"、"会议要求"、"会议强调"、"会议号召"等。

写好会议纪要必须取得全面的会议材料，整理要忠实；必须正确集中会议的讨论意见，要点要突出，条理要清晰；必须边开会、边记录、边整理，确保会议结束，纪要成稿。

五、写好会议纪要，须在作会议记录时注意以下事项

(1)会议中心议题以及围绕中心议题展开的有关活动；

(2)会议讨论、争论的焦点及各方的主要见解；

(3)权威人士或代表人物的言论；

(4)会议开始时的定调性言论和结束前的总结性言论；

(5)会议已议决的或议而未决的事项；

(6)对会议产生较大影响的其他言论或活动等。

【实践训练——完成任务】分小组完成任务

【病文评析训练】下文是一份会议纪要，文中有多处毛病，请找出来。

会议纪要

××××年，在市政府二会议室，召开了严厉打击制贩注水猪肉的专题会议。参加会议的有：市政府副秘书长李××、姜×，市府财办副主任张××，市技术监督局局长张××、副局长李××，市公安局副局长张×，市工商局副局长李××等。会议取得了圆满成功。

【情景拟写训练】请根据下面的会议记录，拟写一份会议纪要。

××市××区人民政府区长办公会议记录

时间：××××年12月9日下午。

地点：第一会议室。

主持：阎逸(区长)。

出席：李萍、赵迅、于明华、钱诗涛(副区长)。

列席：吴奎(农办主任)、常聚智(研究室主任)、王布久(商委主任)、孙浩长(畜牧局长)、张良(粮食局长)、金铃(教育局长)。

记录：王春春、常降智。

阎区长：今天研究三个问题：(一)请李萍同志传达市商业工作会议精神，研究决定我们明年的商业工作重点。(二)请于明华同志谈谈当前发展奶牛、改善牛奶供应中的主要问题,研究解决办法。(三)请钱诗涛同志谈市人大代表视察我区教育工作时提出的意见,商定我们的解决办法。先请李萍同志讲。

李萍:市里的商业工作会议是上月十五日到十八日开的。会议纪要和市领导同志的讲话已经印发给大家了,就不重复讲了。这次会议主要解决两个问题:一是商业改革问题。会上介绍了一些商业、服务业的门店实行租赁制的经验。二是增加商业网点,方便群众问题。全市新建小区不少,那里群众反映商业网点太少,生活不方便。会议要求各区、县要设法解决这些问题。咱们区今年商业工作进步很大,特别是在一些中小门店搞租赁试点以后,出现了一些新气象。过去亏损的门店扭亏为盈,服务态度也有了较大的改进。我们区的"城门前综合商店",这次还在市的商业会议上介绍了经验,受到了与会者的重视。

赵迅:这个店的经验很值得重视。这个店的地理位置不错,经营品种也不少,可过去半年亏损,群众反映很大。实行租赁后,大大改观了。我找一些商店经理谈过此事,他们认为"城门前店"的办法可以推广。

钱诗涛:租赁这件事可以搞,但时间太短,应当看一看。

于明华:中、小型门店可以实行,大型的可不可以搞,恐怕还得再调查研究一下。

李萍:我也认为可以在中、小型门店推广这个办法(以下详细论述了租赁制的具体做法及优、缺点)。

阎区长:搞租赁制是个好办法,明年我们先在中、小型门店实行,不断总结经验,研究存在的问题,不断加以完善。大家是否同意这个意见?(大家表示同意)这件事就这么定下来。下面是不是等三件事都谈完了。我们一并讨论,以节省时间。请李萍同志接着讲。

李萍:会上提出商业网点问题。咱们区,问题较大。这几年在咱们这儿盖了许多楼房,形成了两个小区,几十栋高层建筑,几万人口。一下子增加这么多人,商业压力很大,群众也有意见。电台、晚报等新闻单位转来不少群众来信。我也收到一些提意见的信。看来必须尽快解决。我同商委的同志研究了一下,明年商业工作的重点是:加快小区商业点建设,在楼群中开三至四个综合商店,再搞一批代销点;在中小型商业门店中,当然也包括服务、饮食、修理业,我们把这些也都包含在商业中了,推行租赁制,以这种改革,促进服务质量的提高,改进服务态度。具体工作计划在这次会以后报道,明年初召开一次全区的商业工作会议进行部署。讲完了。

阎区长:请于明华同志谈。

于明华:市里召开的发展奶牛、改善牛奶供应会议以后,区里决定在山坡乡区办三个奶牛场,各乡也要发展集体或户养奶牛。经过近两年的努力,咱们区奶牛发展很快(以下介绍了奶牛发展的情况),给市里提供了新的奶源,受到市领导的表扬和群众的称赞。当前饲料成了问题,特别是精饲料供应不足。各乡还可以自己想点办法,区办的三个场，困难更大。这三个场的牛奶产量占全区的 1/2 以上，因此，急需解决他们的问题。当然乡办的集体牛场和一些养牛专业户也有这个问题，但目前还能维持，从现在抓起，不会产生大的影响。解决的办法我看还要粮食局设法调拨。张局长，吴主任，你们看怎么办好？（张、吴表示可以帮助解决。）

阎区长：老于讲完了吗？（答：完了。）请钱诗涛同志说。

钱诗涛：本月 1 日、2 日市人大代表一行八人来我区视察教育工作。他们走访、视察了十六所小学，对各校工作的成绩给予了充分的肯定，对学校领导、老师、学生提出的一些问题做了解答。有的代表还接受了学校的邀请，答应抽时间给师生做报告。视察结束后，代表们提了一个很重要的意见，要求区里立即解决前山、子母堡、洼地三个小学的危险教室的翻修问题。这三所小学各有两三个教室是危房，有倒塌的危险。（以下谈了具体情况。）

阎区长：金铃同志，你立即给三个小学打电话，这些教室马上停止使用，并在周围设立屏障和危房标志，必须确保安全。具体办法过一会我们研究。（金局长去打电话。）诗涛同志接着讲。

钱诗涛：解决这三个学校的危险教室问题已迫在眉睫。现在主要是经费不足，我的意见是无论怎么困难也得先翻修。修教室期间，学生们可以分二部制上课。我讲完了。

阎区长：对这三件事。我讲以下意见，然后大家讨论。

（一）商业会议明年初开。同意商委意见，明年工作重点是：推行租赁制，先在中、小型门店搞；加快网点建设，除了依靠我们自己的力量，还要发动群众，多办些代销点，货源我们保证，形成一个网。

（二）奶牛场饲料问题，保证区办的三个场。请粮食、畜牧局同志协商解决。一定尽力优先解决这三个场的问题，保证一定量的牛奶供应。乡里要因地制宜，早做规划，尽快解决饲料供应问题，不要等到不能维持时才办。这件事情请张局长、孙局长协助乡办好。

孙局长：饲料问题我们一定尽力解决，饲料公司已有准备。（下面谈了具体解决的办法。）

阎区长：好。饲料公司还是有远见的，优先解决区办的三个奶牛场的问题。

（三）三所小学危险教室问题我应该检讨，这么严重的问题，不及时解决会出乱子的。这件事，先停止使用，教育局立即筹款请城建部门协助，找最好的施工队，在短期内翻修好。修房期间可以实行二部制，不要影响学生上课。过两天，请金铃同志跟我到这三所学校看看。大家对这三件事这么办有什么意见，请发表。（大家表示同意这么办，并补充了一些情况。）没有不同意见，就这么决定了。散会。

第七节　函

【任务呈现】中国科学院××研究所近年来在一些科学研究项目上互相支持，取得了一定的成绩，建立了良好的协作基础。现拟与××大学建立全面协作关系，以便今后能进一步在学术思想、科学研究、人员培训、仪器设备等方面建立全面的交流协作关系，内容包括：

1. 定期举行所、校之间学术讨论与学术交流。

2. 根据所、校各自的科研发展方向和特点，对双方共同感兴趣的课题进行协作。

3. 根据所、校各自人员配备情况，校方在可能的条件下对所方研究生、科研人员的培训予以帮助。

4. 双方科研教学所需要高、精、尖仪器设备，在可能的条件下，予对方提供方便。

5. 加强图书资料和情报的交流。

中国科学院××研究所需书面询问××大学的合作意向，之后互派科研主管人员就有关内容进一步磋商，达成协议。

请你替中国科学院××研究所撰写一封函。

【案例赏析】

案例1　　　　　　　　**关于商洽委托代培涉外秘书的函**

××大学文学院：

本集团公司新近上岗的秘书缺乏专门的涉外秘书知识，业务素质亟待提高。据报载，贵院将于今年 9 月开办涉外秘书培训班，系统讲授涉外秘书业务、公关礼仪、实用文书写作等课程。这个培训项目为我集团公司新上岗的涉外秘书提供了一个难得的在职进修机会。为能尽快提高本集团公司涉外秘书的从业素质，我们拟选派 8 名在岗秘书委托贵院代培，随该班进修学习。有关代培费用及其他相关经费，将按时如数拨付。

是否慨允，恳请函复为盼。

××集团公司(印章)

二〇〇五年七月二十日

【评析】这是一则发函。开头首先说明了发函的依据，接着写明发函的事项，最后表明态度。行文条理清晰，语气恳切得体，充分体现出函的特点。

案例2　　　　　　　**关于给上海××超市总公司商租商场一事的复函**

上海××超市总公司：

贵公司"关于商租××商厦五楼的函"(沪×超函〔××××〕20 号)收悉，经研究，现答复如下：

　　贵公司欲租我商厦五楼闲置的楼面开设超市，这是方便顾客的购买需求，有利于盘活我商厦的闲置资源、扩大我商厦的经营规模与商品种类的好事，本商厦欢迎贵公司来我商厦五楼开设超市。具体租金请贵公司来人面洽。

　　特此复函。

上海××商厦

××××年4月1日

【评析】 这是一则复函。开头首先引述来函的标题，表明来文收悉，然后明确表示复函的意见。行文语言简洁，内容明确，针对性强。

【知识链接】

　　一、概念

　　函是用于不相隶属机关之间商洽工作、询问和答复问题、请求批准和答复审批事项的公文。

　　按内容和用途分：

　　(1)商洽函。即不相隶属机关之间商洽工作、联系有关事宜的函，如人员商调、联系参观学习等。

　　(2)询答函。即不相隶属机关之间相互询问和答复有关具体问题的函。询答函又可分"询问函"和"答复函"。有些不明确的问题向有关机关和部门询问、征求意见，用询问函，如《××省体育运动委员会关于询问举办全省农民运动会有关项目比赛的函》。对机关和部门所询问的问题做出解释答复用答复函，如《国家物价局、财政部关于调整新护照收费标准的复函》。询答函涉及的多数是问题而非具体工作。

　　(3)批请函。即用于不相隶属机关之间请求批准和答复审批事项的函。批请函实际上又可以分为"请批函"和"审批函"。请批函用于向不相隶属的主管部门请求审批事项，而审批函则用于主管部门答复不相隶属机关单位的请批事项。

　　(4)告知函。即告知不相隶属机关有关事项的函。

　　按行文方向分：

　　(1)发函。主动制发的函。

　　(2)复函。回复对方来函的函。

　　按文面格式分：

　　(1)公函。是公文的正式文种，有眉首、主体、版记，要严格按公文格式撰写制作。

　　(2)便函。不属于正式公文，格式较随意，无眉首、版记，甚至可无标题，但要有机关署名、日期和公章。

　　二、书写格式

　　一般来说，函是属于书信范畴的，所以，基本格式应当符合书信的一般要求，主要包括标题、发文字号、主送机关、发函缘由、事项、结语、落款等方面的内容。

三、函的写作步骤

(一)函的标题、字号和主送机关

(1)标题。有三种写法:一是完整式标题,由发函机关、事由和文种组成,如《××部关于选择出国人员的函》;二是由发函机关、事由、受理机关和文种组成,如《国务院办公厅关于悬挂国旗等问题给××省人民政府办公厅的复函》;三是用省略发文机关名称,由事由和文种组成,如《关于请求批准××市节约能源中心编制的函》。

(2)发文字号。公函要有正规的发文字号,写法与一般公文相同,由机关代字、年号、顺序号组成。大机关的函,可以在发文字号中显示"函"字。如《国务院公报》2000 年第 10 号同时发表了国务院办公厅以"国办函〔2000〕××号"为发文字号的七篇复函。

(3)主送机关。函的行文对象一般情况下是明确单一的,多数函的主送机关只有一个。但有时内容涉及部门多,也有排列多个主送机关的情况,如《国务院办公厅关于羊毛产销和质量等问题的函》(国办函〔1993〕2 号)的主送机关有七个:国家计委、经贸办、农业部、商业部、经贸部、纺织部、技术监督局。

(二)正文

(1)发函缘由。这是函的开头部分,主要用来说明发函的根据、目的、原因等。如果是复函,则先引用对方来函的标题及发文字号,然后再交代根据,说明缘由。有的复函以"现将有关问题复函如下"一类文种承启语引出主体事项,即答复意见。

(2)事项。这是函的主体部分,需要商洽、询问、答复、联系、请求批准或答复审批及告知等主要内容具体写清楚。如果内容较多,可采用分条的写法,使之条理分明。发函和复函的事项一般都较单一,可与行文缘由合为一段。如果事项比较复杂,则分条列项书写。复函要根据来函内容作出具体答复。答复时一定要掌握政策,注意分寸,不得违背政策。

(3)希望请求。

最后,另起一行作结语。不同类型的函结语有别。告知对方事项而不必对方回复,则常用"特此函告"、"特此函达"。要求对方复函则用"请即复函"、"盼复"、"望函复"等语。询问函则用"特此函商"、"特此函询"等语。请批函多以"请批准"、"请大力协助为盼"、"望能同意"、"望准予××是荷"等惯用语。

复函的结语常用"特此复函"、"特此回复"、"此复"等惯用语。也有的函不写结语。

四、函写作注意事项

(1)注意批请函与请示的区别。向有隶属关系的上级机关请求指示、批准事项用请示,而向没有隶属关系的业务主管机关请求批准有关事项,则用请批函。主管机关答复请求审批事项,用审批函。

(2)开门见山,直奔主题。无论发函还是复函,都不要转弯抹角,切忌空话、套话和发空泛的议论。

(3) 一文一函，简洁明了。

(4) 语言要规范得体，并体现函的用语特色。发函要使用平和、礼貌、诚恳的语言，对主管机关要尊重、谦敬，对级别低的单位要平和，对平行单位和不相隶属的单位要友善。切忌使用生硬、命令性的语言。复函，则态度要明朗，语言要准确，避免含糊笼统、犹豫不定。

【实践训练——完成任务】分小组完成任务
【病文评析训练】下面是两份函，文中有多处毛病，请找出来。

病文1　　　　　　　　　关于要求报价的函

×××茶厂经理：

我们对你厂生产的绿茶很有兴趣，想买一批君山毛尖茶。我公司要求不高，只要求该茶叶品质一级，规格为100克一包，望你厂能告诉单价报价和交货日期、结算方式等给我公司。如果价钱合理，且能给予最好的折扣，我们将做到大批量订货。

　　致
礼！
××××副食品公司
××××年××月××日

病文2　　　　　××市第七变压器厂抓紧归还劳动服务公司借款的函

市第七变压器厂：

你厂于二〇〇五年一月，从我厂借去资金三万元，作为你厂劳动服务公司开办费，当时双方讲好年内一定偿还。目前已经是二〇〇六年一月了，我厂正在编制去年的财务决算，为使我们能及时搞好各类款项的清理结算，要求你厂务必将所借之款于二十日前归还我厂，切不要一拖再拖，给我厂财务工作的顺利进行带来不应有的困难。

　　此致
敬礼
××市第一变压器厂
二〇〇六年一月十日

【情景拟写训练】××市文化局拟于2015年5月5日至8日举行艺术节，初步计算，需要资金150万人民币。请以市文化局的名义写一则给市财经局请求拨款的函。